甘肃方言概况

甘肃师大中文系方言调查室　编
雒　鹏　编著

图书在版编目(CIP)数据

甘肃方言概况 / 甘肃师大中文系方言调查室编；雒鹏编著.—北京：商务印书馆，2023
ISBN 978-7-100-23263-0

Ⅰ.①甘… Ⅱ.①甘… ②雒… Ⅲ.①西北方言－方言研究－甘肃 Ⅳ.①H172.2

中国国家版本馆CIP数据核字（2023）第241214号

权利保留，侵权必究。

甘肃方言概况

甘肃师大中文系方言调查室 编
雒 鹏 编著

商务印书馆出版
（北京王府井大街36号 邮政编码 100710）
商务印书馆发行
三河市尚艺印装有限公司印刷
ISBN 978-7-100-23263-0

2023年12月第1版　　开本 710×1000　1/16
2023年12月第1次印刷　　印张 22 1/2

定价：118.00元

目 录

序　言……………………………………………………………… 1

编写整理说明……………………………………………………… 6

一、甘肃省方言普查工作进行概况………………………………… 8

二、甘肃省地理人口状况…………………………………………… 13

三、甘肃省方言分布概况和各区的语音特点……………………… 14

四、甘肃方言声、韵、调对照表…………………………………… 19

五、甘肃方言常用词对照表………………………………………… 50

六、甘肃方言语法例句对照………………………………………… 212

附录　百十年来甘肃方言研究论著目录………………………… 305

后　记……………………………………………………………… 354

序 言

近日获悉，商务印书馆将正式出版60年前由甘肃师范大学中文系方言调查室编著的《甘肃方言概况》(以下简称《概况》)一书，鄙人作为甘肃省的一名语言文字工作者，不能不感到十分高兴。这本著作1960年8月内部铅印了几十本，封面署"甘肃师大中文系方言调查室编"，16开本。当时正值三年自然灾害时期，条件很差，所用纸张为黑麻纸，粗糙松脆，字小行密，装订简陋，共199页。其中"甘肃省方言声韵调对照表"9页，"甘肃方言分区地图"1页，皆为8开张，蜡纸刻印而成。本书为非正式出版资料，除给上级有关部门、中科院语言所呈送外，还与一些高校作了交流，所余十来本由"甘肃师范大学中文系资料室"盖章库存。甘肃师范大学1958年前叫西北师范学院，1988年更名为西北师范大学。60年来其院系数经调整改革，资料室也屡经迁址分合，这些非正式出版又非显学的资料，散失殆尽。1986年雒鹏同志毕业于西北师范学院中文系，留系从事方言研究工作，后任语言研究所所长。他从资料室尘封的故纸堆中翻检出了一本完整的《概况》和部分原始记录卡片，遂如获至宝，倍加珍惜，叮嘱资料室不得外借。近年他将本书认真整理校对，改正了手民舛误，在体例上作了一些技术性的改进，用电脑打印成册，报经院系同意，寻求正式出版渠道。今岁商务印书馆慧眼倾顾，同行闻之，莫不欣悦。雒鹏同志浼余写一篇序言，自觉义不容辞。因鄙人已虚度七十有五春秋，趁记性尚佳，有责任将自己所知道的相关情况告之对该书感兴趣的中青年学者。

《概况》的产生不是一个孤例个案，不是一本私家著述，而是国家文化建设大局下应命完成的一项学术成果。1953年，中华人民共和国制定出了第一个五年发展计划，在一穷二白的中华大地上开始进行从经济到文化各个方面的大规模建设活动。1956年，由中国科学院语言研究所牵头，启动了全国汉语方言普查工程。为给这项工程培养骨干人才，语言所开办了"第一期普通话语音研究班",由丁声树、李荣、徐世荣等大家授课。甘肃省从兰州大学中文系和西北师范学院中文系选派了赵浚、刘伶、潘尔尧、薛东如四位年轻教师入班学习。省上成立了"甘肃省方言普查工作指导组",兰州大学中文系和西北师范学院中文系分别成立了工作小组。

兰州大学工作组由赵浚老师和八位高年级学生组成(组内还有两位助教,但另有任务,未参与实际工作)。赵先生任组长,学生马志杰任副组长。中科院语言所提供了调查资料和卡片,下拨了一部分经费,甘肃省教育厅配发了两台老式笨重录音机。1957年暑假开始,赵浚先生带领马志杰、李振武、朱幼农、杨廷栋四名学生分赴甘肃各专县进行实地调查,另四名学生留校搞资料收集工作。1958年2月完成了38个点的调查任务,写出了22份工作报告。

西北师范学院工作组由助教潘尔尧、薛东如和六名高年级学生组成(组内还有两名助教,因另有任务,未参与工作)。该组因条件限制,未到专县做实地调查,从本校和毗邻的甘肃省委党校选择发音合作人,就地调查记音,至1958年2月写出42份工作报告。

由于兰州大学和西北师范学院的工作小组成员还担负着编写各专区"学习普通话手册"的任务,两校的工作报告当年未得汇总整理。1959年2月,根据甘肃省委决定,将兰州大学中文系撤销,其语言研究小组的师生全盘并入甘肃师范大学中文系(其余师生划归新成立的"兰州艺术学院"),所有的记录卡片及材料也全部带了过去。甘肃师范大学中文系决定由赵浚先生负责汇总整理两校调研成果,让潘尔尧、薛东如协助工作。经过认真细致的分类归纳、校检排比,提炼出了预定成果,由赵先生执笔写出了这部30余万字的《概况》。该书分为六个部分:甘肃方言普查工作进行概况,甘肃地理人口概况,甘肃方言分布概况和各区语音特点,甘肃方言声韵调对照表,甘肃方言常用语词对照,甘肃方言语法例句对照。1960年由甘肃师范大学印刷厂铅字排印,图表部分蜡纸刻写油印,统一装订成册。封面用红色魏碑体大字书写"甘肃方言概况"书名,下标注印刷体汉语拼音。

《概况》一书无论在当时,还是在现今以至将来,都具有巨大的学术价值,可以说,时间越久,其价值将越显贵重。

首先,《概况》是汉语研究史上按现代方言调研规则和手段完成的第一部甘肃全省方言调查报告。甘肃地处祖国大西北中部,省会兰州乃国家版图地理几何中心。东西长约 2000 公里，山川纠葛，地形复杂。这里是人文始祖羲皇故里，秦安大地湾遗址的发掘已证明，农耕文明可上溯至 8000 年前。至于齐家文化、马家窑文化等遗存遍布山野。周秦君临天下，皆发迹于此。右襟藏区，吐蕃在唐代割据甘肃中西部 80 多年。探索汉语及汉藏语系源头均无法绕过这里。众多少数民族与汉族杂居融合，通往欧洲的丝绸陆道横贯东西，汉语与阿尔泰语系的接触渗透明显。因此，甘肃方言虽统属北方方言，但内部次方言歧异争荣，繁纷复杂，语言学界莫不认为这里是汉语方言资源的富矿区。正因为如此，甘肃方言很早就受到学者们的重视。例如，西汉扬雄的《方言》、东汉许慎的《说文解字》、西晋郭璞的《方言注》都收释了今甘肃地区的许多方言词语。南朝颜之推的《家训·音辞篇》中不但指出了包括今甘肃地区在内的北方方言在语音、词汇方面的一些特点，士庶两个阶层语言一致的用语特点，还指出了受北方少数民族语言影响的现实。隋陆法言的《切韵序》还谈到了甘肃方言的声调特点。清光绪年间，进士出身的兰州著名学者张国常在其《重修皋兰县志》中首立"方言"专节，考释兰州方言词语 20 余条。嗣后，钩稽甘肃方言词语的著述层出不穷。民国学者李恭的《陇右方言发微》、李鼎超的《陇右方言》、慕寿祺的《甘宁青恒言录》皆影响甚巨。但既往的这些学者都关注的是异于通语的方言词语的意义及其来源，未能对其语音系统做全面记录或描写，更谈不上对其语法特点进行考究。第一个注目甘肃方音系统的是瑞典学者高本汉。他在宣统末年来华调查方言，为其构拟中古汉语音系准备资料、依据。他选取了 28 个方言点，以《切韵》小韵常见字为记音对象，用现代音标记录了这些字的声母、韵母（由于他对声调认知不深，未记其调值，更未归纳调类）。这 28 个点中甘肃就占了两个点：兰州和平凉。这在当时是破天荒的事情。他开创了以《切韵》音系为纲目，用音素音标为符号，记录汉语方言声韵系统的先例，给中华民国时期的赵元任、高元白等著名学者采用现代方法调研方言开启了门径。但中华民国是个混乱凋敝的短命朝代，根本不可能在广袤而贫穷的甘肃省全面开展方言调查。这一目标在中华人民共和国成立不久，举国百废待兴的艰难时期顺利实现了。《概况》虽然只列了 42 个县点，但地相邻近、方言差别不大的一些县只选了一个点，实际上反映了全省县级各点的方言面貌。《概况》按照中科院语言所制定的框架和提供的例字，首次用国际音标记录下了各县点的声韵调系统，展现了各县点的典型方言词语和语法特点，还将这三项内容分点对比列示，使各点同异远近一目了然。在此基础上将甘肃方言划分为七个区块。由此第一次摸清了甘肃方言的基本家底，为当时的语言学界提供了第一张甘肃方言的宏大画面，也为以后调研甘肃方言的发展演变提供了一尊历史坐标。《概况》的这种重大学术价值永远不可磨灭。

其次，《概况》是一部严肃认真的著作，内容信实可靠，质量上乘。这既决定于参与者的高超水平，也与当时端正扎实的学术风气有关。调研的领头人和主笔人赵浚先生的专业水平绝非参加过北京普通话语音研究班的一般年轻学员可比肩。先生上过私塾，饱读诗书，精通音韵，善写旧体诗词。中华人民共和国成立初期兰州大学中文系毕业后留系任教。先生是兰州人，长期在本地工作，对甘肃各地方言早有深刻认识。其手下参与调研的高年级学生都是兰州大学中文系语言研究小组的成员。该小组由杨伯峻、黄伯荣、赵浚、祝敏彻、林端等老师和十五名四五年级的学生组成。这些学生都已上过音韵学、汉语史、现代汉语研究等专业课程（当时叫"专门化课程"），又经过方言调查培训，其学业程度绝不亚于今之研究生。西北师范学院方面，潘尔尧老师，广东人，主讲《语言学概论》，薛东如老师，陕西人，讲授《现代汉语》，皆参加过北京普通话语音研究班，有独立从事方言调研的能力，由他们二人具体完成西北师范学院小组的调研任务。西北师范学院本科学制四年，潘、薛手下六名学生未上过音韵学等专门化课程，只从事辅助性工作。这种调研人员的严格遴选和分工为确保调研质量奠定了基础。还值得称道的是调研未采用两校各揽若干县点，然后相加组合的方式，而是基本上采用了两校分头并进，然后比较择优的方式。前面我们已经说过，兰州大学小组赴专县实地选择发音人进行田野作业，采取的是现代通行的方言调查形式，西北师范学院小组在本校或在毗邻省委党校选择来兰州学习或工作的人为发音人，采取的是扬雄洛阳记音的传统形式。最后将同一点的两份记录材料摆在一起，运用理论知识作指导，选优定案。这样最大限度地避免了发音人误读和记录人的误判，达到了最接近真实的效果。这种做法显然比较费时费工，但俗话说"慢工出细活"，不致赶急图快而粗制滥造。我们还看到，赵浚先生他们不光按社科院语言所的框架完成任务，还做了比较深入细致的额外工作。例如，当时对于声调的要求是确定调值、归纳出调类及古入声字的分派情况，不考虑连读变调问题。连读变调的研究当时还属于前沿学问，一般学者尚未涉足。赵先生他们对甘肃省三声调方言的成因作了深入观察,认为"三个声调在词句中连读时,往往又可以把单说时合而为一的那个声调通过变调加以分开"。说明三声调的底层仍然是阴阳上去四个声调,现在的三声调有的是阴阳平合并的结果,有的是阳平上声合并的结果。这与我们在前十年完成"甘肃二声调三声调方言研究"国家项目时得出的结论完全一致,令我们莫名欣慰。《概况》的高质量顺利完成还与当时充盈全国的良好学风有直接关系。那时的口号是"把一切献给党""向国家献礼""为祖国争光""少花钱,多办事",学者们耻于争名夺利,视弄虚作假者为寇仇,乐意隐姓埋名,精耕细作,精益求精。这也正是《概况》为什么署集体名而不罗列主编与调研者姓字的原因。

岁月如白驹过隙,人生转眼百年。60年前,当今在岗奋战的中青年语言学者们尚未出生人间。《概况》的主笔赵浚先生享年85岁,已离开我们15个年头了。潘尔尧、薛东如两位老师早已离开兰州。如果健在,也是八十七八的老人了。参与调研的兰州大学、西北师范学院学生也都云散四方,难能聚首,现唯一在兰州的是马志杰老师。他于1959年兰州大学中文系毕业后留系任教,还兼任过中文系副系主任。今年已86岁高龄,但精神矍铄,记忆清晰,谈起普查甘肃方言及编撰《概况》的情况如数家珍,充满豪情。1961年兰州大学又恢复了中文系,并入甘肃师范大学中文系的兰州大学语言研究小组的师生又返回了本系。兰州大学为这次普查颁发了科研奖,奖品是一部《辞源》。奖状、奖品发给了马志杰老师,因为他是语言研究小组的副组长。发给作为副组长的年轻人,显示出了那个时代老师奖掖学生、激励后进的美好风尚。

《概况》的公开面世,对研究甘肃方言的所有学者来说,都是很有意义的事情。他们可以以之为阶梯攀上甘肃方言研究的更高更大平台。年轻学者们可由此学习前辈们的治学经验,树立良好的学风,为祖国的语言文字事业做出更大贡献。我们应该感谢雒鹏同志为本书的出版做出的巨大努力。他的这种珍视文化遗产、积极抢救濒危资料并乐于让大家共享的高尚精神值得我们崇敬和学习。

张文轩

2019年12月26日于兰州大学

编写整理说明

《甘肃方言概况》是 20 世纪 50 年代国家层面有关甘肃方言普查的一个报告，由原甘肃师范大学中文系（今西北师范大学文学院）方言调查室编写，1960 年 8 月内部粗麻纸铅印，限于当时的条件，印数也较少，仅在有关学术研究机构作为内部交流资料流传。近年来，随着国家对语言文化战略的调整，方言文化资源也受到了各级政府和相关部门的重视，出台了许多抢救保护的政策。甘肃方言的调查研究也得到了前所未有的重视，国家课题的立项，相关学术会议的举办，学术论著的不停发表出版，学术队伍的发展，都如雨后春笋，欣欣向荣，让人心怀鼓舞。鉴于此，为了不使《甘肃方言概况》这个珍贵的资料湮没在历史长河中，我们以西北师范大学文学院资料中心所藏的一个本子为底本，在尽量保持原貌的前提下，全面系统地重新录入，以飨国内外汉语方言研究者及相关学科学人。另外，为了方便了解甘肃方言研究的现状，我们编辑了一个"百十年来甘肃方言研究论著目录"，附于《甘肃方言概况》之后，便于检索。下面我们对编写整理做一说明。

一、《甘肃方言概况》原书为双面对折的 16 开本，各部分内容单独分开标页。"一、甘肃方言普查工作进行概况。二、甘肃地理人口概况。三、甘肃方言分布概况和各区语音特点"三部分内容 6 个页面，后附一页"甘肃省方言分区图"，8 开对折。"四、甘肃方言声、韵、调对照表"的内容为 8 开对折的 9 页表。"五、甘肃方言常用语词对照"的内容为 116 个页面。"六、甘肃方言语法例句对照"的内容为 67 个页面。全书共计 199 个页面。此次整理，以序编排，不再单独分开标页。《甘肃方言概况》原书第五和第六两部分内容编排是对照的形式，没有表格。为了对照整齐，不致错行，我们此次整理，添加了表格。

二、《甘肃方言概况》原书所用汉字字体繁简杂用，不合当下出版印刷物的规范。此次整理，在不影响具体内容的情况下，我们全部改用通行的简化字排印。

三、《甘肃方言概况》原书的"甘肃省方言分区图"1 页和第四部分内容的 9 页表全为蜡板油印，此次整理，我们做了一些小的技术处理。"甘肃省方言分区图"里行政区划名及其他信息用字字体改成了印刷体；第四部分内容里所标国际音标记音符号，由于手工刻写，有不甚清楚和规范的地方，全部改用"方正国际音标"印刷体。另外，《甘肃方言概况》第五部分和第六部分的目录名与书中正文名不一致，原书第五部分正文名为"词汇"，第六部分正文名为"语法"，现改与目录相一致。

四、《甘肃方言概况》原书行文里有明显的标点符号错误和刻写上的错误，一并径直改正，书中不再出勘误说明。另外，一些常用语词对照和语法例句对照条目在有些方言点里的没有相应的内容，如常用语词第 163 条，语法例句第 55 条，可能有多种原因，我们仍依原书，不做补遗。

五、《甘肃方言概况》原书里有些方言用字字形，用了当时的俗体字或是记音的字，现在不便书写，我们换了字形，如语法例句第 52 条、53 条下几个点说法里的"奥"字，原书是一个左右结构的字僗（左"亻"右"奥"）。

六、《甘肃方言概况》里的德乌鲁为今甘肃省甘南州合作市（包括今夏河县），龙迭为今舟曲县。今徽县和成县原为徽成县，今西和和礼县原为西礼县。

七、关于附录"百十年来甘肃方言研究论著目录"的说明。本目录所收皆为研究甘肃方言或与其有关的论著，上限起自 20 世纪初叶，下限至 2019 年，大约百十来年。目前见到最早的为高本汉《中国音韵学研究》里的兰州、平凉等地方言的研究。《中国音韵学研究》的法文原本出版于 1915 年左右。本目录所收论著大致为两部分，一为公开出版发行的报纸期刊、论文集和学位论文，一为公开或内部出版发行的专著，前者数量较多，后者数量较少。本目录按年份排序，同年份下分语音、词汇、语法、综合四类，前三类属甘肃方言的本体研究，后一类大致包括甘肃方言的宏观理论研究及其与文化、语言教学、语言接触、文献整理、书评、研究报道等。每篇／部依次按论著名、作者、刊登发表报纸期刊／出版社、论著性质列表。研究甘肃方言的资料应该不少，但限于我们的眼界，挂一漏万，在所难免，望有志者补漏。当然近几十年来各地、州、市、县、区出版的地方志里几乎都有方言篇章，因考虑到翻检容易，就不一一罗列了。

雒鹏

2020 年 8 月 1 日

一、甘肃省方言普查工作进行概况

本省汉语方言普查工作的组织，早在1956年夏就建立起来了。当时根据高等教育部和教育部的联合指示，成立"甘肃省方言普查工作指导组"，由省教育厅副厅长任组长，兰州大学和西北师范学院两校中文系系主任任副组长。在指导组的直接领导下，两校分别成立了"工作小组"，成员除在语音研究班受过训练的助教四人外，还吸收了部分有志于方言工作的教师及高年级同学参加。

记音工作是在1957年秋后全面展开的。当时宁夏回族自治区尚未成立，所属县市归本省管辖。同时，本省在当时的县、市行政区较小，数目较多。按照规定，一个县、市作一个方言点，这样，除了不说汉语的藏族及其他少数民族聚居的部分地区以外，准备进行普查的方言点计有83个。为了便于进行工作，由两校协商，按专区（州）分配了任务。

兰大方面具体工作的人员，计有助教三人，中文系三、四年级同学八人。采取的方式，基本上是到专区（州）首府，在首府所在地的高级中学或师范学校找发音合作人，进行记音工作，并及时写出"声、韵、调表""音值说明""同音字表"等材料的草稿，然后携回学校，进行全面整理，编成"报告"。师院方面，具体工作人员有教师四人，三、四年级同学六人（同学大部分担任清抄工作）。采取的方式是在本校及省党校找发音合作人，在兰州就地进行记音工作，其余的步骤和兰大基本相同。

由于两校负责普查工作的基本成员还不能完全从本身的教学工作中抽调出来，因而记音以至编成方言调查报告，至1958年1月底以前才基本完成，计兰大编出"报告"共22份（包括普查点38个，音系特别相近的合并写成一个"报告"），师院共42份。至此，全省普查点，按原计划只有银川专区的永宁、陶乐、惠农三县未做。

1958年暑假中，在省推广普通话工作委员会领导下，两校又各调动助教一个，连同本省派赴语音研究班第五期学习归来的学员四人，集中编写学话手册一批。1959年春，西北师范学院改为甘肃师范大学，同时兰大中文系也调整到师大来，两校中文系合为一系。从此以后，本省方言普查工作即由师大一校担任。1959年六七月间，在师大中文系党总支领导下，由1958年暑假参加编写学话手册的助教二人又结合科学研究完成了一部分学话手册，两次共编出学话手册18本。

1959年暑假，宁夏师范学院奉宁夏回族自治区文教厅指示，来本省提取原银川、吴忠、固原三专区（州）的方言材料，准备由该院继续完成未竟工作。这个地区的普查工作，除永宁、陶乐、惠农三点没有完成以外，其余部分已经写出了调查报告。当由师大方言普查工作小组将全部材料交与该院。

1960年2月，师大工作组为了搞好规定在本年6月底完成的"方言普查总结"，特调出原搞方言工作的助教二人，于2月16日至4月底共两个半月的时间内，进行语音的复核及词汇、语法的简略补查工作，同时考虑到原普查计划未列入的甘南藏族自治州辖区内尚有一部分通行汉语的地方，不论在现有说汉语的人口数量上以及在各县市的发展历史上来看，都应该确定为汉语的方言点，因而也一并进行了补查。

这次复核和补查的工作，搞得比较细致，纠正和补充了初查中不少差误和遗漏的地方。同时为了符合"大跃进"形势下县、市行政区改变的实际情况，在这份"总结"中，我们也按本省现有的县市数目（除去基本不说汉语的肃南、肃北、阿克塞和洮江4个县）列举了方言点。这样就比初查的65个点（83个点除去现属宁夏回族自治区的18个点），少了23个点，计42个点。

甲、六点经验

1. 方言普查工作，必须在党的直接领导下才能做到多快好省，事半功倍。有些人认为调查方言是一种文化活动，不是中心工作，不必争取党的直接领导；有些人还认为，这是一种技术性很强的业务，必须由专家领导，党组织可以不必过问。我们工作的事实证明，这全是极其错误的观点。首先从两校中文系党总支建立前后方言工作进展的情况对比来看：在1957年底以前，工作虽然已经展开了一年，但是大半时间都用在了准备工作上，只有小半时间正式投入了普查。兰大尽管动手较早一点，也只不过初步完成了记音工作。而全部材料的整理，都在1958年1月份党总支建立之后，在党总支的关怀与督促下，用一个月的时间完成的。这一部分工作，如果按照1957年的进度去做，估计最少也得半年时间。至于师院，从记音到整理成"报告"，大部分都是1958年初在党总支的积极支持与调度下，发动了部分同学参加，在短期内突击完成的。其次，从复核、补查及编写"总结"工作的一跃再跃来看：原计划是要在1960年6月底以前完成这项工作的，但是在师大中文系党总支积极创造条件，给工作人员以政治鼓舞和工作便利的情况下，2月间正式展开复核、补查工作时，即决定提前一个月，于5月底完成"总结"的编写，4月中旬又决定再提前一个月完成，作为本校向全省文教工作群英大会的"五一"献礼项目。全省方言普查工作，前后进行了三年多（1956年下半年至1959年），总结它的成果，无疑是一件费力而且费时的任务，按照老规矩，从2月中旬到6月底，共4个半月的时间并不算多，但是我们却缩短到2个半月完成。这种一跃再跃的局面，要不是党组织充分估计了客观与主观情况，给工作人员以坚强的领导与全面的支持，那是不可能实现的。

2. 必须依靠群众的力量，使为数有限的专门人员和群众结合起来。两校工作组的成员中，特别是个别领导成员中，在起初，有只靠少数专门人员进行全部普查工作的打算。按照他们的做法，正如兰大的一位讲师所说的："要我搞方言普查，那就给两年时间，别的什么也不做，可以勉强把本校（兰大）承担的41个县搞出来。"这是地地道道的资产阶级搞学术工作的路线，是和社会主义的原则"快速进行一切建设""一切工作不能脱离政治"，完全背道而驰的。具体工作的事实证明，这种只靠专家的做法，根本就行不通，首先在时间上就不能保证按期完成任务。在具体工作中，正如上节所述，我们发动了有志于方言工作的教师和高年级同学参加，因而工作进行得很快，人多见广，对具体问题的讨论和争辩就多，因而在工作质量上，也获得了很大的提高。特别是在补查词汇、语法时，我们采用了通信调查的方法，把材料寄给了各县、市的语文科函授生，请他们协助我们调查。这对我们工作进行的速度，自然有直接的关系，而通过这一工作，我们也宣传了方言普查以及推广普通话的意义，引起了这些同学对文字改革工作的注意和兴趣，甚至激起了他们对语文工作的爱好，这又是政治意义非常重大的意外收获。

3. 到专区首府进行记音工作，我们认为这是较好的经验之一。因为在兰州进行各县市的记音工作，找条件好的发音合作人比较困难，往往不免降格以求。到本地去记音，在人力物力上就得多花费许多，都是利弊相当的，而到专区（州）首府去工作，找本专区所属县市的合格发音人，一般都不成问题。同时，专区首府的交通比较便利，人力物力比较到本地去要节省多。特别是同一专区（州）的各县市，方言一般都比较接近，集中来搞，可以提高工作质量；同一专区（州）各县市的人们，对于彼此方言的差别，由于经常接触，感性知识以及理性知识都比较丰富，可以给调查者提供许多系统的材料，同样会提高工作质量。

4. 在记录方音时，必须随时联系音韵学的理论知识。有些方言工作者过分强调"要遵重发音人的嘴巴"，强调"听到什么就记什么"，完全忽略了理论指导实践的原则。这种"自然主义"的倾向，往往会造成所记方音的混乱，不成体系。根据我们的经验，尊重客观的读音是首要的；但是遇到客观的读音与古今语音的发展规律有出入时，就必须反复考核，以求确实。事实证明，经过反复探索的结果，有不少倒是发音人的误读。

5. 最初调查方言时，因时间紧、任务重、人力有限，师院这一方面未能下去调查，就在当地党校学员中找各县的发音合作人，但有些地方的发音人有限，不可能广泛地挑选，往往找到一个人，只好就盯住他，不管这个人的语音跟其他人有无差异，也不去管这一地区的语音情况怎样，这样所得出的结果，难免就会有些片面。后来在复查阶段，我们改变了这种方式，特别注意到语音复杂分歧的现象：有时在一个不很大的地区内，语音复杂分歧的程度倒是很大，那么我们就尽可能地选定不同类型的发音人——年老的和年轻的，男的和女的，以及不同职业和不同民族（主要是汉族和回族）的人，因为只有和不同的人接触，才能了解到在当地哪些人还保留较多的旧成分，哪些人代表当地方言发展的趋势，这样就会使我们对当地语音情况有一个比较全面的了解。

乙、三点教训

1. 对发音合作人及有关部门的干部（专区文教局的负责同志，发音人所在学校的领导同志等），交代方言普查工作的意义，特别是政治意义，做得不够，这是我们在工作中脱离政治的表现。

2. 工作进行得还不细致，特别是初查中的记音、整理以及清抄的工作，错误很多，造成了人力物力上的浪费。

3. 领导组的作用没有充分发挥，对于普查的指导工作不够具体。

二、甘肃省地理人口状况

甘肃省是西北重要省份之一，它位于黄河上游，处在黄土高原、内蒙古高原、青藏高原的接触地带，海拔在1000公尺（米）以上，地形复杂。地下资源丰富，气候属大陆性气候。经济以农业为主，畜牧业也很发达，解放后，工业也已改以往落后面貌，正处于蓬勃发展之中。长达千余里的河西走廊从秦汉以来就是亚洲、欧洲的主要交通孔道。随着兰新铁路的通车，甘肃的地位将日见重要。

甘肃土地面积为388950平方公里。包括定西、天水、平凉、张掖四个专区，临夏、甘南两个自治州和省辖市兰州，共计46个县市（9个市，31个县，6个自治县）。人口有1308万多人，其中以汉族居多，人口在一千万以上，占全省人口91.92%。除汉族外，还有回、藏、东乡、土、保安、裕固、撒拉、蒙古、哈萨克、满、维吾尔等11个民族，人口总计104万以上。其中以回、藏、东乡三族人口最多，均在10万人以上，其他各族人口在五万至一万人之间。各少数民族除回族是大分散小集中外，其他各族多居住在边远地区。62万回族人民有一半多聚居在临夏回族自治州和天水专区的清水回族自治县，其他如平凉、张掖、兰州等大的市镇也有回民居住。藏族同胞有22.5万人，80%以上分布在甘南藏族自治州，另一些则多聚居于张掖专区的天祝藏族自治县。东乡族约有16万人集中居住在临夏回族自治州的东乡族自治县，兰州、临夏、和政等地也有分布。解放后，在党的正确领导和党的民族政策的光辉照耀下，各少数民族聚居区先后实行了区域自治，成立了两个自治州和六个自治县。现在他们和汉族一起建设着繁荣昌盛的新甘肃。

甘肃人口稀少，人口密度平均每平方公里为33.63人，分布地区也极不平衡。解放后，特别是"大跃进"以来，随着国民经济的飞跃发展，在全国一盘棋的思想指导下，河南、陕西、上海、北京等省市不断向甘肃移民，支援甘肃建设。这些移民多在张掖专区进行农垦，对甘肃的建设起了很大的作用。

三、甘肃省方言分布概况和各区的语音特点

本省方言属于北方官话系统，和普通话相去不远，总的情况大致如下：第一，音系比较简单，声母一般为23个，比普通话多一个唇齿浊擦音"v"（相当于普通话合口呼的零声母）。齐、撮两呼的零声母都带有不同程度的摩擦，开口呼的零声母大部分都变成了非零声母（舌根浊擦音ɣ、浊鼻音ŋ、清塞音k、舌尖浊鼻音n）。韵母一般为32个，普通话p、p'、m、f拼o韵，甘肃方言一般读ɤ韵。普通话ən：əŋ, in：iŋ, uən：uŋ（uəŋ），yn：yŋ四对韵母，甘肃方言一般不分（多数ŋ尾，少数n尾）；同时，前响的复合韵一般都变成了单韵母，或者动程很小，近于单韵母；鼻尾韵都变成了半鼻音。声调为4个或3个。4个的和普通话相当；3个的大部分都是阴平、阳平合而为一，小部分是阳平、上声合而为一。不过3个声调的在词句中连读时，往往又可以把单说时合而为一的那个声调，通过变调加以分开。第二，有相当数目的方言词。但是和这些方言词相当的普通话词，基本上也是本省方言里通用的词，这样就大大削弱了方言和普通话隔阂的程度，也对方言词的消磨起了很大的促进作用。第三，在构词法、词类划分、句式、词序等方面，和普通话基本一致。尽管也有一些特殊语法结构，但是为数很少。

本省方言可以划分为以下七个方言区：

一、兰州附近地区：包括兰州市、白银市、榆中县西部一带。特点（上述全省所有的特点不再赘述，下同）是，声母方面：多出齿唇塞擦音pf、pf'（相当于普通话拼合口呼的tʂ、tʂ'）；ts组和tʂ组分得很清；开口呼的零声母略带舌根浊擦音"ɣ"。韵母方面：半鼻音ɜ组四韵，都带有舌尖鼻音n的尾音。声调方面：四声和普通话的四声基本相当；全区的调值基本相同；古入声除全浊声母字归阳平外，其余概归入去声。

二、陇东地区：六盘山以东一直到和陕西交界的东部边境，包括平凉专区除静宁县以外的全部地区，计有平凉、泾川、镇原、宁县、庆阳、环县六个县

市。这一区的特点是，声母方面：n、l拼合口呼时，一般混读为l；部分tʂ组字读成了ts组，这些字包括古知庄章三组的开口二等字（江摄除外）和同组的止、流、深三摄开口三等字，开口呼的零声母一般读n，只有韵母ɤ前头读ŋ；有个别县市分尖团音。韵母方面：半鼻音ɔ̃组四韵，都带有舌根音 -ŋ的尾音。声调方面：四声和普通话的四声基本相当；全区调值基本相同；古入声除全浊归阳平外，其余概归入阴平。

三、陇南地区：定西、陇西以东、会宁、静宁以南、武都以北，与陕西交界的东南边境以西的全部地区，包括定西专区的定西、会宁、通渭、陇西，天水专区的天水、秦安、武山、清水、徽成、西礼、武都，还有平凉专区的静宁等十二个县市。这一区的特点是，声母方面：n、l拼开、合两呼时，一般混读为l；部分tʂ组字读成了ts组（范围和陇东相同）；多出一套舌叶混合音tʃ、tʃʻ、ʃ、ʒ（相当于普通话合口呼的tʂ组）；开口呼的零声母大部分县市变成了ŋ，小部分县市变成了k；有个别县市分尖团音。韵母方面：半鼻音ɔ̃组四韵，都带有舌根鼻音 -ŋ的尾音。声调方面：大部分县市是三个声调，阴平、阳平合而为一，小部分县市是四个声调，和普通话的四声相当；至于调值，四声的除阴平外，阳平、上声、去声分别和三声的平声、上声、去声基本相同。古入声归类情况是：三个声调的大都归入了平声；四个声调的，全浊归阳平，其余概归阴平。

四、河西地区：天祝以西，张掖专区除敦煌县以外的全部辖区，计有天祝、武威、民勤、永昌、山丹、张掖、高台、酒泉、玉门、安西十个县市。这一区的特点是，声母方面：n、l只有个别县市不分；ts、tʂ两组一般分得很清；tʂ组拼合口呼多数方言带有齿唇摩擦的成分，张掖附近tʂ、tʂʻ拼合口呼时更变读为k、kʻ（"专"和"关"同音，"床"和"狂"同音）。开口呼的零声母略带舌根擦音ɣ。韵母方面：半鼻音ɔ̃组四韵都带有舌根鼻音 -ŋ的尾音；张掖以东，an、aŋ不分，全读为ãŋ（山丹、民勤却是ai、an不分，全读为ɛ）。声调方面：一般都是三个声调，阳平、上声合而为一，但在词句中连读时，却又能分开；调值基本相同；古入声字除全浊归入第二声外，其余概归第三声。

五、洮河流域：计有定西专区的临洮、岷县、甘南藏族自治州的临潭三县。这一区的特点是，声母方面：n、l基本不混；部分tʂ组字读成了ts组（范围和陇东同），tʂ组拼合口呼时临洮、岷县都带有齿唇摩擦成分，临潭更变成了ts组；开口呼的零声母读ŋ。韵母方面：半鼻音ə̃组四韵，都带有舌根浊音 -ŋ的尾音。声调方面：临洮是三个声调，阴平、阳平不分，其他两县是四个声调，调值也是四声的组，上去分别和三声的平上去基本相同；古入声的归类和陇南地区一样。

六、大夏河流域：包括临夏回族自治州的全部辖区和甘南藏族自治州的北部，计有临夏、和政、东乡、德乌鲁四个县市。这一区的特点是，声母方面：n、l分得很清；ts、tʂ也分得很清；tʂ组拼合口呼时，带有齿唇摩擦成分；开口呼的零声母一般都变成了n，只有ɣ的零声母变成了ŋ。韵母方面：没有相当于ər的独立的韵，"儿、而、耳、二"等字读ei；半鼻音ə̃组四韵，都带有舌根鼻音 -ŋ的尾音。声调方面：都是三个声调，阴平、阳平合而为一；全区的调值基本相同；古入声基本归入平声。

七、白龙江流域：本省最南与四川接壤的一带地方，包括天水专区的文县及甘南藏族自治州的部分辖区。这一区的特点，总的情况是颇有四川话的色彩。声母方面：n、l不分，"南"和"兰"、"牛"和"刘"同音；没有tʂ组，基本上并入了ts组，北京tʂ、tʂ'、ʂ拼ɣ的字读为tɕ、tɕ'、ɕ拼ie，如折、车、蛇等；开口呼的零声母读ŋ。韵母方面：半鼻音ə̃组四韵都带有舌尖鼻音n的尾音。声调方面：是四个声调，和普通话的四声相当；古入声字全浊归阳平，其余归阴平。

此外，张掖专区的敦煌（本省最西边境的县治，与新疆接壤），虽然在地域上属于河西地区，但是它的方言却很接近于陕西关中地区的方言。这很可能和汉唐开发西北时，本地作为交通孔道和边陲重镇的历史背景有关。敦煌方言语音的特点是，声母方面：部分tʂ组的字读ts组（范围和陇东同）；开口呼的零声母读ŋ。韵母方面：半鼻音ə̃组四韵都带有舌根鼻音 -ŋ的尾音。声调方面：三个声调，阴、阳平不分，古入声字概归平声。再，定西专区的靖远（在白银市以东，东、北均与宁夏回族自治区接壤），还有现属于白银市的原景泰县治一带，方音也比较特殊，该地区和宁夏的固原、海原、中卫应是一个小方言区。它的特点是，声母方面：部分tʂ组的字读ts组（范围和陇东同），tɕ组拼y组的字读ts组拼u；开口呼零声母读n。韵母方面：ɣ拼p组，北京ɣ拼t、ts、tʂ三组的字读ei，拼k的大都读uo；半鼻音ɔ̃组四韵都带有舌根鼻音-ŋ的尾音。声调方面：四个声调，和北京相当。古入声字全浊归阳平，其他概归阴平。

由于普查对象一般只限于地方政府所在地的方言，以上所说是极其粗略的。

四、甘肃方言声、韵、调对照表

（一）声母对照表

例字 普通话 方言 县(市)名	巴	盘	马	飞	刀 跌 低	他 铁 蹄	南	浓	牛	兰	龙 虑 刘	资	雌	思
兰州	p	pʻ	m	f	t	tʻ	n	n		1(~n)		ts	tsʻ	s
白银	p	pʻ	m	f	t	tʻ	n	n	1(~n)		1	ts	tsʻ	s
榆中	p	pʻ	m	f	t	tʻ	n	n			1	ts	tsʻ	s
靖远	p	pʻ	m	f	t	tʻ	n	n			1	ts	tsʻ	s
定西	p	pʻ	m	f	t	tʻ	1(~n)	1(~n)	n	1(~n)	1	ts	tsʻ	s
会宁	p	pʻ	m	f	t	tʻ	1(~n)	1(~n)	n	1(~n)	1	ts	tsʻ	s
通渭	p	pʻ	m	f	t	tʻ	1(~n)	n	n	1(~n)	1	ts	tsʻ	s
静宁	p	pʻ	m	f	t	tʻ					1	ts	tsʻ	s

续表

例字 方言 县(市)名	巴	盘	马	飞	刀	低	他	铁	蹄	南	浓	牛	兰	龙	虑	刘	资	雌	思
普通话	p	pʰ	m	f	t	t	tʰ	tʰ	tʰ	n	n	n	l	l	l	l	ts	tsʰ	s
秦安	p	pʰ	m	f	t	ts	tʰ	tʰ	tsʰ	l(~n)	l(~n)	n	l(~n)	l		l	ts	tsʰ	s
清水	p	pʰ	m	f	t		tʰ	tʰ		l(~n)	l(~n)	n	l(~n)	l		l	ts	tsʰ	s
天水	p	pʰ	m	f	t		tʰ	tʰ		l(~n)	l(~n)	n	l(~n)	l		l	ts	tsʰ	s
陇西	p	pʰ	m	f	t		tʰ	tʰ					1(~n)				ts	tsʰ	s
武山	p	pʰ	m	f	t		tʰ	tʰ		l(~n)	l(~n)	n	l(~n)	l		l	ts	tsʰ	s
徽成	p	pʰ	m	f	t		tʰ	tʰ		l(~n)	l(~n)	n	l(~n)	l		l	ts	tsʰ	s
西礼	p	pʰ	m	f	t		tʰ	tʰ		l(~n)	l(~n)	n	l(~n)	l		l	ts	tsʰ	s
武都	p	pʰ	m	f	t	tɕ	tʰ	tʰ	tɕʰ				1(~n)				ts	tsʰ	s
文县	p	pʰ	m	f	t	ts	tʰ	tʰ	tsʰ	n	n	n			1		ts	tsʰ	s
平凉	p	pʰ	m	f	t		tʰ	tʰ		l(~n)	l	n	1(~n)	1		l	ts	tsʰ	s
泾川	p	pʰ	m	f	t		tʰ	tʰ		n	l	n			l		ts	tsʰ	s
镇原	p	pʰ	m	f	t		tɕ	tʰ		n	l	n			l		ts	tsʰ	s
宁县	p	pʰ	m	f	t		tʰ	tʰ		n	l	n			l		ts	tsʰ	s
庆阳	p	pʰ	m	f	t		tʰ	tʰ		n	l	n			l		ts	tsʰ	s
环县	p	pʰ	m	f	t		tʰ	tʰ		n	n	n			l		ts	tsʰ	s

续表

例字普通话 方言县（市）名	巴	盘	马	飞	刀	跌	低	他	铁	蹄	南	浓	牛	兰	龙	刘	资	雌	思
天祝	p	p'	m	f	t	t		t'	t'		n					l	ts	ts'	s
武威	p	p'	m	f	t	t		t'	t'		n					l	ts	ts'	s
民勤	p	p'	m	f	t	ts		t'	t'	ts'	n			l(~n)		l	ts	ts'	s
永昌	p	p'	m	f	t	t		t'	t'		n					l	ts	ts'	s
山丹	p	p'	m	f	t	t		t'	t'		n					l	ts	ts'	s
张掖	p	p'	m	f	t	t		t'	t'		n					l	ts	ts'	s
高台	p	p'	m	f	t	t		t'	t'		n					l	ts	ts'	s
酒泉	p	p'	m	f	t	t		t'	t'		n					l	ts	ts'	s
玉门	p	p'	m	f	t	t		t'	t'		l		n		l	l	ts	ts'	s
安西	p	p'	m	f	t	t		t'	t'		n					l	ts	ts'	s
敦煌	p	p'	m	f	t	t		t'	t'		l(~n)		n	1(~n)	l	l	ts	ts'	s
临洮	p	p'	m	f	t	t		t'	t'		n					l	ts	ts'	s
岷县	p	p'	m	f	t	t		t'	t'		n					l	ts	ts'	s
临潭	p	p'	m	f	t	t		t'	t'		n					l	ts	ts'	s
临夏	p	p'	m	f	t(tɕ)	t(tɕ)		t'	t'(tɕ')		n					l	ts	ts'	s

续表

例字\县(市)名	巴	盘	马	飞	刀	跌	低	他	铁	南	浓	牛	兰	龙	虑	刘	资	雌	思
和政	p	p'	m	f	t	t(tɕ)	t	t'	t'(tɕ')		n			l			ts	ts'	s
东乡	p	p'	m	f	t	tɕ	tɕ	t'	tɕ'		n			l			ts	ts'	s
德乌鲁	p	p'	m	f	t	t(tɕ)	t(tɕ)	t'	t'(tɕ')		n			l			ts	ts'	s
龙迭	p	p'	m	f	t	ts	t	ts'	ts'	l(～n)		n	l(～n)		l	l	ts	ts'	s

〈注一〉白银的记音，系以石洞公社（原皋兰县治所在地）的方言为准而进行的。

〈注二〉秦安、泾川、民勤、龙迭对北京音 t、t'读为 ts、ts'的，只限于拼 i 韵的字；同时，韵母也相应地变为了 ɿ，如："低、蹄"读 tsɿ、ts'ɿ。

〈注三〉临夏、和政、德乌鲁对北京音的 t、t'拼齐齿呼的字，有两种读法：汉族还是读 t、t'；回族则变读为 tɕ、tɕ'，韵母不变。

〈注四〉l(～n)是表示自由变读，可以读 l，也可以读 n。不过以 l 的读法为常。（"～"后者表示是自由变体，下同。）

四、甘肃方言声、韵、调对照表

方言县(市)名 \ 普通话例字	知	枝	猪	超	抄	出	世	是	书	人	如	九	酒	丘	秋	休	修
兰州	tʂ	tʂ	pf	tʂʰ	tʂʰ	pfʰ	ʂ	ʂ	f	z̩	z̩	tɕ	tɕ	tɕʰ	tɕʰ	ɕ	ɕ
白银	tʂ	tʂ	pf	tʂʰ	tʂʰ	pfʰ	ʂ	ʂ	f	z̩	v	tɕ	tɕ	tɕʰ	tɕʰ	ɕ	ɕ
榆中	tʂ	tʂ	tʂ	tʂʰ	tʂʰ	tʂʰ	ʂ	ʂ	s	z̩	v	tɕ	tɕ	tɕʰ	tɕʰ	ɕ	ɕ
靖远	tʂ	tʂ	tʂ	tʂʰ	tʂʰ	tʂʰ	ʂ	s	s	z̩	ʒ	tɕ	tɕ	tɕʰ	tɕʰ	ɕ	s
定西	tʂ	tʂ	tʂ	tʂʰ	tʂʰ	tʂʰ	ʂ	s	ʃ	z̩	ʒ	ts	ts	tsʰ	tsʰ	ɕ	s
会宁	tʂ	tʂ	tʂ	tʂʰ	tʂʰ	tʂʰ	ʂ	s	ʃ	z̩	ʒ	ts	ts	tsʰ	tsʰ	ɕ	ɕ
通渭	tʂ	tʂ	tʃ	tʃʰ	tʃʰ	tʃʰ	ʃ	s	ʃ	z̩	ʒ	ts	ts	tsʰ	tsʰ	ɕ	ɕ
静宁	tʂ	tʂ	tʃ	tʃʰ	tʃʰ	tʃʰ	ʃ	s	ʃ	z̩	ʒ	ts	ts	tsʰ	tsʰ	ɕ	ɕ
秦安	tʂ	tʂ	tʃ	tʃʰ	tʃʰ	tʃʰ	ʃ	s	ʃ	z̩	ʒ	tɕ	tɕ	tɕʰ	tɕʰ	ɕ	s
清水	tʂ	tʂ	tʃ	tʃʰ	tʃʰ	tʃʰ	ʃ	s	ʃ	z̩	ʒ	tɕ	tɕ	tɕʰ	tɕʰ	ɕ	ɕ
天水	tʂ	tʂ	tʃ	tʃʰ	tʃʰ	tʃʰ	ʃ	s	ʃ	z̩	ʒ	tɕ	tɕ	tɕʰ	tɕʰ	ɕ	ɕ
陇西	tʂ	tʂ	tʃ	tʃʰ	tʃʰ	tʃʰ	ʃ	s	ʃ	z̩	ʒ	tɕ	tɕ	tɕʰ	tɕʰ	ɕ	ɕ
武山	tʂ	tʂ	tʃ	tʃʰ	tʃʰ	tʃʰ	ʃ	s	ʃ	z̩	ʒ	tɕ	tɕ	tɕʰ	tɕʰ	ɕ	ɕ
徽成	tʂ	tʂ	tʃ	tʃʰ	tʃʰ	tʃʰ	ʃ	s	ʃ	z̩	ʒ	tɕ	tɕ	tɕʰ	tɕʰ	ɕ	s
西礼	tʂ	tʂ	tʃ	tʃʰ	tʃʰ	tʃʰ	ʃ	s	ʃ	z̩	ʒ	tɕ	tɕ	tɕʰ	tɕʰ	ɕ	ɕ

续表

例字\方言县(市)名	知	找	猪	超	抄	出	世	是	书	人	如	九	酒	丘	秋	休	修
武都	tɕ	tɕ	tʃ	tɕʻ	tɕʻ	tʃʻ	ʂ	s	ʃ	z̩	z̩	tɕ	tɕ	tɕʻ	tɕʻ	ɕ	ɕ
文县	tɕ	tɕ	tʃ	tɕʻ	tɕʻ	tʃʻ	s	s	s	z̩	n	tɕ	tɕ	tɕʻ	tɕʻ	ɕ	ɕ
平凉	tɕ	tɕ	ts	tɕʻ	tɕʻ	tsʻ	s	s	s	z̩	z̩	tɕ	tɕ	tɕʻ	tɕʻ	ɕ	ɕ
泾川	tɕ	tɕ		tɕʻ		tsʻ	s	s	s	z̩ (ɵ)	z (ɵ)	tɕ	tɕ	tɕʻ	tɕʻ	ɕ	s
镇原	tɕ	tɕ		tɕʻ	tɕʻ	tsʻ	s	s	s	z̩	z	tɕ	tɕ	tɕʻ	tɕʻ	ɕ	s
宁县	tɕ	tɕ	tʃ	tɕʻ	tɕʻ	tʃʻ	s	s	ʃ	z̩	n	tɕ	tɕ	tɕʻ	tɕʻ	ɕ	ɕ
庆阳	tɕ	tɕ		tɕʻ	tɕʻ	tɕʻ	s	s	s	z̩	z̩	tɕ	tɕ	tɕʻ	tɕʻ	ɕ	ɕ
环县	tɕ	tɕ		tɕʻ	tɕʻ	tɕʻ	s	s	s	z̩	z̩	tɕ	tɕ	tɕʻ	tɕʻ	ɕ	ɕ
天祝	tɕ	tɕ		tɕʻ	tɕʻ	tɕʻ	ʂ	ʂ		z̩	z̩	tɕ	tɕ	tɕʻ	tɕʻ	ɕ	ɕ
武威	tɕ	tɕ		tɕʻ	tɕʻ	tɕʻ	ʂ	ʂ	s	z̩	z̩	tɕ	tɕ	tɕʻ	tɕʻ	ɕ	ɕ
民勤	tɕ	tɕ		tɕʻ	tsʻ	tsʻ	ʂ	ʂ	f	z̩	v	tɕ	tɕ	tɕʻ	tɕʻ	ɕ	ɕ
永昌	tɕ	tɕ		tɕʻ		tɕʻ	ʂ	ʂ	f	z̩	v	tɕ	tɕ	tɕʻ	tɕʻ	ɕ	ɕ
山丹	tɕ	k		tɕʻ		kʻ	s	s				tɕ	tɕ	tɕʻ	tɕʻ	ɕ	ɕ
张掖	tɕ	tɕ		tɕʻ		tɕʻ	s	s				tɕ	tɕ	tɕʻ	tɕʻ	ɕ	ɕ

续表

方言县(市)名 \ 例字普通话	知	枝	猪	超	抄	出	世	是	书	人	如	九	酒	丘	秋	休	修
高台	tʂ	tʂ	k	tʂʻ	tʂʻ	kʻ	ʂ	ʂ	f	z̩	z̩	tɕ	tɕ	tɕʻ	tɕʻ	ɕ	ɕ
酒泉	tʂ	tʂ	tʂ	tʂʻ	tʂʻ	tʂʻ	ʂ	ʂ	s	z̩	v	tɕ	tɕ	tɕʻ	tɕʻ	ɕ	ɕ
玉门	tʂ	tʂ	tʂ	tʂʻ	tʂʻ	tʂʻ	ʂ	ʂ	s	z̩	z̩	tɕ	tɕ	tɕʻ	tɕʻ	ɕ	ɕ
安西	tʂ	tʂ	tʂ	tʂʻ	tʂʻ	tʂʻ	ʂ	ʂ	s	z̩	z̩	tɕ	tɕ	tɕʻ	tɕʻ	ɕ	ɕ
敦煌	tʂ	tʂ	tʂ	tʂʻ	tʂʻ	tʂʻ	ʂ	ʂ	s	z̩	z̩	tɕ	tɕ	tɕʻ	tɕʻ	ɕ	ɕ
临洮	tʂ	tʂ	tʂ		tʂʻ	tʂʻ	ʂ	ʂ	s	z̩	z̩	tɕ	tɕ	tɕʻ	tɕʻ	ɕ	ɕ
岷县	tʂ	ts	ts		tsʻ		s	s	s	z	z	tɕ	tɕ	tɕʻ	tɕʻ	ɕ	ɕ
临潭	tʂ	tʂ	tʂ	tʂʻ	tʂʻ	tʂʻ	ʂ	ʂ	s	z̩	z̩	tɕ	tɕ	tɕʻ	tɕʻ	ɕ	ɕ
临夏	tʂ	tʂ	tʂ	tʂʻ	tʂʻ	tʂʻ	ʂ	ʂ	s	z̩	z̩	tɕ	tɕ	tɕʻ	tɕʻ	ɕ	ɕ
和政	tʂ	tʂ	tʂ	tʂʻ	tʂʻ	tʂʻ	ʂ	ʂ	s	z̩	z̩	tɕ	tɕ	tɕʻ	tɕʻ	ɕ	ɕ
东乡	ts	ts	tʃ	tʂʻ	tʂʻ	tʃʻ	s	s	ʃ	z̩	z̩	tɕ	tɕ	tɕʻ	tɕʻ	ɕ	ɕ
德乌鲁	tʂ	tʂ	tʂ	tʂʻ	tʂʻ	tʂʻ	ʂ	ʂ	s	z̩	z̩	tɕ	tɕ	tɕʻ	tɕʻ	ɕ	ɕ
龙迭	tʂ	tʂ	tʃ	tʂʻ	tʂʻ	tʃʻ	s	s	ʃ	z̩	ʒ	tɕ	ts	tɕʻ	tsʻ	ɕ	s

〈注一〉兰州对北京合口呼 tʂ 组的字读 pf、pfʻ、f、v。至于韵母，除 u 韵不变外，其余的都变成了相对的开口韵，如"抓"读 pfa。

〈注二〉镇原对北京合口呼照组对 u 起头各韵对照来看。ts 组的字读 ts、tsʻ、s、z，韵母也相应地有所变化：u 变ʅ；其余的都变相对的开口韵，如"抓"读 tsa。

〈注三〉泾川对北京合口呼 tʂ 组的字读 ts、tsʻ、s、z，韵母仍和北京音相同；只有北京是 ʐu 的字读 zu，读 y 的零声母。

〈注四〉靖远对北京 tɕ 组读为 ts 组的，限于拼 i、y 两韵的字，不关尖团音问题。韵母也相应地变为ʅ、u，如"鸡、妻、西"读 tsʅ、tsʻʅ、sʅ；"居、屈、虚"读 tsu、tsʻu、su。

〈注五〉泾川对北京 tɕ 组读为 ts 组的，限于拼 y 韵的字，不关尖团音问题。韵母也相应地变为 u，如"居、屈、虚"读 tsu、tsʻu、su。

〈注六〉龙迭对北京 tɕ 组读为 ts 组的，条件和靖远完全相同，可参看〈注四〉。

四、甘肃方言声、韵、调对照表

普通话例字\方言县(市)名	歌	可	河	安	鹅	衣	鱼	乌
兰州	k	kʻ	x		∅	∅		v
白银	k	kʻ	x		∅			v
榆中	k	kʻ	x		∅			v
靖远	k	kʻ	x	n		∅		v
定西	k	kʻ	x	ŋ		∅		v
会宁	k	kʻ	x	k		∅		v
通渭	k	kʻ	x	k		∅		v
静宁	k	kʻ	x	ŋ		∅		v
秦安	k	kʻ	x	k		∅		v
清水	k	kʻ	x	ŋ		∅		v
天水	k	kʻ	x	ŋ		∅		v
陇西	k	kʻ	x	k		∅		v
武西	k	kʻ	x	k		∅		v
徽成	k	kʻ	x	ŋ		∅		v
西礼	k	kʻ	x	ŋ		∅		v
武都	k	kʻ	x	ŋ		∅		v
文县	k	kʻ	x	ŋ		∅		v

续表

例字\方言 县(市)名	歌	可	河	安	鹅	衣	鱼	鸟
普通话	k	kʻ	x	∅	∅	∅	∅	
平凉	k	kʻ	x	n	ŋ	∅	∅	v
泾川	k	kʻ	x	n	v	∅	∅	v
镇原	k	kʻ	x	n	v	∅	∅	v
宁县	k	kʻ	x	n	ŋ	∅	∅	v
庆阳	k	kʻ	x	n			∅	v
环县	k	kʻ	x	n			∅	v
天祝	k	kʻ	x		∅		∅	v
武威	k	kʻ	x		∅			v
民勤	k	kʻ	x		∅			v
永昌	k	kʻ	x		∅			v
山丹	k	kʻ	x	ɣ			∅	v
张掖	k	kʻ	x		∅		∅	v
高台	k	kʻ	x	ɣ			∅	v
酒泉	k	kʻ	x	ɣ			∅	v
玉门	k	kʻ	x	ɣ			∅	v
安西	k	kʻ	x	ɣ			∅	v

四、甘肃方言声、韵、调对照表

续表

普通话例字 方言县(市)名	歌	可	河	安	鹅	衣	鱼	乌
敦煌	k	kʻ	x			∅	∅	
临洮	k	kʻ	x			∅	∅	v
岷县	k	kʻ	x	ŋ		∅	∅	v
临潭	k	kʻ	x	ŋ		∅	∅	v
临夏	k	kʻ	x	ŋ	ŋ	∅	∅	v
和政	k	kʻ	x	n	ŋ	∅	∅	v
东乡	k	kʻ	x	n, ŋ	ŋ	∅	∅	v
德乌鲁	k	kʻ	x		ŋ	∅	∅	v
龙迭	k	kʻ	x	ŋ		∅	∅	v

〈注〉东乡对北京的开口呼零声母字读 n 或 ŋ。是前元音起头的，读 n，如"爱、安、恩"等；是后元音起头的，读 ŋ，如"袄、昂、欧、鹅"等。

（二）韵母对照表

方言县(市)名 \ 例字 普通话	巴	加	瓜	抓	刷	挖	波	锅	多	桌	朔	窝	歌鹅	车	草	特则
兰州	a	ia	ua				o	uo						ɤ		
白银	a	ia	ua				e	en				e		e		
榆中	a	ia		ua		a	e	en	en	e	e	e		e		
靖远	a	ia		ua	a	a	e	en	en	e	e	e	en	e		
定西	a	ia		ua	a	a	e	en	e	en	e	e	e	e	ei	ɛ
会宁	a	ia		ua	a	a	e	en	e	en	en	e	e	e		ɛ
通渭	a	ia		ua	a	a	o	en	e	en	en	o	e	e		ɛ
静宁	a	ia		ua	a	a	e	on	on	e	on	e	on	e		ɛ
秦安	a	ia		ua	a	a	e	on	e	on	on	e	on	e		ɛ
清水	a	ia		ua	a	a	e	on	on	en	on	e	ɤ	e		ei
天水	a	ia		ua	a	a	e	en	on	on	on	e	on	e		ɛ
陇西	a	ia		ua	a	a	ɤ	on	ɤ	on	on	ɤ	ɤ	e		ei
武山	a	ia		ua	a	a	e	on	en	on	on	e	on	e		ɛ
徽成	a	ia		ua	a	a	e	on	on	on	on	e	on	e		ei

四、甘肃方言声、韵、调对照表

续表

例字(普通话)\方言县(市)名	巴	加	瓜	抓	刷	挖	波	锅	多	桌	朔	窝	歌	鹅	车	革	特则
西礼	a	ia	ua	ua	ua	a	o	uo	uo	uo	uo	e	ɤ	ɤ	ɤ	ɤ	
武都	a	ia	ua	ua	ua	a	e	uo	uo	uo	uo	e	e	e	e	ɛ	ɛ、ei
文县	a	ia	ua	ua	ua	a	e	uo	uo	uo	uo	e	e	e	ie	ɛ	ei
平凉	a	ia	ua	ua	ua	a	e	uo	uo	uo	uo	e	o	o	e	ɛ	ɛ、ei
泾川	a	ia	ua	ua	ua	a	e	en	en	en	en	e	o	o	ɛ	ɛ	ei
镇原	a	ia	ua	ua	ua	a	e	on	on	on	on	e	on	on	e	ɛ	ei
宁县	a	ia	ua	ua	ua	a	e	on	on	on	on	e	on、e	on、e	e	ɛ	ɛ、ei
庆阳	a	ia	ua	ua	ua	a	e	on	on	on	on	e	on、e	on、e	ɛ	ɛ	ei
环县	a	ia	ua	ua	ua	a	e	on	on	on	on	e	on	on	e	ɛ	ei
天祝	a	ia	ua	ua	ua	a	e	en	en	en	en	e	e	e	e	ɛ	
武威	a	ia	ua	ua	ua	a	e	en	en	en	en	e	e	e	e	e	
民勤	a	ia	ua	ua	ua	a	e	en	en	en	en	e	e	e	e	e	
永昌	a	ia	ua	ua	ua	a	e	en	en	en	en	e	e	e	e	e	
山丹	a	ia	ua	ua	ua	a	e	en	en	en	en	e	e	e	e	e	
张掖	a	ia	ua	ua	ua	a	e	en	en	en	en	e	e	e	e	e	

续表

例字 方言县(市)名	巴	加	瓜	抓	刷	挖	波	锅	多	桌	朔	窝	歌鹅	车革	特则
高台	a	ia	ua				o			uo				ɣ	
酒泉	a	ia	ua				ə					ə	ə	e	
玉门	a	ia	ua				ə	en				ə	ə	e	
安西	a	ia	ua				ə	en				ə	ə	e	
敦煌	a	ia	ua			a	ə	en				ə	ə	e	ei, e
临洮	a	ia	ua			a	ə					ə	ə	ɛ	ɛ, ei
岷县	a	ia	ua			a	ə			uo		ə	ə	e	ei
临潭	a	ia	ua			a	ə			uo		ə	ə	ɛ	ɛ
临夏	a	ia	ua			a	ə			uo		ə	ə	ɛ	ɛ
和政	a	ia	ua			a	ə			uo		ə	ə	ɛ	ɛ
东乡	a	ia	ua			a	ə			uo		ə	ə	ɛ	ɛ
德乌鲁	a	ia	ua			a	ə			uo		ə	ə	ɛ	ɛ
龙迭	a	ia	ua			a	ə			uo		ə	ə	e	ei

〈注一〉北京读ua韵的例字，第一个是代表tʂ、tʂʻ声母的，第二个是代表ʂ、ʐ声母的，第三个是代表s、z声母的，第四个是代表零声母的，第一

四、甘肃方言声、韵、调对照表

个是代表其他声母的。uo（"多"字除外）、uai、uei、uan、uaŋ、uən（"轮"字除外）等韵也是这样。

<注二> 例字"多"代表果摄开口"端""泥""精"等组的字。这些字，定西、通渭、会宁、秦安等地读ɔ，武山读ɤ。

<注三> 例字"革"代表曾开一和梗开二"见""晓""影"等组的入声字。

<注四> "革"栏所喙的字，其中大多数在西礼、文县、镇原、临洮等地读ɛ，镇原只有"格革客克册涩啬嗇色塞"等读ei，临洮只有"勒德得则"等字读ɛ。

刻客涩啬嗇色塞"等字读ei，文县只有"隔客啬嗇"读ei，敦煌只有"革格槅挌"等字读ei，西礼只有"格"等读ei。

方言（县市）名\例字普通话	写	靴学	资	知枝	耳而	批鸡低	主姑卢奴	居吕	开
普通话	ie	ye	ɿ	ʅ	ɚ	i	u	y	ai
兰州	ie	ye	ɿ	ʅ	ɚ	i	u	y	ɛ
白银	ie	ye	ɿ	ʅ	m̩	i	u	y	ɛ
榆中	ie	ye	ɿ	ʅ	m̩	i	u	y	ɛ
靖远	ie	ye	ɿ	ʅ	ɚ	i	u	y／u	ɛ
定西	ie	ye	ɿ	ʅ	ɚ（~ʅ）	i	u	y	ɛ
会宁	ie	ye	ɿ	ʅ	ɚ（~ʅ）	i	u	y	ɛ
通渭	ie	ye	ɿ	ʅ	aʴ	i	u	y	ɛ
静宁	ie	ye	ɿ	ʅ	ɜ	ʅ	u	y	ɛ
秦安	ie	ye	ɿ	ʅ	ɚ	i	u	y	ɛ
清水	ie	ye	ɿ	ʅ	ɚ	i	u	y	ɛ
天水	ie	ye	ɿ	ʅ	aʴ	i	u	y	ɛ
陇西	ie	ye	ɿ	ʅ	ʅ	i	u	y	ɛ
武山	ie	ye	ɿ	ʅ	ɚ	i	u	y	ɛ
徽成	ie	ye	ɿ	ʅ	ɚ	i	u	y	ɛ
西礼	ie	ye	ɿ	ʅ	ɚ	i	u	y	ɛ
武都	ie	ye	ɿ	ʅ	ɚ	i	u	y	ɛ

四、甘肃方言声、韵、调对照表

续表

方言县（市）名	写	靴学	资	知枝	耳而	批鸡低	主姑	卢	奴	居	开
文县	ie	ye	ɿ		ɚ	i		u		y	ai
平凉	ie	ye	ɿ	ʅ	ɯ	i		u		y	ɛ
泾川	ie	ye/ya	ɿ	ʅ	ɚ	i	u	u	ou	y	ɛ
镇原	ie	ye/yɔ	ɿ	ʅ	ɚ	i		u		u	ɛ
宁县	ie	ye/ya	ɿ	ʅ	ɚ	i	ʅ	u	ou	y	ɛ
庆阳	ie	ye	ɿ	ʅ	ɚ	i	u	u	ou	y	ɛ
环县	ie	ye	ɿ	ʅ	ɚ	i	u	u	ou	y	ɛ
天祝	ie	ye	ɿ	ʅ	ɯ	i		u		y	ɛ
武威	ie	ye	ɿ	ʅ	ɚ	i	ʅ	u		y	ɛ
民勤	ie	ye	ɿ	ʅ	ɚ	i		u		y	ɛ
永昌	ie	ye	ɿ	ʅ	ɯ	i		u		y	ɛ
山丹	ie	ye	ɿ	ʅ	ɯ	i		u		y	ɛ
张掖	ie	ye	ɿ	ʅ	ɚ	i		u		y	ɛ
高台	ie	ye	ɿ	ʅ	ɯ	i		u		y	ɛ
酒泉	ie	ye	ɿ	ʅ	ɯ	i		u		y	ɛ

续表

例字 方言县(市)名	号	靴学	资	知枝	耳	而	批	鸡	低	主	姑	户	奴	居	开
玉门	ie	ye	ɿ	ʅ	ɚ			i				u		y	ai
安西	ie	ye	ɿ	ʅ	ɯ			i				u		y	ɛ
敦煌	ie	ye	ɿ	ʅ	ɯ			i				u		y	ɛ
临洮	ie	ye	ɿ	ʅ	ɚ			i				u		y	ɛ
岷县	ie	ye	ɿ	ʅ	ɚ			i				u		y	ɛ
临潭	ie	ye	ɿ	ʅ	ɚ			i				u		y	ɛ
临夏	ie	ye	ɿ	ʅ	ei			i				u		y	ɛ
和政	ie	ye	ɿ	ʅ	ei			i				u		y	ɛ
东乡	ie	ie	ɿ	ʅ	ei			i				u		i	ɛ
德乌鲁	ie	ye	ɿ	ʅ	ɚ		i					u		y	ɛ
龙选	ie	yo	ɿ	ʅ					ʅ			u	y	u	ɛ

〈注一〉例字"耳"代表"耳儿二"等口语中常用的字,例字"而"代表"而尔迩"等口语中不常用的字,"鸡"代表北京是tɕ组拼i的字,"低"代表北京是t、t'拼i的字。

〈注二〉例字"批"代表北京是p组、n、l、ø等声母拼i的字。

四、甘肃方言声、韵、调对照表　37

〈注三〉例字"主"代表北京是tʂ组拼u的字,"姑"代表北京是p组、t、tʻ、tʂ组、k组、ø声母拼u的字。

〈注四〉例字"居"代表北京是tɕ组拼y组的字,"吕"代表北京是l和ø声母拼y的字。"女"这个字,甘肃各地有读l(～n)y的,有读mi的。读mi音的是静宁、天水、武都、平凉、泾川、镇原、天祝、武威、山丹、永昌、张掖、高台、酒泉、临潭、德乌鲁、东乡、临夏、龙迭等县市。

方言县(市)名 \ 例字/普通话	怪 uai	揣 uai	帅 uai	外 uai	飞 ei	雷 ei	对 uei	追 uei	水 uei	危 uei	包 ao	标 iao	周 ou	谋 ou	秋 iou	班 an	偏 ian
兰州	uɛ			ɛ	ei	ei	uei				ɔ	iɔ	ou	u	iou	æ	iæ
白银	uɛ			ɛ	ei	uei	uei				ɔ	iɔ	ou	u	iou	æ	iæ
榆中		uɛ	ɛ	ɛ	ei	uei		uei	ei	ei	ɔ	iɔ	ou	u	iou	æ	iæ
靖远		uɛ	ɛ	ei	ei	uei		uei	ei	ei	ɔ	iɔ	ou	u	iou	æ	iæ
定西		uei	ɛ	ɛ	ei	uei		uei	ei	ei	ɔ	iɔ	ou	u	iou	æ	iæ
会宁		uei	ɛ	ɛ	ɛ	ɛ		uɛ	ɛ	ɛ	ɔ	iɔ	ou	u	iou	æ	iæ
通渭		uei	ɛ	ɛ	ei	uei		uei	ei	ei	ɔ	iɔ	ou	u	iou	æ	iæ
静宁	uɛ			ɛ	ei	uei		uei	ei	ei	ɔ	iɔ	ou	u	iou	æ	iæ
秦安		uɛ	ɛ	ɛ	ei	uei		uei	ei	ei	ɔ	iɔ	ou	u	iou	æ	iæ
清水		uɛ	ɛ	ɛ	ei	uei		uei	ei	ɛ	ɔ	iɔ	ou	u	iou	æ	iæ
天水	uɛ			ɛ	ei	uɛ		uei	ei	ei	ɔ	iɔ	ou	u	iou	æ	iæ
陇西		uɛ	ɛ	ɛ	ei	uei		uei	ei	ei	ɔ	iɔ	ou	u	iou	æ	iæ
武山		uɛ	ɛ	ɛ	ei	uei		uei	ei	ei	ɔ	iɔ	ou	u	iou	æ	iæ
徽成		uɛ	ɛ	ɛ	ei	uei		uei	ei	ei	ɔ	iɔ	ou	u	iou	æ	iæ
西礼		uɛ	ɛ	ɛ	ei	uei		uei	ei	ei	ɔ	iɔ	ou	u	iou	æ	iæ
武都		uɛ	ɛ	ɛ	ei	uei		uei	ei	ei	ɔ	iɔ	ou	u	iou	æ	iæ

续表

例字\方言	怪	揣	帅	外	飞	雷	对	追	水	危	包	标	周	谋	秋	班	偏
普通话	uai	uai	uai		ei	ei	uei	uei	uei	uei	ao	iao	ou	ou	iou	an	ian
文县	uɛ	uɛ	uɛ	ɛ	ei	ei	uei	uei	uei	ei	ɔ	iɔ	ou	u	iou	æ̃	iæ̃
平凉	uɛ	uɛ	uɛ	ɛ	ei	uei	uei	uei	uei	ei	ɔ	iɔ	ou	u	iou	æ̃	iæ̃
泾川	uɛ	uɛ	uɛ	ɛ	ei	uei	uei	uei	uei	ei	ɔ	iɔ	ou	u	iou	æ̃	iæ̃
镇原	uɛ	uɛ	uɛ	ɛ	ei	uei	uei	uei	uei	ei	ɔ	iɔ	ou	u	iou	æ̃	iæ̃
宁县	uɛ	uɛ	uɛ	ɛ	ei	uei	uei	uei	uei	ei	ɔ	iɔ	ou	u	iou	æ̃	iæ̃
庆阳	uɛ	uɛ	uɛ	ɛ	ei	uei	uei	uei	uei	ei	ɔ	iɔ	ou	u	iou	æ̃	iæ̃
环县	uɛ	uɛ	uɛ	ɛ	ei	uei	uei	uei	uei	ei	ɔ	iɔ	ou	u	iou	æ̃	iæ̃
天祝	uɛ	uɛ	uɛ	ɛ	ei	uei	uei	uei	uei	ei	ɔ	iɔ	ou	u	iou	æ̃	iæ̃
武威	uɛ	uɛ	uɛ	ɛ	ei	uei	uei	uei	uei	ei	ɔ	iɔ	ou	u	iou	æ̃	iæ̃
民勤	uɛ	uɛ	uɛ	ɛ	ei	uei	uei	uei	uei	ei	ɔ	iɔ	ou	u	iou	æ̃	iæ̃
永昌	uɛ	uɛ	uɛ		ei	uei	uei	uei	uei	ei	ɔ	iɔ	ou	u	iou	æ̃	iæ̃
山丹		uɛ	uɛ	ɛ	ei	uei	uei	uei		ei	ɔ	iɔ	ou	u	iou	æ̃	iæ̃
张掖		uɛ	uɛ	ɛ	ei	uei	uei	uei		ei	ɔ	iɔ	ou	u	iou	æ̃	iæ̃
高台		uɛ	uɛ	ɛ	ei	uei	uei	uei		ei	ɔ	iɔ	ou	u	iou	æ̃	iæ̃
酒泉	uɛ	uɛ	uɛ	ɛ	ei	uei	uei	uei	uei	ei	ɔ	iɔ	ou	u	iou	æ̃	iæ̃

续表

方言县(市)名 \ 例字普通话	怪	揣 帅	外	飞	雷	对 追 水	危	包	标	周	谋	秋	班	偏
	uai	uɛ	ɛ	ei	ei	uei	ei	ao	iao	ou	ou	iou	an	ian
玉门	uɛ	uɛ	ɛ	ei	uei	uei	ei	ɔ	iɔ	ou	u	iou	æ̃	iɛ̃
安西	uɛ	uɛ	ɛ	ei	uei	uei	ei	ɔ	iɔ	ou	u	iou	æ̃	iɛ̃
敦煌	uɛ	uɛ	ɛ	ei	uei	uei	ei	ɔ	iɔ	ou	u	iou	æ̃	iɛ̃
临洮	uɛ	uɛ	ɛ	ei	uei	uei	ei	ɔ	iɔ	ou	u	iou	æ̃	iɛ̃
岷县	uɛ	uɛ	ɛ	ei	uei	uei	ei	ɔ	iɔ	ou	u	iou	æ̃	iɛ̃
临潭	uɛ	uɛ	ɛ	ei	uei	uei	ei	ɔ	iɔ	ou	u	iou	æ̃	iɛ̃
临夏	uɛ	uɛ	ɛ	ei	uei	uei	ei	ɔ	iɔ	ou	u	iou	æ̃	iɛ̃
和政	uɛ	uɛ	ɛ	ei	uei	uei	ei	ɔ	iɔ	ou	u	iou	æ̃	iɛ̃
东乡	uɛ	uɛ	ɛ	ei	uei	uei	ei	ɔ	iɔ	ou	u	iou	æ̃	iɛ̃
德乌鲁	uɛ	uɛ	ɛ	ei	uei	uei	ei	ɔ	iɔ	ou	u	iou	æ̃	iɛ̃
龙迭	uɛ	uɛ	ɛ	ei	uei	uei	ei	ɔ	iɔ	ou	u	iou	æ̃	iɛ̃

〈注一〉例字"雷"代表北京 n、l 拼 ei 的字。
〈注二〉例字"谋"代表流摄"帮"组一部分字，最常用的有"某""谋""否""剖"等字。

四、甘肃方言声、韵、调对照表

方言县(市)名 \ 例字	端	专	栓	弯	捐	帮	江	光	庄	双	汪	奔	金
普通话	uan	uan	uan	uan	yan	aŋ	iaŋ	uaŋ	uaŋ	uaŋ	uaŋ	ən	in
兰州	uæ̃		æ̃		yæ̃	ã	iã		uã			əŋ	ĩ
白银	uæ̃		æ̃		yæ̃	ã	iã	uã	uã	ã		əŋ	ĩ
榆中		uæ̃		æ̃	yæ̃	ã	iã		uã		ã	əŋ	ĩ
靖远		uæ̃		æ̃	yæ̃	ã	iã		uã		ã	əŋ	ĩ
定西		uæ̃		æ̃	yæ̃	ã	iã		uã		ã	əŋ	ĩ
会宁		uæ̃		æ̃	yæ̃	ã	iã		uã		ã	əŋ	ĩ
通渭		uæ̃		æ̃	yæ̃	ã	iã		uã		ã	əŋ	ĩ
静宁		uæ̃		æ̃	yæ̃	ã	iã		uã		ã	əŋ	ĩ
秦安		uæ̃		æ̃	yæ̃	ã	iã		uã		ã	əŋ	ĩ
清水		uæ̃		æ̃	yæ̃	ã	iã		uã		ã	əŋ	ĩ
天水		uæ̃		æ̃	yæ̃	ã	iã		uã		ã	əŋ	ĩ
陇西		uæ̃		æ̃	yæ̃	ã	iã		uã		ã	əŋ	ĩ
武山		uæ̃		æ̃	yæ̃	ã	iã		uã		ã	əŋ	ĩ
徽成		uæ̃		æ̃	yæ̃	ã	iã		uã		ã	əŋ	iŋ
西礼		uæ̃		æ̃	yæ̃	ã	iã		uã		ã	əŋ	ĩ

续表

例字 方言 县(市)名	端	专	栓	弯	捐	帮	江	光	庄	汪	奔	金
普通话	uan	uan	uan	an	yan	aŋ	iaŋ	uaŋ	uaŋ	uaŋ	ən	in
武都	uæ̃	uæ̃	uan	æ̃	yæ̃	ã	iã	uã	uã	uã	əŋ	eĩ
文县	uæ̃	uæ̃		æ̃	yæ̃	ã	iã	uã	uã	uã	əŋ	iũ
平凉	uæ̃	uæ̃		æ̃	yæ̃	ã	iã	uã	uã	uã	əŋ	iũ
泾川	uæ̃	uæ̃		æ̃	yæ̃	ã	iã	uã	uã	uã	əŋ	iũ
镇原	uæ̃		æ̃	æ̃	yæ̃	ã	iã	uã	uã	uã	əŋ	iũ
宁县	uæ̃	uæ̃		æ̃	yæ̃	ã	iã	uã	uã	uã	əŋ	iũ
庆阳	uæ̃	uæ̃		æ̃	yæ̃	ã	iã	uã	uã	uã	əŋ	iũ
环县	uæ̃	uæ̃		æ̃	yæ̃	ã	iã	uã	uã	uã	əŋ	iũ
天祝	ãn	ãn		ã	yɜ̃	ã	aĩ	uã	ãn	ãn	əŋ	iũ
武威	ɜn	ɜn		ɜ	yɜ̃	ɜ	iã	uã	ɜn	ɜn	əŋ	iũ
民勤	ɜn	ɜn		ɜ	vɜ̃	ã	iã	uã	ɜn	ɜn	əŋ	iũ
永昌	un	un		ɜ̃	vɜ̃	ã	iã	uã	ɜn	ɜn	əŋ	iũ
山丹	un			ɜ̃	vɜ̃	ã	iã	uã	ɜn	ɜn	əŋ	iũ
张掖	uÃ	uÃ		Ã	yÃ	Ã	iÃ	uÃ	uÃ	uÃ	əŋ	iũ

续表

方言县（市）名 \ 例字	端	专	栓	弯	捐	帮	江	光	庄	双	汪	弄	金
普通话	uan	uan	uan	ã	yan	aŋ	iaŋ	uan	uan	uan	uan	ue	in
高台	uẽ	uẽ	æ̃	æ̃	yæ̃	ã	iã	uã	uã	uã	ã	uẽ	ĩ
酒泉	uẽ	uẽ	uẽ	æ̃	yæ̃	ã	iã	uã	uã	uã	ã	uẽ	ĩ
玉门	uẽ	uẽ	uẽ	æ̃	yæ̃	ã	iã	uã	uã	uã	ã	uẽ	ĩ
安西	uẽ	uẽ	uẽ	æ̃	yæ̃	ã	iã	uã	uã	uã	ã	uẽ	ĩ
敦煌	uẽ	uẽ	uẽ	æ̃	yæ̃	ã	iã	uã	uã	uã	ã	uẽ	ĩ
临洮	uẽ	uẽ	uẽ	æ̃	yæ̃	ã	iã	uã	uã	uã	ã	uẽ	ĩ
岷县	uẽ	uẽ	uẽ	æ̃	yæ̃	ã	iã	uã	uã	uã	ã	uẽ	ĩ
临潭	uẽ	uẽ	uẽ	æ̃	yæ̃	ã	iã	uã	uã	uã	ã	uẽ	ĩ
临夏	uẽ	uẽ	uẽ	æ̃	yæ̃	ã	iã	uã	uã	uã	ã	uẽ	ĩ
和政	uã（~uæ̃）	uẽ	uẽ	ã（~æ̃）	iæ̃	ã	iã	uã	uã	ã（~æ̃）	ã	uẽ	ĩ
东乡	uẽ	uẽ	uẽ	æ̃	yæ̃	ã	iã	uã	uã	uã	ã	uẽ	ĩ
德乌鲁	uẽ	uẽ	uẽ	æ̃	yæ̃	ã	iã	uã	uã	uã	ã	uẽ	ĩ
龙迭	uẽ	uẽ	uẽ	æ̃	yæ̃	ã	iã	uã	uã	uã	ã	uẽ	ĩ

例字 方言县(市)名	婚	春	顺	温	轮	军	朋	精	姜	冲	翁	类	迥
普通话	uən			uen		yn		iŋ			uŋ		yŋ
兰州	ũn			ũẽ	ỹn	ỹn	ũẽ	ĩn			ũn	ỹn	ỹn
白银	ũn			ũẽ	ỹn	ỹn	ũẽ	ĩn			ũn	ỹn	ỹn
榆中		ũn	ũẽ	ũẽ	ỹn	ỹn	ũẽ	ĩn	ũn	ũẽ	ũn	ỹn	ỹn
靖远		ũn	ũẽ	ũẽ	ỹn	ỹn	ũẽ	ĩn	ũn	ũẽ	ũn	ỹn	ỹn
定西		ũn		ũẽ	ỹn	ỹn	ũẽ	ĩn	ũn	ũẽ	ũn	ỹn	ỹn
会宁		ũn		ũẽ	ỹn	ỹn	ũẽ	ĩn	ũn	ũẽ	ũn	ỹn	ỹn
通渭		ũn		ũẽ	ỹn	ỹn	ũẽ	ĩn	ũn	ũẽ	ũn	ỹn	ỹn
静宁		ũn		ũẽ	ỹn	ỹn	ũẽ	ĩn	ũn	ũẽ	ũn	ỹn	ỹn
秦安		ũn		ũẽ	ỹn	ỹn	ũẽ	ĩn	ũn	ũẽ	ũn	ỹn	ỹn
清水		ũn		ũẽ	ỹn	ỹn	ũẽ	ĩn	ũn	ũẽ	ũn	ỹn	ỹn
天水		ũn		ũẽ	ỹn	ỹn	ũẽ	ĩn	ũn	ũẽ	ũn	ỹn	ỹn
陇西		ũn		ũẽ	ỹn	ỹn	ũẽ	ĩn	ũn	ũẽ	ũn	ỹn	ỹn
武山		ũn		ũẽ	ỹn	ỹn	ũẽ	ĩn	ũn	ũẽ	ũn	ỹn	ỹn
徽成		ũn		ũẽ	ỹn	ỹn	ũẽ	ĩn	ũn	ũẽ	ũn	ỹn	ỹn
西礼		ũn		ũẽ	ỹn	ỹn	ũẽ	ĩn	ũn	ũẽ	ũn	ỹn	ỹn
武都	ẽ	ẽn	ẽ	ẽ	uei	ẽỹ	ẽ	ẽĩ	ũn	ẽ	ẽn	ẽỹ	ẽỹ

续表

例字 方言 县（市）名	婚	春	顺	温	轮	军	朋	精	轰	冲	翁	荣	迥
普通话	uen					yn	əŋ	iŋ	uŋ	uŋ	uŋ	yŋ	yŋ
文县	ũŋ	ũŋ	ũŋ	ũŋ	ỹŋ	ỹŋ	ə̃ŋ	ĩŋ	ũŋ	ũŋ	ə̃ŋ	ỹŋ	ỹŋ
平凉	ũŋ	ũŋ	ũŋ	ũŋ	ỹŋ	ỹŋ	ə̃ŋ	ĩŋ	ũŋ	ũŋ	ə̃ŋ	ỹŋ	ỹŋ
泾川	ũŋ	ũŋ	ũŋ	ũŋ	ỹŋ	ỹŋ	ə̃ŋ	ĩŋ	ũŋ	ũŋ	ə̃ŋ	ỹŋ	ỹŋ
镇原	ũŋ		ũŋ	ũŋ	ỹŋ	ỹŋ	ə̃ŋ	ĩŋ	ũŋ	ũŋ	ə̃ŋ	ỹŋ	ỹŋ
宁县	ũŋ	ũŋ		ũŋ	ỹŋ	ỹŋ	ə̃ŋ	ĩŋ	ũŋ	ũŋ	ə̃ŋ	ỹŋ	ỹŋ
庆阳	ũŋ	ũŋ		ũŋ	ỹŋ	ỹŋ	ə̃ŋ	ĩŋ	ũŋ	ũŋ	ə̃ŋ	ỹŋ	ỹŋ
环县	ũŋ	ũŋ		ũŋ	ỹŋ	ỹŋ	ə̃ŋ	ĩŋ	ũŋ	ũŋ	ə̃ŋ	ỹŋ	ỹŋ
天祝	ũŋ	ũŋ		ũŋ	ỹŋ	ỹŋ	ə̃ŋ	ĩŋ	ũŋ	ũŋ	ə̃ŋ	ỹŋ	ỹŋ
武威	ũŋ	ũŋ		ə̃ŋ	ỹŋ	ỹŋ	ə̃ŋ	ĩŋ	ũŋ	ũŋ	ə̃ŋ	ỹŋ	ỹŋ
民勤	ũŋ	ũŋ		ə̃ŋ	ỹŋ	ỹŋ	ə̃ŋ	ĩŋ	ũŋ	ũŋ	ə̃ŋ	ỹŋ	ỹŋ
永昌	ũŋ	ũŋ		ə̃ŋ	ỹŋ	ỹŋ	ə̃ŋ	ĩŋ	ũŋ	ũŋ	ə̃ŋ	ỹŋ	ỹŋ
山丹	ũŋ	ũŋ			ỹŋ	ỹŋ	ə̃ŋ	ĩŋ	ũŋ	ũŋ	ə̃ŋ	ỹŋ	ỹŋ
张掖	ũŋ	ũŋ			ỹŋ	ỹŋ	ə̃ŋ	ĩŋ	ũŋ	ũŋ	ə̃ŋ	ỹŋ	ỹŋ
高台	ũŋ	ũŋ			ỹŋ	ỹŋ	ə̃ŋ	ĩŋ	ũŋ	ũŋ	ə̃ŋ	ỹŋ	ỹŋ
酒泉	ũŋ			ə̃ŋ	ỹŋ	ỹŋ	ə̃ŋ	ĩŋ	ũŋ	ũŋ	ə̃ŋ	ỹŋ	ỹŋ

续表

例字\普通话\方言县(市)名	婚	春	顺	温	轮	军	崩	精	轰	冲	翁	荣	迥
	uen				yn		əŋ	iŋ		uŋ		yŋ	
玉门	ũn			ə̃ŋ	ỹŋ	ỹŋ	ə̃ŋ	ĩŋ	ũŋ	ũŋ	ə̃ŋ	ỹŋ	ỹŋ
安西	ũn			ə̃ŋ	ỹŋ	ỹŋ	ə̃ŋ	ĩŋ	ũŋ	ũŋ	ə̃ŋ	ỹŋ	ỹŋ
敦煌	ũn			ə̃ŋ	ỹŋ	ỹŋ	ə̃ŋ	ĩŋ	ũŋ	ũŋ	ə̃ŋ	ỹŋ	ỹŋ
临洮	ũn			ə̃ŋ	ỹŋ	ỹŋ	ə̃ŋ	ĩŋ	ũŋ	ũŋ	ə̃ŋ	ỹŋ	ỹŋ
岷县	ũn			ə̃ŋ	ỹŋ	ỹŋ	ə̃ŋ	ĩŋ	ũŋ	ũŋ	ə̃ŋ	ỹŋ	ỹŋ
临潭	ũn			ə̃ŋ	ỹŋ	ỹŋ	ə̃ŋ	ĩŋ	ũŋ	ũŋ	ə̃ŋ	ỹŋ	ỹŋ
临夏	ũn			ə̃ŋ	ỹŋ	ỹŋ	ə̃ŋ	ĩŋ	ũŋ	ũŋ	ə̃ŋ	ỹŋ	ỹŋ
和政	ũn			ə̃ŋ	ĩŋ	ĩŋ	ə̃ŋ	ĩŋ	ũŋ	ũŋ	ə̃ŋ	ĩŋ	ĩŋ
东乡	ũn			ə̃ŋ	ỹŋ	ỹŋ	ə̃ŋ	ĩŋ	ũŋ	ũŋ	ə̃ŋ	ỹŋ	ỹŋ
德乌鲁	ũn			ə̃ŋ	ỹŋ	ỹŋ	ə̃ŋ	ĩŋ	ũŋ	ũŋ	ə̃ŋ	ỹŋ	ỹŋ
龙达	ũn			ə̃ŋ	ỹŋ	ỹŋ	ə̃ŋ	ĩŋ	ũŋ	ũŋ	ə̃ŋ	ỹŋ	ỹŋ

<注一> 例字"轮"代表北京luan音节的字。
<注二> 例字"冲"代表北京 tʂ、tʂʻ拼uŋ的字;"翁"代表北京 Ø声母拼uŋ的字;"荣"代表北京 ʐuŋ音节的部分字,即"荣、融、容、溶、熔、镕、蓉"等字;"迥"代表其他声母拼uŋ的字。

（三）声调对照表

方言 县（市）名	普通话	刚开婚三	穷时人云	古口好五	近厚靠降	桌福铁六	局白合舌
兰州		阴平（55）	阳平（35）	上声（214）	去声（51）	阴、阳、上、去	阳平
白银		阴平（53）	阳平（51）	上声（442）	去声（13）	去声	阳平
榆中		阴平（53）	阳平（31）	上声（442）	去声（13）	去声	阳平
靖远		阴平（31）	阳平（13）	上声（55）	去声（214）	阴平	阳平
定西		平声（13）		上声（53）	去声（44）	阴平	阳平
会宁		平声（13）		上声（42）	去声（55）		
通渭		平声（13）		上声（42）	去声（44）	平声	
静宁		平声（13）		上声（53）	去声（55）	平声	
秦安		平声（24）		上声（53）	去声（55）	平声	
清水		平声（24）		上声（51）	去声（55）	平声	
天水			阳平（13）	上声（51）	去声（55）	平声	
陇西		阴平（31）	阳平（35）	上声（53）	去声（55）	阴平	阳平
武山		阴平（31）	阳平（35）	上声（53）	去声（55）	阴平	阳平
徽成		阴平（31）	阳平（13）	上声（53）	去声（55）	阴平	阳平
西礼		阴平（31）	（并入去声）	上声（53）	去声（35）	阴平	去声
武都							

续表

普通话 例字 方言 县(市)名	刚开婚三	穷时人云	古口好五	近厚靠阵	桌福铁六 阴、阳、上、去	局台合舌
文县	阴平(31)	阴平(13)	上声(53)	去声(35)	阳平	阳平
平凉	阴平(31)	阴平(24)	上声(53)	去声(44)	阳平	阳平
泾川	阴平(31)	阴平(35)	上声(53)	去声(55)	阳平	阳平
镇原	阴平(31)	阴平(35)	上声(53)	去声(55)	阳平	阳平
宁县	阴平(31)	阴平(35)	上声(51)	去声(55)	阳平	阳平
庆阳	阴平(31)	阴平(35)	上声(53)	去声(55)	阳平	阳平
环县	阴平(33)	阴平(53)	上声(332)	去声(31)	去声	阳平
天祝	第一声(33)	第二声(53)		去声(31)	去声	阳平
武威	第一声(44)	第二声(53)	上声(42)	去声(31)	去声	阳平
民勤	阴平(44)	阳平(53)		去声(31)	去声	阳平
永昌	第一声(33)	第二声(53)	上声(53)	去声(31)	去声	阳平
山丹	第一声(55)	第二声(53)	上声(53)	去声(31)	去声	阳平
张掖	第一声(44)	第二声(53)	上声(53)	去声(31)	去声	阳平
高台	第一声(44)	第二声(53)	上声(53)	去声(31)	去声	阳平
酒泉	第一声(33)	第二声(42)		去声(213)	去声	阳平
玉门						

四、甘肃方言声、韵、调对照表   49

续表

方言县(市)名 \ 例字 \ 普通话	刚开婚三	穷时人云	古口好五	近厚靠阵	桌福铁六	局白合吉
	阴平(55)	阳平(35)	上声(214)	去声(51)	阴、阳、上、去	
安西	第一声(33)	第二声(42)		去声(213)	去声	
敦煌	平声(24)		上声(53)	去声(44)		阳平
临洮	平声(13)		上声(42)	去声(55)	平声	阳平
岷县	阴平(31)	阳平(35)	上声(53)	去声(55)	阴平	
临潭	阴平(13)	阳平(35)	上声(53)	去声(44)	阴平	阳平
临夏	平声(13)		上声(44)	去声(53)	平声(有小部分读去声)	阳平
和政	平声(13)		上声(44)	去声(53)	平声	
东乡	平声(13)		上声(55)	去声(53)	平声<注>	
德乌鲁	平声(13)		上声(44)	去声(53)	平声(有小部分读去声)	
龙达	阴平(53)	阳平(31)	上声(44)	去声(213)	阴平	阳平

〈注〉东乡一共三个基本调：(13)(44)和(53)。普通话的阴平、阳平字，单念时一律读(13)调。普通话的上声、去声字，单念时却读得很乱，有读(44)调的，有读(53)调的，还有读(13)调的。但是，在语句中连读时，基本上和临夏的相同，因此，对照表还是比照临夏的予以列举。(东乡自治县是东乡民族聚居地区，本民族还有自己的语言，声调观念还不巩固的原因。)

五、甘肃方言常用词对照表

词汇部分的调查,是以中国科学院语言研究所编辑的《方言调查词汇手册》为本,略事增删而改进的,共有单词及词组363个。其中:各县(市)完全相同的(读音不一定完全相同,但都是全合乎语音对应规律的)11个,分条举出共同的说法,不再逐县(市)列举;略有参差的73个,分条作综合的说明;参差较大的279个,用对照表逐县(市)列举。

(一)各县(市)完全相同的词11个(后面括号内是普通话的说法):

(1)霜(霜)　　(7)粽子(粽子)

(2)虹(虹)　　(8)狼(狼)

(3)左手(左手)　(9)我(我)

(4)右手(右手)　(10)你(你)

(5)筷子(筷子)　(11)洗脸(洗脸)

(6)包子(包子)

(二)各县(市)略有参差的词73个(前面标目的是普通话或文言的说法):

(1)月亮　一般叫"月亮",只有文县叫"月光",泾川、镇原又叫"月亮爷",敦煌又叫"月儿"。

(2)下雨　都叫"下雨",武都又叫"落雨"。

(3)下雪　都叫"下雪",武都、安西又叫"落雪"。

(4)刮风　大都叫"刮风",陇东地区及会宁、通渭叫"吹风"。

(5)石灰　一般叫"石灰",只有东乡叫"洋灰",庆阳、环县又叫"灰"。

(6)煤油　都叫"煤油",河西的山丹以西各县又叫"火油"。

(7)锡　大都叫"锡",兰州、临夏叫"锡铁",榆中、宁县、龙迭叫

"镴"或"锡镴"。

（8）窗子　　大都叫"窗子"，武山、陇西、通渭叫"窗儿"。

（9）院子　　一般叫"院子"，只有文县叫"天井"，靖远、环县、泾川又叫"院里"。

（10）和尚　　一般叫"和尚"，只有通渭叫"出家人"。

（11）兄　　一般叫"哥哥"（多）或"哥"，只有大夏河流域叫"阿哥"。

（12）弟　　一般叫"兄弟"，"弟弟"是比较新式的说法。

（13）姊　　一般叫"姐姐"（多）或"姐"，只有大夏河流域叫"阿姐"。

（14）妹　　都叫"妹妹"或"妹子"（多），大夏河流域又叫"尕妹"（尕音ka，上声）。

（15）祖父　　一般叫"爷爷"（多）或"爷"，只有大夏河流域叫"阿爷"。

（16）舅　　兰州附近、大夏河流域和洮河流域都叫"阿舅"，其余都叫"舅舅"。

（17）女婿　　一般叫"女婿"，只有德乌鲁叫"女婿汉"。

（18）脸　　都叫"脸"，文县又叫"脸老子"，宁县又叫"面目"，酒泉、通渭又叫"面子"，玉门又叫"模样子"。

（19）鼻子　　都叫"鼻子"，兰州、宁县又叫"鼻疙瘩"，天水、武都又叫"鼻子疙瘩"，定西、临洮又叫"鼻棍"，文县又叫"鼻尖（子）"。

（20）眼睛　　都叫"眼睛"，个别县（市）又叫"眼"。

（21）脖子　　都叫"脖子"，兰州、临夏、德乌鲁又叫"板颈"，文县又叫"脖项"。

（22）胳臂　　多数叫"胳臂"，少数叫"胳膊"，武都又叫"手膀"。

（23）腿　　大都叫"腿"，文县叫"腿杆""脚杆"，大夏河流域叫"腿子"，庆阳、酒泉又叫"腿杆子"。

（24）衣服　　一般都叫"衣裳"，只有高台、玉门、安西叫"衣服"，环县又叫"衣衫"。

（25）脸盆　　一般都叫"脸盆"，还有叫"洗脸盆"的。

（26）条凳　　一般叫"板凳"，也有叫"长板凳"的。

（27）桌子　　一般都叫"桌子"，只有文县照形式不同叫"长桌""方桌"，宁县又叫"案子"。

（28）火柴　都叫"洋火"，个别县（市）又叫"火柴"——这是比较斯文的说法。

（29）簸箕　都叫"簸箕"，只有天祝叫"米夏"（疑是藏语译音）。

（30）笤帚　大都叫"笤帚"（"帚"音"竹"），文县叫"扫把"，镇原叫"帚子"，临洮、会宁、龙迭又叫"扫帚"。

（31）绳子　一般叫"绳子"或"绳"，民勤又叫"绳索"。

（32）自行车　一般都叫"自行车"，只有文县叫"洋车""洋马马"，个别县（市）又叫"脚踏车"。

（33）热水瓶　一般叫"电壶"，河西地区还有叫"暖壶"（民勤、高台、敦煌）和"温壶"（永昌、玉门、安西）的。（"电壶"的说法遍及西北各省，可能是此物初传来时，有人误以为保暖是电的作用，就这样叫开来了。）

（34）香皂　一般都叫"香胰子"，"香胰"是比较时髦的说法。

（35）伞　都叫"伞"，个别地方又叫"雨伞"。

（36）面粉　一般都叫"白面"或"面"，武都、徽成又叫"灰面"。

（37）醋　一般都叫"醋"，只有文县叫"酸的"。

（38）酱油　一般都叫"酱油"，兰州、定西、泾川和河西地区又叫"青酱"。

（39）盐　大家都叫"盐"，文县叫"盐巴""颗颗盐"，天祝又叫"池盐"，临夏叫"青盐"，镇原又叫"咸盐"。（"颗颗盐"系以颗粒状的品种名代表全名；"池盐""青盐"系以产地——或一条山雅尔泰池盐、青海——不同的品种名代表全名。）

（40）黄酒　大都叫"黄酒"，西礼和河西地区的一些县叫"老酒"。

（41）泔水　都叫"恶水"，环县又叫"脏水"，安西、岷县又叫"臭水"。

（42）母猪　大都叫"母猪"，秦安叫"老猪婆"，镇原叫"叉叉"，龙迭又叫"草猪"；还有叫"奶劁"的，系指阉去卵巢、去供食用的母猪。

（43）耳朵　都叫"耳朵"，文县又叫"耳头""耳根子"，兰州、靖远、定西、天水、武都、张掖、酒泉又叫"耳挂子"。

（44）诊病　一般都叫"看病"，通渭又叫"号病"，文县又叫"医病"，张掖、武威又叫"瞧病"，安西又叫"摸病"。（甘肃话把中医"按脉"叫"号脉"，"号病"的说法应是由此而来。"摸病"也是按脉的动作引申而来的。）

（45）公驴　都叫"叫驴"，玉门又叫"骟驴"，应指阉去睾丸的公驴。

（46）母驴　都叫"草驴"，文县又叫"骡驴"。

（47）老鼠　都叫"老鼠"，武都又叫"耗子"。

（48）老虎　都叫"老虎"，有些县又叫"虎"。

（49）菠菜　一般叫"菠菜"，兰州、榆中、德乌鲁叫"绿菠菜"。

（50）蒜　都叫"蒜"，靖远、武都、玉门、安西又叫"大蒜"。

（51）茄子　大都叫"茄子"，天水叫"茄"，秦安、清水、临洮、陇西、会宁叫"茄儿"。

（52）洋芋　都叫"洋芋"，河西地区又叫"山药"，东乡又叫"牙由"（可能是东乡语译音）。

（53）藕　一般叫"莲藕"，有半数县（市）不常见此物，无此词。

（54）地方　都叫"地方"，文县又叫"场化"。

（55）声音　大都叫"声音"，靖远、西礼、临夏、和政叫"声气"，兰州也有叫"声气"的，宁县又叫"声"。

（56）颜色　都叫"颜色"，兰州、东乡、德乌鲁、临潭又叫"色气"。

（57）一位客人　一般说"一个客人"，只有文县说"一块客人"。"一位客人"是比较斯文的说法，且不常用。

（58）一双鞋　都说"一双鞋"，秦安、武山、武都、敦煌、山丹、龙迭又说"一对鞋"。

（59）一把刀　一般都说"一把刀"，只有玉门、安西说"一张刀"，个别县（市）又说"一个刀"。

（60）一只鸡　都说"一只鸡"，个别地区又说"一鸡"。

（61）一条鱼　都说"一条鱼"，个别县（市）又说"一个鱼"。

（62）一阵风　一般都说"一阵风"，只有镇原说"一窝风"，天水又说"一场风"，环县、定西、临夏又说"一股风"。

（63）打一下　一般都说"打一下"（音xa），只有定西、和政说"打一挂"。

（64）今年　都叫"今年"，靖远、天水、德乌鲁又叫"本年"。

（65）前年　大都叫"前年"，个别叫"前年了"。

（66）吃饭　一般都叫"吃饭"，只有文县叫"用饭"和"喊饭"（音"恰饭"）。

（67）喝茶　都叫"喝茶"，庆阳、环县又叫"吃茶"。

（68）粗　一般都叫"粗"，有的县（市）叫"犇"——这应是较土的说法。

（69）细　都叫"细"，只有文县叫"瓢"。

（70）瘦　大都叫"瘦"，文县、天祝叫"干"，山丹叫"瘴"，会宁又叫"缺"，庆阳又叫"不胖"。

（71）大　一般叫"大"，个别县（市）叫"妥"。

（72）晚（来晚了）　一般叫"迟"（有些县读平舌音ts﹩），个别县（市）叫"晚"。

（73）苍蝇　一般叫"苍蝇"，文县、宁县叫"蝇子"，庆阳、环县也有叫"蝇子"的，镇原又叫"蝇罗"。

（三）各县（市）参差较大的词279个

	1	2	3
普通话	太阳	星星	打雷
兰州	太阳、热头	星宿	响雷
白银	热头	宿宿（音休）	响雷
榆中	热头	星宿	响雷
靖远	太阳、阳婆	星星	响雷
定西	太阳、日头	星宿	响雷
会宁	阳婆	星星	响雷
通渭	日头	星星	雷神
静宁	热头儿	星宿	响雷

续表

	1	2	3
普通话	太阳	星星	打雷
秦安	热头爷、热头	宿宿（音休）	雷神爷
清水	热头爷	星宿	响雷
天水	热头	星宿	响雷
陇西	日头、热头	星宿	响雷
武山	日头、热头	星宿	响雷
徽成	热头	星宿	响雷
西礼	热头	宿宿（音休）	响雷
武都	阳婆、日头、热头	宿宿（音休）	打雷、雷
文县	日头、热头	星宿	雷神爷
平凉	太阳	星星	响雷
泾川	太阳、日头	宿宿（音休）、星星	响雷
镇原	暖和爷	宿宿（音休）、星星	响雷
宁县	日头爷	星星	响雷
庆阳	太阳		响雷
环县	太阳、热头	星星	响雷
天祝	太阳	星星	响雷
武威	日头	星星	响雷
民勤	太阳、日头	星星	响雷
永昌	太阳	星宿、星星	打雷
山丹	日头、太阳	星宿	响雷、呼噜爷
张掖	太阳、日头	星宿	响雷
高台	太阳	星星	响雷
酒泉	太阳	星宿	响雷
玉门	太阳	星宿	呼噜爷
安西	太阳	星宿	响雷
敦煌	太阳、日头	星星	响雷、打雷
临洮	太阳	星星	响雷

续表

	1	2	3
普通话	太阳	星星	打雷
岷县	阳婆	星宿	雷响了
临潭	热头	宿宿（音休）	响雷
临夏	热头	星宿	响雷
和政	热头	星宿	响雷
东乡	热头	星星	响雷、雷响了
德乌鲁	热头	星星	响雷
龙迭	日（音"耳"）头	星星	响雷

	4	5	6
普通话	打闪	雪化了	雾
兰州	打闪	雪消了	雾
白银	打闪、闪电	雪消了	雾
榆中	打闪	雪消了	雾
靖远	闪电	雪化了、雪消了	雾
定西	闪火闪子	雪消了	雾、烟雾
会宁	火闪	雪消了	雾
通渭	闪火闪儿	雪消了	烟雾
静宁	闪电	雪消了	烟雾
秦安	火闪儿	雪消了	烟雾
清水	闪火闪子	雪消了	雾
天水	火闪	雪消了	雾气
陇西	火闪儿	雪消了	雾
武山	闪火闪儿	雪消了、雪解了	雾
徽成	闪火闪子	雪消了	雾气
西礼	闪火闪子	雪消了	烟雾
武都	闪电	雪消了、雪了	烟雾、雾
文县	闪电、火闪子、闪火闪	雪消了	烟雾

续表

	4	5	6
普通话	打闪	雪化了	雾
平凉	闪电	雪消了	烟雾
泾川	闪电	雪消了	烟雾
镇原	闪电	雪消了	烟雾
宁县	闪电	雪消了	烟雾
庆阳	打闪	雪消了	
环县	打闪	雪消了	雾
天祝	闪电	雪消了	雾气
武威	闪电	雪化了	雾
民勤	闪电	雪消了	雾
永昌	闪电	雪化了	雾
山丹	闪电	雪化了	雾
张掖	闪电	雪化了	雾
高台	闪电	雪化了	雾
酒泉	闪电	雪化了	雾
玉门	闪电	雪化了	雾气
安西	闪电	雪化了、消雪	雾
敦煌	闪电	雪化、雪消了	雾
临洮	闪电	雪消了	雾
岷县	火闪	雪消化	雾
临潭	闪电、火闪子	雪消了	雾
临夏	闪电	雪消了	雾
和政	闪电	雪消了	雾
东乡	闪电	雪消了	雾气
德乌鲁	闪电	雪消了	雾
龙迭	火闪子	雪消了	烟雾

	7	8	9
普通话	冻冰	雹	云
兰州	冻冰	蛋蛋子、白雨	云彩
白银	冻冰	冷子、蛋蛋	云彩
榆中	冻冰	白雨蛋子	云彩
靖远	结冰、冻冰	白雨、冷子	云彩
定西	结冰	冷子、冷子疙瘩	云彩
会宁	结冰	冷子	云彩
通渭	冻冰	冰雹、冷子	纹采
静宁	结冰	冷子	云彩
秦安	冻棱	冷子	云彩
清水	结冰	冷子	云
天水	冻冰	冷子、生雨、硬雨	云
陇西	冻冰	冰雹	云彩
武山	结冰、冰棱	冻疙瘩子	云彩
徽成	结冰	冷子	云
西礼	结冰	冷子、硬点子	云彩
武都	结冰	冷子	云、云彩
文县	结冰	雹子、冰雹、冰块、冷子	云
平凉	结冰	冷子	云
泾川	冻冰	冷子	云彩
镇原	冻冰	冷子	云彩
宁县	冻冰	冷子	云
庆阳	冻冰	冷子	云彩
环县	冻冻	冷子	云彩
天祝	冻冰	蛋蛋	云
武威	冻冰	冷子	云
民勤	冻冰	冰雹、冷子	云
永昌	冻冰、结冰	冰雹	云

续表

	7	8	9
普通话	冻冰	雹	云
山丹	冻冰	冰雹	云
张掖	冻冰	冰蛋子	云
高台	冻冰	冰蛋子	云
酒泉	冻冰	冰雹、冷子	云
玉门	冻冰	冷子、冰雹	云
安西	冻冰	冷子	云
敦煌	冻冰	冷子	云
临洮	结冰	冷子	云彩
岷县	冻冰	疙症子	云
临潭	结冰	疙症子	云彩
临夏	结冰	冰蛋	云彩
和政	结（下）冰（了）	冰蛋	云彩、纹彩
东乡	结冰	冰蛋	云彩
德乌鲁		冰蛋	云彩
龙迭	结冰	疙瘩子	云

	10	11	12
普通话	端阳	中秋	（阴历）除夕
兰州	五月节、五月端（音当）午	八月节、八月十五	三十日晚上
白银	五月端阳、端午节	八月十五	三十晚上、大年三十
榆中	端阳	八月十五	三十日晚上
靖远	端午、五月端午	八月十五	三十儿晚上
定西	端阳、五月五、端午	八月十五、中秋节	三十儿晚上、除夕
会宁	五月五	八月十五	腊月三十日
通渭	五月五	八月十五	三十儿晚上
静宁	五月五	八月十五	三十儿晚上

续表

普通话	10 端阳	11 中秋	12 （阴历）除夕
秦安	五月五	八月十五	三十儿晚上
清水	五月五	八月十五	三十儿晚上
天水	端阳节、五月五	中秋节、八月十五	三十儿晚上
陇西	五月端午、端午	八月十五	三十儿晚上
武山	五月端（音单）、端（音单）阳节	八月十五	三十晚上（音心）
徽成	五月端午	八月十五	三十儿晚上
西礼	端阳、端午五月五	八月十五	三十儿晚上
武都	端午	八月十五	三十儿晚上、三十夜、腊月三十
文县	五月端阳	八月十五	三十夜、三十晚上
平凉	五月节	八月节、八月十五	三十儿晚上
泾川	端午	八月十五	三十儿晚上
镇原	五月端午儿	八月十五	三十儿晚上
宁县	五月节、五月端（音单）午、端（音单）午	八月十五	三十儿晚上
庆阳	端午	八月十五八月十六	
环县	端午、五月端午	八月十五八月十六	
天祝	五月端午	八月十五	三十晚上
武威	端午	八月十五	三十日黑了
民勤	端阳、端午	八月十五、中秋	三十晚上
永昌	端午、端阳	八月十五	三十儿晚上
山丹	五月端午	八月十五	三十日晚上
张掖	端午	八月十五	三十晚上、年三十
高台	端阳	八月节、八月十五	三十日
酒泉	五月端午	八月十五	三十晚上
玉门	端阳五、端阳节	八月十五	三十黑
安西	五月端午	八月十五	三十

续表

	10	11	12
普通话	端阳	中秋	（阴历）除夕
敦煌	端午	八月十五	三十日晚上三十、三十夜
临洮	端阳	八月十五	三十儿晚上
岷县	端阳	八月十五	三十日晚上
临潭	五月端（音答）午	八月十五	三十儿晚上
临夏	端（音单）阳节、五月端（音对）	八月十五	三十儿晚上
和政	端（音单）阳	八月十五	三十晚夕
东乡		八月十五	
德乌鲁	五月端（音对）	八月十五	三十晚上
龙迭	五月端阳	八月十五	三十儿晚上

	13	14	15
普通话	元旦（阴历）	灰尘	泥土
兰州	正月初一	尘土	泥
白银	正月初一	尘土	泥
榆中	新年	尘土	泥
靖远	正月初一	尘土	泥、烂泥
定西	正月初一、新年	尘土	泥、烂泥、稀泥
会宁	正月初一	尘土	泥
通渭	正月初一	尘土	烂泥
静宁	正月初一	塘土	烂泥
秦安	正月初一	尘土	烂泥
清水	正月初一	尘土	烂泥
天水	年初一早上	土雾、土	泥
陇西	正月初一	尘土	烂泥
武山	阴历年	土、尘土	烂泥
徽成	新年	薄土	烂泥

续表

普通话	13 元旦（阴历）	14 灰尘	15 泥土
西礼	元旦、新年	薄土	烂泥
武都	年初一、过年、正月初一	土、尘土、灰	泥、泥巴、烂泥
文县	正月初一、（大）年初一	尘土	泥、泥巴、烂泥
平凉	正月初一	尘土	泥
泾川	正月初一	灰尘、尘土	泥、烂泥
镇原	正月初一	灰尘	烂泥
宁县	正月初一	灰尘、尘土	烂泥
庆阳		土	泥
环县		尘土	泥
天祝	正月初一	尘土	泥
武威	正月初一	灰	泥
民勤	新年	灰尘、尘土	泥土
永昌	正月初一、初一	土	泥
山丹	正月初一	灰尘	泥
张掖	（大）年初一	灰尘	泥
高台	大年初一、正月初一	灰土	泥土
酒泉	大年初一	土、灰	泥、泥巴
玉门	正月初一	尘土、尘灰	
安西	初一	尘土	烂泥
敦煌	年初一、新年	土	泥
临洮	正月初一	尘土	泥
岷县	大年初一	尘土	泥
临潭	（大）年初一、正月初一	尘土	泥、泥土、烂泥
临夏	正月初一	尘土	泥
和政	正月初一	尘土	泥泥

续表

	13	14	15
普通话	元旦（阴历）	灰尘	泥土
东乡	正月初一	尘土	泥
德乌鲁	新年	土	泥
龙迭	正月初一	灰尘	泥

	16	17	18
普通话	凉水	热水	煤
兰州	凉水、冷水	热水	炭
白银	凉水	热水	炭
榆中	冷水	热水	煤、炭
靖远	凉水、冷水	热水、烧水	炭
定西	凉水、冷水、冰水	热水	炭
会宁	凉水	热水	炭
通渭	凉水	热水	炭
静宁	凉水	热水	煤
秦安	凉水	安水	煤炭
清水	凉水	温突子水	煤炭
天水	凉水、冷水	温温水末（音遇）、煎水	煤
陇西	凉水	热水	煤炭
武山	凉水	热水	石炭
徽成	凉水、冷水	热水	石炭
西礼	凉水	热水	石炭
武都	冷水、冰水	热水	煤、炭、煤炭
文县	冷水	温水	煤炭、炭、石炭
平凉	凉水	热水	石炭
泾川	冷水、凉水	温水、汤	炭、石炭
镇原	冷水	热水	炭
宁县	凉水、冰水、冷水	热水	石炭

续表

	16	17	18
普通话	**凉水**	**热水**	**煤**
庆阳	冷水	热水、汤	煤、石炭
环县	冷水	热水、汤	煤、石炭、炭
天祝	冷水	热水	煤
武威	冷水	热水	炭
民勤	凉水、冷水	热水	炭
永昌	凉水、冷水	热水	煤
山丹	冷水	热水	煤、碴子
张掖	冰水、冷水	热水	煤
高台	冷水	热水	煤
酒泉	冷水	热水	煤
玉门	冷水、凉水	热水、温水	煤
安西	凉水	热水	煤
敦煌	冷水、凉水	热水	煤
临洮	冷水	热水	煤
岷县	凉水	温水	煤
临潭	凉水	热水	煤
临夏	冰水	汤水	石炭
和政	冰水	热水	煤
东乡	冰水	汤	煤
德乌鲁	冰水	热水	炭
龙迭	凉水	热水	煤

	19	20	21
普通话	**磁石**	**柴**	**乡村**
兰州	吸铁石	柴	乡里
白银	吸铁石	柴、劈柴	村庄
榆中	吸铁石	柴	乡村

续表

	19	20	21
普通话	磁石	柴	乡村
靖远	吸铁、吸铁石	柴	庄子
定西	吸铁石	柴、劈柴	乡里
会宁	吸铁	柴	乡里
通渭	吸铁	柴	乡村
静宁	吸铁石	柴	乡里
秦安		柴	村庄
清水	吸铁石	柴	乡庄
天水	吸铁石	柴	乡里
陇西	吸铁石	柴、柴火	乡村、乡里
武山	吸铁石	柴	乡里（音来）
徽成	吸铁石	柴火	乡庄
西礼	吸铁石	柴	乡里
武都	吸铁石	柴、柴火	乡村、庄子
文县	吸铁石	柴火	农村、村庄
平凉	吸铁石	柴	乡里
泾川	吸铁石	柴	农村
镇原	磁石、磁铁	柴	村庄
宁县	吸铁石	柴	乡里、村子
庆阳		柴	农村
环县	吸铁石	柴	农村、乡里
天祝	吸铁石	柴火	乡村
武威	吸铁	劈柴	农村
民勤	磁石	柴、劈柴	农村、乡下
永昌	吸铁石、磁铁	劈柴	农村
山丹	吸铁	柴	村庄
张掖	吸铁石	柴、柴火	乡下
高台	吸铁	柴	农村

续表

	19	20	21
普通话	磁石	柴	乡村
酒泉	吸铁石	劈柴	乡村
玉门		柴、劈柴	农村
安西	磁	柴火	农村、乡村
敦煌	吸铁、吸铁石	柴、柴火、烧柴	农村、乡里
临洮	磁铁	柴	乡里
岷县	磁石	柴	乡村、村庄
临潭	吸铁石	柴、柴火	乡里（音呢）、农村、庄子
临夏		柴	庄子
和政	吸铁石	柴	庄子
东乡	吸铁石	柴	村庄
德乌鲁	吸铁石	柴	村庄、农村
龙迭		柴	村庄

	22	23	24
普通话	（赶）集	大街	胡同
兰州	（跟）集、（上市）	街、街道	巷巷子
白银	（赶）集	街道	巷子
榆中	（跟）集	街道	巷子
靖远	（跟）集、（赶）集	街	巷子
定西	（跟）集	街道	巷巷
会宁	（赶）集	街	巷子
通渭	（跟）集	街上	巷子
静宁	（跟）集	街道（音套）	胡同
秦安	（跟）集	街道（音套）	
清水	（跟）集	街道（音套）	巷道（音套）
天水	集	街道（音套）	巷巷

续表

	22	23	24
普通话	（赶）集	大街	胡同
陇西	（赶）集	街	巷子
武山	集	街道（又音套）	巷子、巷巷儿
徽成	（赶）集	街道	巷道
西礼	（跟）集	街道	弄堂
武都	集	街、街道	巷头
文县	（赶）埫、（逢）埫场	街、街道	巷巷子、巷子
平凉	（赶）集	街道	巷子
泾川	（跟）集	街道	巷子、胡同
镇原	（跟）集	街道	胡同
宁县	（跟）集	街道	胡同、巷子
庆阳	（跟）集	街道	巷子
环县	（跟）集	街、街道	胡同、巷子
天祝	（赶）会	大街	巷道
武威	市	街、大街	巷子
民勤	（赶）集	大街	巷子
永昌	（上）街	街、大街	巷子
山丹	（过）会	街、街道	巷子
张掖	市	街	巷道
高台	市	大街	巷子
酒泉	市	大街、街	巷子
玉门	市场	街	巷道
安西	（上）市	街上	巷子
敦煌	市场	大街	巷子
临洮	（赶）集	街	巷子
岷县	（跟）集	大街	巷头
临潭	营	街道、街上	巷子、巷道（音堂）、巷巷子

续表

	22	23	24
普通话	（赶）集	大街	胡同
临夏	（赶）集	街	巷道、巷巷
和政	（上）街、（跟）集	街道	巷道
东乡	集	街道	
德乌鲁	市	街道	巷子、巷道
龙迭	（赶）集	街上	巷子

	25	26	27
普通话	房子（全所）	房子（单间）	厢房
兰州	房子	房子	厦房
白银	房子、屋	屋子	耳房
榆中	房子	房子	厦房
靖远	屋	屋	厢房
定西	房子	房子	（方间）房、厦房
会宁	房子	房子	（方间）房
通渭	房子	屋子	偏房
静宁	房	房间	横屋
秦安	屋来		厢房
清水	房子	房	厢房
天水	院房	房、房子	厦房
陇西	房子	屋里	偏房
武山	房子	屋来	套房子
徽成	房子	屋子	偏房
西礼	房子	屋里	耳房
武都	房子	屋子	厢房、偏房
文县	房子	家里、屋里	环房
平凉	房	房间	厦房
泾川	房	房子、房间	套房、厢房

续表

	25	26	27
普通话	**房子（全所）**	**房子（单间）**	**厢房**
镇原		房房	偏房
宁县	房	屋里	厦子
庆阳	房		
环县	房	窝	
天祝	房子	屋子	小房
武威	屋	屋	厢房
民勤	屋、房子	房子	厢房
永昌	房子	屋	书房
山丹	屋	屋子	书屋、厦房
张掖	房子	屋	厢房
高台	房子	屋子	（方位）书房
酒泉	屋	屋子	厢房
玉门	屋	套屋	
安西	房子	房间	（方位）房
敦煌	房子	房子、房间	厢房、（方位）房
临洮	房子	房子	偏房
岷县	房子	房子	厢房
临潭	房子、房	屋里（又音呢）	厢房
临夏	房子	（方位）房	耳房
和政	房子	房子	厢房
东乡	屋	屋子	
德乌鲁	房子	房子、里头屋子	偏房
龙迭	屋里	房子	耳房

	28	29	30
普通话	**天花板**	**门坎儿**	**厕所**
兰州	仰承	门坎（音开）	茅厕（音寺）

续表

普通话	28 天花板	29 门坎儿	30 厕所
白银	仰承	门坎	茅厕（音寺）、后圈
榆中	仰承	门坎	茅厕（音寺）
靖远	顶棚、仰窗	门坎	后院、后圈
定西	仰承	门坎（音康）	茅坑、茅厕（音寺）
会宁	顶棚、仰承	门坎	茅坑
通渭	仰承	门限	圈里
静宁	顶棚	门坎	后头
秦安		门坎	后圈
清水	仰棚	门坎（音康）	茅子
天水	顶棚、仰承	门坎（音康）	茅子
陇西	仰承	门坎（音康）	茅坑
武山	顶棚、仰承	门坎（音康）	圈里（音来）、茅厕（音寺）
徽成	顶棚、仰承	门坎儿	茅房
西礼	顶棚	门坎	茅子
武都	仰承、天花板、顶棚、仰棚	门坎儿	茅子、茅屋、厕所
文县	顶棚、仰棚、仰承	门坎	茅坑
平凉	顶棚	门坎	茅房
泾川	仰承（音场）		茅房、后圈
镇原	顶棚	门坎	厕所
宁县	天花板	门限	茅子
庆阳			
环县	顶棚		
天祝	仰承	门坎儿	厕所
武威	仰承	门坎	茅房
民勤	天花板	门坎儿	茅圈
永昌	顶棚	门坎	灰圈

续表

	28	29	30
普通话	天花板	门坎儿	厕所
山丹	顶棚	门坎	圈
张掖	天花板	门坎儿	圈、茅房
高台	仰承	门坎	厕所
酒泉	顶棚	门坎	茅房
玉门	仰承	门坎儿	圈
安西	天花板	门坎儿	茅圈
敦煌	天花板、顶棚	门坎（音"康"）儿	圈、茅圈、茅房
临洮	顶棚	门坎儿	茅坑
岷县	仰承、天板	门限	茅坑
临潭	天花板、仰承	门坎（音"康"）	茅坑
临夏	亮子	门坎	茅坑、后路
和政	仰承	门坎（音"康"）	茅坑
东乡	仰承	门坎	茅房
德乌鲁	顶棚	门坎（音"康"）	茅坑
龙迭	天花板	门坎儿	茅房

	31	32	33
普通话	厨房	烟囱	大门
兰州	厨房	烟洞	前门
白银	灶房	烟洞	大门
榆中	厨房	烟洞	大门
靖远	厨房	烟筒、烟洞	街门、前门
定西	厨房	烟囱	大门
会宁	厨房	烟筒眼	大门
通渭	厨房	烟筒	大门
静宁	厨房	烟筒眼	大门
秦安	厨房	烟窗眼	大门

续表

	31	32	33
普通话	厨房	烟囱	大门
清水	厨房	烟筒眼	大门
天水	厨房	烟筒眼	大门
陇西	厨房	烟筒眼	大门
武山	厨房	烟洞斗	大门、前门
徽成	厨房	烟头眼	大门
西礼	厨房	烟筒眼	大门
武都	灶房、厨房	烟筒	大门
文县	灶房、灶火（音昏）	烟眼	大门
平凉	厨房	烟筒	大门
泾川	灶火、厨房、灶屋	烟筒眼	大门
镇原	灶火	烟筒眼	大门
宁县	灶火、屋里	烟筒	大门
庆阳	厨房	筒烟	街门
环县	房火、灶房	洞囱、烟筒	街门、大门
天祝	灶火	烟囱	大门
武威	厨房	烟囱	大门、街门
民勤	厨房	烟囱	大门
永昌	厨房	烟洞	街门
山丹	灶火	烟囱	街门
张掖	厨房	烟囱	大门
高台	厨房	烟囱	大门
酒泉	厨房、伙房	烟筒	街门
玉门	伙房	烟筒	街门
安西	厨房	烟筒	街门
敦煌	厨房	烟洞	街门、车门
临洮	厨房	烟囱	大门
岷县	灶屋、灶火	烟囱	大门

续表

	31	32	33
普通话	**厨房**	**烟囱**	**大门**
临潭	灶火	烟筒	大门
临夏	灶火	烟洞	大门、前门
和政	灶库	烟筒眼	大门
东乡	灶火	烟筒	大门
德乌鲁	厨房、灶火	烟筒	大门
龙迭	厨房	烟囱	大门

	34	35	36
普通话	**坟墓**	**男人**	**女人**
兰州	坟、骨堆	男人	女人
白银	坟	男人、男子汉	女人、妇道人家
榆中	墓骨堆	男人	女人
靖远	坟	男人	女人、妇人
定西	坟、坟骨堆	男人、男人家	女人、娘儿们
会宁	坟	男人	女人
通渭	坟、墓骨堆	男人	妇人、婆娘
静宁	坟	男人	女（音米）人
秦安	坟	男人、男人家	女人、女人家
清水	坟骨堆	男人家	女人家
天水	坟、骨堆	男人	女人
陇西	坟	男人、男人家	女人、婆娘
武山	墓骨堆、坟	男人	女人
徽成	墓骨堆	男的、男人家	女的、妇人家
西礼	坟	男人家	妇人
武都	坟	男人、男人家、男子汉	女人、妇人
文县	坟	男的、男人家、男子汉、门前人	女的、妇人、妇道人、屋里人、女人家、女人

续表

普通话	34 坟墓	35 男人	36 女人
平凉	坟	男人、男的	女人、女的
泾川	坟	男人、男人家	女人
镇原	坟	男人	妇人
宁县	坟、墓	男的	女的
庆阳	墓骨堆、墓	男人、男子汉	女人
环县	坟墓、坟、墓骨堆	男人、男子汉、男人家	女人、女的、家里人
天祝	坟	男子	女子
武威	坟	男的、男人	女的、女人
民勤	坟	男人、男人家	女人家
永昌	坟	男人	女人
山丹	坟	男人、男子汉	女人
张掖	坟	男人	女人
高台	坟堆	男人	女人
酒泉	坟	男的	女的
玉门	坟、坟园	男人、男的	女人、女的
安西	坟园	男人	女人
敦煌	坟、坟园	男人、男人家	女人、女的
临洮	坟	男人、男人家	娘（儿）们、女人
岷县	坟	男人	女人
临潭	坟、骨堆	男人、男子汉、男人家	女人、女的
临夏	坟	男子汉、男人	女（音米）的（新说法）、妇道人（旧说法）
和政	麦杂（回）、坟滩（汉）	男子汉	妇道人
东乡	坟	男子汉	妇道人
德乌鲁	坟	男子汉	女的
龙迭	坟	男人家	女的

普通话	37 小孩儿	38 男孩儿（子）	39 女孩儿（子）
兰州	娃娃	儿娃子	女娃子
白银	小娃子	男娃子	小姑娘
榆中	尕娃娃	尕儿子	尕女子
靖远	娃娃	小子	女子
定西	尕娃娃	儿子、碎娃娃	女子
会宁	娃娃	儿子娃娃	女子
通渭	碎娃	男娃娃、儿子娃	碎女子、女娃子
静宁	娃娃	儿子	女（音米）子
秦安	小娃娃	儿子娃娃	女孩儿
清水	小娃儿	儿子娃	女子娃
天水	娃娃	儿子娃	女子娃
陇西	小孩儿、碎娃娃	男孩子、儿子子	女孩儿、女娃子
武山	碎娃娃	儿子娃	女子娃
徽成	娃娃	儿子	女子
西礼	娃娃	儿子	女子
武都	娃娃、小娃儿	男孩儿	女孩儿
文县	小娃、娃们家、小孩子	男娃子、主人家	女子、丫头女
平凉	娃娃	儿子	女子
泾川	娃娃	儿子娃	女子娃
镇原	娃娃	儿子娃	女子娃
宁县	娃娃	儿子娃	女子娃、女子
庆阳	小娃子	男娃子	女孩子
环县	小孩儿、小娃娃	儿子、娃子	女子
天祝	小孩儿	小子	小姑娘
武威	小娃娃	男娃子	小姑娘
民勤	小孩儿、小娃儿	男孩子、小子	女孩儿、丫头
永昌	小娃子	男孩子	女孩子
山丹	娃娃、奶娃子（婴儿）	男娃子、小子	女娃子、丫头

	37	38	39
普通话	小孩儿	男孩儿（子）	女孩儿（子）
张掖	小娃	小子	小丫头
高台	小孩子	男孩子	女孩子、小丫头
酒泉	小娃子	男娃子	小姑娘、小丫头
玉门	娃娃	男娃子	丫头
安西	小娃儿	娃子	丫头
敦煌	娃娃	娃子、男娃子	丫头
临洮	小孩、尕娃娃	儿子、男娃娃	女娃娃
岷县	小娃娃		
临潭	小孩儿（子）、娃娃、尕子儿娃	儿子娃、男孩儿	女子娃、丫头、女子
临夏	尕娃	儿娃	丫头
和政	尕娃	儿子	丫头
东乡	小娃娃	细老、尕娃	丫头
德乌鲁	尕娃	儿子娃	丫头
龙迭	小娃娃	男娃娃	女孩子

	40	41	42
普通话	老头儿（子）	单身汉	医生
兰州	老汉	光棍	先生
白银	老汉	光棍汉	先生、太医
榆中	老汉	光棍	先生
靖远	老汉	光棍、光棍儿	先生
定西	老汉	光棍子、光棍儿	医生、大夫（西医）、先生（中医）
会宁	老汉	光棍	先生
通渭	老汉、老汉家	光棍	先生
静宁	老汉	光棍汉	医生
秦安	老汉	光棍汉	先生

续表

	40	41	42
普通话	老头儿（子）	单身汉	医生
清水	老汉家	光棍汉	先生
天水	老汉	光棍汉	先生
陇西	老汉	单身汉、光棍汉	医生、先生
武山	老汉	单身汉、光棍汉	先生
徽成	老汉	光棍儿	大夫、先生
西礼	老汉	光棍汉	先生
武都	老汉、老头儿	单身汉、光棍汉、单身儿、光棍儿	先生、医生
文县	老汉、老人家	光棍、光棍汉、单身汉	大夫、先生
平凉	老汉	光棍汉	医生
泾川	老汉	光棍（音光）汉	良医、先生
镇原	老汉	光棍、光棍汉	良医
宁县	老汉	光棍汉	大（音太）夫、先生
庆阳	老汉	光棍汉	医生、先生
环县	老头儿、老汉	光棍、单身人	医生、大夫、先生
天祝	老汉	单身汉	大夫
武威	老汉	单身汉、光棍汉	医生、先生
民勤	老汉、老者	光棍	医生
永昌	老汉	光棍	先生
山丹	老汉	光棍	医生
张掖	老汉	光棍汉、光棍	先生
高台	老汉	单身汉	大夫
酒泉	老汉	光棍	大夫、先生
玉门	老爷	单身汉	医生
安西	老汉	光棍汉	先生
敦煌	老汉	光棍汉、光棍、单身汉	医生、大夫、先生（中医）、医官（西医）
临洮	老汉	单身汉	医生、大夫

续表

	40	41	42
普通话	老头儿（子）	单身汉	医生
岷县	老汉	光棍儿	先生
临潭	老头儿、老汉、老者	光棍儿、光棍汉	医生、大夫、先生
临夏	老汉、老者	光棍儿	先生、医生
和政	老汉、老者	光棍汉	先生
东乡	老者	光棍	大夫
德乌鲁	老汉、老者	光棍儿	大夫、先生
龙迭	老汉	光棍汉	先生

	43	44	45
普通话	炊事员	尼姑	道人
兰州	厨子	姑姑子	道人
白银	厨子	姑姑子	道人
榆中	厨子	姑姑子	道人
靖远	厨子	姑姑子	化缘的、老道人
定西	厨子	姑姑子	道人、化缘的
会宁	厨子	姑姑子	道人
通渭	厨子、饭倌	姑姑子	出家人
静宁	厨子	尼姑	化缘的
秦安	厨子、大师父、做饭的	尼姑子	道人、化缘的
清水	厨子	尼姑子	道人
天水	厨子	尼姑子	道人
陇西	厨子	姑姑子	道人、化缘的
武山	大师父、灶夫、做饭的	姑姑子	道人
徽成	厨子	尼姑	道人
西礼	厨子、大师父	道姑子	道人
武都	厨子、大师父	道姑子、尼姑	化缘的、道人
文县	做饭的	尼姑	道人

续表

普通话	43 炊事员	44 尼姑	45 道人
平凉	厨子	姑姑子	道人
泾川	厨子、伙夫、做饭的		道人
镇原	厨子、做饭的		道人
宁县	做饭的、大师父、厨子、伙夫、大师		道人、庙官
庆阳	厨子、做饭的	尼姑	道人
环县	厨子、大师父、伙夫、做饭的	尼姑、庙姑	道人、化缘的
天祝	厨子	姑姑	道人
武威	大师父、厨子	姑姑子	道人
民勤	厨子、做饭的	尼姑	道人
永昌	厨子	姑姑子	道童子、道人
山丹	厨子	尼姑	道人
张掖	厨子	姑姑子	道人
高台	大师父	修女	道人
酒泉	做饭的、大师父	尼姑子、姑姑子	化缘的
玉门	大师父	姑姑子	道人
安西	厨子	姑姑子	道人
敦煌	厨子	姑姑子、尼姑子	道人
临洮	厨子	尼姑	道人
岷县	厨子	姑姑子	道人
临潭	伙夫、厨子、大师父	尼姑、姑姑儿	道人
临夏	厨子	姑姑	道人
和政	厨子、大师父	姑姑	道人
东乡	大师父	尼姑	道人
德乌鲁	厨子、大师父	姑姑	道人
龙迭	厨子	姑姑子	道人

普通话	46 父亲	47 母亲	48 祖母
兰州	爹、爸爸	妈	奶奶
白银	爸爸、爹	妈、妈妈	奶奶
榆中	爹	妈	奶奶
靖远	达、爸爸	妈	奶奶
定西	爸爸、达、父亲	妈妈、母亲	奶奶、祖母
会宁	达	妈	奶
通渭	达、父亲	妈、母亲	奶奶、祖母
静宁	达	妈妈	奶奶
秦安	达达	妈、妈妈	婆
清水	达达、达	娘	婆、奶奶
天水	达、达达	妈	婆婆
陇西	阿（音爱）达	阿（音爱）妈	奶奶
武山	爸爸	妈妈	婆婆
徽成	爸爸、达	妈、妈妈	奶奶、婆
西礼	爸爸、达	娘（音nia）	婆
武都	爸爸、爹	妈、娘、妈妈	婆婆、婆
文县	爸爸、达	妈、妈妈	奶奶、婆
平凉	达	妈	奶奶
泾川	爸爸、爹、父亲	妈、妈妈、母亲	奶奶
镇原	爸爸、爹、达	妈	奶奶
宁县	达	妈	奶
庆阳	爸爸、爹、达	妈	奶奶
环县	爹、达	妈	奶奶
天祝	爹	妈妈	奶奶
武威	爹、爹爹	妈、妈妈	奶奶
民勤	父亲、爹	妈	奶奶
永昌	爹	妈妈	奶奶
山丹	爹	妈	奶奶

续表

	46	47	48
普通话	父亲	母亲	祖母
张掖	爹爹	妈妈	奶奶
高台	父亲、爹	母亲、妈妈	奶奶
酒泉	达达	妈妈	奶奶
玉门	爹	妈	奶奶
安西	父亲、爹	母亲、妈	祖母、奶奶
敦煌	爹、达达	妈、妈妈	奶奶
临洮	达达	妈妈	奶奶
岷县	达	妈	阿婆
临潭	阿达、达达	妈妈、阿妈	阿婆
临夏	阿达	阿娘、娘妈、阿娜（回）	阿奶
和政	阿达、达达	阿妈、阿娘、阿娜（回）	阿奶、奶奶（回）
东乡	阿爸、阿达	阿娘、阿娜	奶奶
德乌鲁	达达、阿达	阿娘、阿妈	阿奶
龙迭	爸爸	娘	婆婆

	49	50	51
普通话	伯父	伯母	叔父
兰州	大达	大妈	爸爸、（排行）爹
白银	大爹、大达	大妈	（排行）爹
榆中	大达	妈妈	尕爹
靖远	大达	妈妈、大妈	爸爸、（排行）达
定西	大达	大妈	（排行）爸
会宁	老达	老妈、大妈	爸爸
通渭	大达、伯父	大妈	爸爸
静宁	爹爹、大达	娘娘	（排行）达
秦安	大达	大妈	爸爸
清水	大达、老达	大妈、老娘（音nia）	碎达达、爸爸

续表

普通话	49 伯父	50 伯母	51 叔父
天水	爹爹	大妈、大娘	爸爸
陇西	大达	（排行）妈	（排行）达
武山	大达	大妈	（排行）达、（排行）叔
徽成	伯	大大	叔叔
西礼	大达	大娘（音nia）、娘	（排行）达
武都	伯伯	大妈	爸爸
文县	大达、伯伯	大妈	（排行）达、叔、叔叔
平凉	大达	大妈	（排行）达
泾川	伯伯、大达	大妈	（排行）达
镇原	伯伯	姆妈、娘娘	（排行）达
宁县	大达	大妈	（排行）达
庆阳	大达	大妈	达
环县	大爹	大妈	（排行）达
天祝	大达	姆妈	爸爸
武威	大爹爹	大妈	爸爸
民勤	大爷	大妈	叔叔
永昌	大爹	大妈	爸爸
山丹	大达	大妈	爸爸
张掖	大老	大妈	爸爸
高台	大老	大妈	爸爸
酒泉	大老	大妈	爸爸
玉门	大老子	大妈子	爸爸
安西	伯父、大老子	伯母、大妈	叔父、爸爸
敦煌	大老	大妈	爸爸
临洮	大爷	大大	爸爸
岷县	爹、大达	大妈	爸爸

续表

	49	50	51
普通话	伯父	伯母	叔父
临潭	大达	大妈妈	（排行）达、尕达、尕爸爸（最小的叔父）
临夏	大达	阿妈、（排行）妈	爸爸
和政	大达	娘娘（儿）	阿爸
东乡	大达		爸爸
德乌鲁	大达	大妈、阿妈	阿爸、爸爸
龙迭	伯伯	妈妈	（排行）爸

	52	53	54
普通话	叔母	外祖父	外祖母
兰州	婶婶、（排行）妈	外爷	外奶奶
白银	（排行）妈	外爷	外奶
榆中	尕妈	外爷	外奶
靖远	婶婶、婶子	外爷	姥姥
定西	（排行）妈、婶娘（不直呼）	外爷	外奶奶
会宁	娘娘	老爷、外爷	外奶、奶奶
通渭	婶娘、（排行）妈妈	外爷、舅爷	外奶、舅奶奶
静宁	（排行）妈	外（音未）爷	外（音未）奶
秦安	婶娘	舅爷	舅婆
清水	阿姨	舅爷	舅婆、舅奶
天水	（排行）娘娘（nia）	外（音未）爷	外（音未）婆
陇西	（排行）妈	外爷	外奶奶
武山	阿姨	外爷	外婆
徽成	婶婶	外爷	外婆
西礼	（排行）娘（nia）	外爷	外婆
武都		舅爷	舅婆
文县	（排行）妈、大大	外（音未）爷、外公	外（音未）婆

续表

普通话	52 叔母	53 外祖父	54 外祖母
平凉	新妈	外爷	外婆
泾川	（排行）妈	外爷	外（音未）奶
镇原	婶娘	外爷	外奶
宁县	（排行）娘	外（音未）爷	外（音未）奶、外婆
庆阳	婶婶	爷	婆婆
环县	（排行）妈	外爷	外奶
天祝	婶婶	姥爷	外奶奶
武威	婶婶	爷爷	奶奶
民勤	婶婶	外爷	外奶
永昌	婶婶	外爷	外奶
山丹	婶婶	外爷	外奶
张掖	婶婶	外爷爷	外奶奶
高台	婶娘	外爷	外奶
酒泉	婶婶	外爷	外奶
玉门		外爷（音夷）	外奶奶
安西	叔母、婶婶	外爷	外奶奶
敦煌	婶婶	外爷	外奶
临洮	婶婶	姥爷	外奶奶
岷县	阿姨	外爷	外婆
临潭	新娘娘、尕妈妈	外（音未）爷	外（音未）阿婆
临夏	娘	外（音未）爷	外（音未）奶
和政	娘娘、阿姨	外（音未）爷	外（音未）奶奶
东乡	婶娘	外爷	外奶
德乌鲁	娘	外（音未）爷	外（音未）奶
龙迭	（排行）娘	舅爷	婆婆

	55	56	57
普通话	儿子	儿媳妇	女儿
兰州	儿子	媳妇子	姑娘
白银	儿子	媳妇子	女儿、姑娘
榆中	儿子	媳妇、媳妇子	姑娘
靖远	儿	媳妇	女儿、姑娘
定西	儿子	媳妇子	女孩儿
会宁	后人、娃娃	媳妇子	女子、女娃娃
通渭	后人、娃娃	媳妇、媳妇子	女孩
静宁	儿子	媳妇子	女儿
秦安	儿子	媳妇子	女孩子
天水	儿子、儿	媳妇子	女娃子、女子
清水	后人	媳妇子	姑娘、丫头
陇西	儿子	媳妇儿	女子
武山	儿	媳妇子	女娃子
徽成	儿子、儿	儿子媳妇、儿媳妇	女娃儿
西礼	儿子	媳妇	女儿
武都	儿子、小孩子、娃	儿媳妇、媳妇	姑娘、女儿
文县	儿、娃、小孩子	媳妇	姑娘、女子、女儿
平凉	儿	媳妇子	女子
泾川	儿	媳妇	女娃子、姑娘
镇原	儿子	媳妇	女儿
宁县	儿子、儿	媳妇子、羞（"媳妇"的合音）子	女子
庆阳	儿子、儿	媳妇	女儿
环县	儿子	媳妇	女儿、丫头
天祝	儿子	媳妇子	丫头、妮子
武威	儿子	儿子媳妇、儿媳妇	姑娘
民勤	儿子	儿媳妇	丫头
永昌	儿子	媳妇	女儿

续表

	55	56	57
普通话	**儿子**	**儿媳妇**	**女儿**
山丹	儿子	媳妇	丫头
张掖	儿子	儿媳妇	女子
高台	儿子	儿子媳妇	丫头
酒泉	儿子	媳妇	丫头
玉门	儿子	媳妇子	姑娘、丫头
安西	娃子	媳妇	丫头
敦煌	儿子	儿媳	丫头、女儿
临洮	儿子	儿媳妇	女儿
岷县	儿子	儿媳妇	女
临潭	儿子、娃娃	儿媳妇	女儿、丫头、女子
临夏	后人	儿媳妇	姑娘、尕妮哈（回）
和政	儿子	儿媳妇	丫头
东乡	儿子	儿媳妇	丫头
德乌鲁	儿、儿子后生	儿媳妇	姑娘、丫头
龙迭	儿子	媳妇	姑娘

	58	59	60
普通话	**舅母**	**姑**	**姨**
兰州	舅母	娘娘、姑娘	姨娘
白银	舅母	（排行）娘娘	（排行）姨娘
榆中	舅母	娘娘	姨娘
靖远	妗子	姑姑	姨、姨娘
定西	妗子	姑娘、娘娘（最小）	姨娘
会宁	妗子	姑姑	姨娘
通渭	妗子	姑妈、娘娘	姨娘
静宁	妗妗（城）、妗子（乡）	姑姑	姨姨

续表

普通话	58 舅母	59 姑	60 姨
秦安	妗（tɕ'in）子	姑姑	姨娘
清水	妗子	姑姑	姨姨
天水	妗（tɕ'in）子	姑姑	大姨（大）、阿姨（小）
陇西	妗子	姑娘	姨妈
武山	妗子	姑姑	姨娘
徽成	妗子	姑姑	姨姨
西礼	妗母	姑姑	阿姨
武都	妗子	姑姑	姨娘、姨姨（广）
文县	妗（tɕ'in）	娘娘、大大	姨姨
平凉	舅母	姑姑	姨姨
泾川	妗（tɕ'in）子	娘娘	姨娘
镇原	舅母	姑娘	姨娘
宁县	妗子	姑	姨
庆阳	舅母	姑妈	姨妈（母姐）、姨娘（母妹）
环县	舅母	娘娘	姨娘
天祝	舅母	娘娘	姨娘
武威	舅母	姑妈妈、娘娘	姑妈妈、娘娘
民勤	舅母	姑妈	姨娘
永昌	舅母	娘娘	姨妈
山丹	舅母	姑妈	姨妈
张掖	舅母	姑妈	姨妈
高台	舅母	娘娘	姨娘
酒泉	舅母	姑姑	姨姨
玉门	舅妈	姑妈	姨娘
安西	舅母	姑妈	姨娘
敦煌	舅母	姑娘	姨娘

续表

	58	59	60
普通话	**舅母**	**姑**	**姨**
临洮	舅母	阿姑	姨娘
岷县	妗子	娘娘	姨娘（母姐）、尕姨（母妹）
临潭	妗子	娘娘、尕姨阿娘	姨娘（母姐）、尕姨（母妹）
临夏	舅母	娘娘	姨娘
和政	舅母	姑娘	姨娘
东乡			
德乌鲁	舅母	娘娘	姨娘
龙迭	妗子	姑姑	姨娘

	61	62	63
普通话	**兄弟（总称）**	**姊妹**	**夫**
兰州	弟兄	姊妹	男人、老汉子
白银	兄弟	姊妹	男人
榆中	兄弟	姊妹	男人
靖远	弟兄、兄弟	姊妹	男人、丈夫
定西	弟兄	姊妹	男人
会宁	兄弟	姐妹	男人
通渭	兄弟	姐妹	男人、掌柜的
静宁	弟兄	姊妹	男人
秦安	兄弟	姐妹（音米）	男人
清水	兄弟	姊妹、姐妹	男人
天水	弟兄	姊妹	掌柜的、男人、女婿
陇西	兄弟	姊妹	丈夫、男人
武山	兄弟	姐妹	丈夫、男人
徽成	弟兄们	姊妹	男人、掌柜的
西礼	兄弟	姐妹	男人

续表

	61	62	63
普通话	兄弟（总称）	姊妹	夫
武都	兄弟、弟兄	姊妹、姐妹	男人、当家的
文县	兄弟	姐妹、姊妹	门前人、丈夫、男人
平凉	弟兄	姊妹	男人
泾川	兄弟	姊妹	外前人、丈夫、男人
镇原	兄弟	姐妹	丈夫、男人（多）
宁县	兄弟	姐妹	男人、外头人
庆阳	兄弟	姊妹	丈夫、男人
环县	弟兄们	姊妹	丈夫、掌柜的
天祝	弟兄	姊妹	丈夫
武威	弟兄们	姊妹	男人
民勤	兄弟	姊妹	男人、当家的
永昌	兄弟	姊妹	男人
山丹	弟兄	姐妹	男人、丈夫
张掖	兄弟	姊妹	男人
高台	弟兄	姐妹	丈夫
酒泉	兄弟	姊妹	男人
玉门	兄弟	姊妹	丈夫
安西	兄弟	姐妹	丈夫、男人
敦煌	兄弟	姊妹	男人、丈夫
临洮	兄弟	姊妹	男人
岷县	兄弟	姊妹	男人
临潭	弟兄	姊妹	男人、人家
临夏	弟兄	姊妹	男人、掌柜的、丈夫
和政	弟兄	姊妹	男人（多）、丈夫、当家的
东乡	兄弟		丈夫
德乌鲁	弟兄	姊妹	男人、丈夫

续表

普通话	61 兄弟（总称）	62 姊妹	63 夫
龙迭	兄弟	姊妹	男人

普通话	64 妻	65 （男子）娶媳妇	66 （女子）出嫁
兰州	女人、婆娘、媳妇、老婆子	娶媳妇、成家	出嫁
白银	老婆、媳妇	娶媳妇、娶亲	出嫁
榆中	老婆	娶媳妇	出嫁
靖远	女人	引老婆、娶媳妇	出嫁
定西	屋里人（屋里的）	引婆娘、引媳妇	打发（姑娘）
会宁	婆娘	引媳妇	过门
通渭	妇人	引妇人、引女人	出嫁
静宁	女人、老婆	引新妇	给婆婆家
秦安	女人	引女人	发落
清水	老婆、女人（普）、屋里人	引女人、娶亲	发落、出门
天水	女（米）人、媳妇、屋里人、老婆	娶媳妇、过事情、梳头女人	出嫁、嫁人、出门
陇西	老婆	娶媳妇	出门（子）
武山	妻子、女人、老婆	娶亲	出门（子）
徽成	女人、屋里人	娶亲、娶媳妇	出门（子）
西礼	老婆	娶亲	出门（子）
武都	妻子、女人、老婆、屋里人、老婆子	娶亲、娶媳妇	出嫁、出门（子）
文县	老婆、妻子、右客、屋里人、女人	娶媳妇、娶亲	嫁人、出嫁
平凉	女人、老婆子	娶媳妇	出嫁
泾川	屋里人、老婆、媳妇	娶媳妇	嫁人
镇原	媳妇（多）、老婆	娶媳妇	出嫁

续表

	64	65	66
普通话	妻	（男子）娶媳妇	（女子）出嫁
宁县	女人、老婆、婆娘	娶媳妇、娶羞（媳妇的合音）子	笄（音低）发、起发
庆阳	老婆、媳妇	娶媳妇	出嫁
环县	家里人、女人、老婆、媳妇	娶媳妇、结婚	出嫁、结婚
天祝	女人	娶媳妇	打发（姑娘）
武威	女人	娶媳妇	出嫁
民勤	妻子、女人、老婆	娶媳妇	出嫁
永昌	女人	娶媳妇	出嫁
山丹	老婆、女人	娶媳妇	出嫁
张掖	女人	娶媳妇	出嫁
高台	老婆、媳妇	娶媳妇子	出嫁
酒泉	媳妇	娶媳妇	出嫁、嫁人
玉门	妻子	娶媳妇	出嫁、嫁人
安西	妻子、女人	娶媳妇	嫁人
敦煌	女人、妻子	娶媳妇	出嫁
临洮	媳妇	娶媳妇	出嫁
岷县	婆娘	娶媳妇	当婆娘
临潭	婆娘、媳妇	娶媳妇	给人、打发
临夏	媳妇、老奶奶	娶媳妇	出嫁、打发（姑娘）
和政	媳妇	娶媳妇	出嫁
东乡	媳妇	娶媳妇	出嫁
德乌鲁	妻子、媳妇	娶媳妇	嫁人、出嫁
龙迭	屋里人	娶媳妇	出嫁

	67	68	69
普通话	头	额	眼珠儿
兰州	头、蛋骨	崩颅（音楼）	眼睛珠子

续表

	67	68	69
普通话	头	额	眼珠儿
白银	头	崩颅（音楼）	眼珠子
榆中	头	崩颅	眼珠子
靖远	头	额颅、额	眼珠子
定西	头	额头、压头	眼珠子、眼人儿
会宁	头	额	眼人儿
通渭	头	额、额头	眼人子
静宁	头	额颅	眼睛人子
秦安	头	额颅	眼人儿
清水	头	明里光子、额颅	眼珠儿、眼人
天水	头	额颅	眼人
陇西	头	额（音该）头	眼珠儿
武山	脑壳	额头	眼珠子
徽成	头	额颅	眼人儿
西礼	多脑（音劳）	额颅	眼珠子
武都	头、脑壳	额	眼睛珠、眼珠子
文县	脑壳	额头	眼人子
平凉	头	额颅	眼人子
泾川	头	额颅	眼人子
镇原	头	额（音龙）颅	眼人子
宁县	头	额（音耐）颅	眼睛珠
庆阳	头	额角	眼珠子
环县	头	门颅	眼珠子
天祝	脑勺子	眉梁	眼珠子
武威	头	天门盖	眼珠子
民勤	头	天门盖	眼珠子
永昌	头	额	眼珠儿
山丹	头	天门（音目）梁	眼珠子

续表

普通话	67 头	68 额	69 眼珠儿
张掖	头	天门盖	眼珠子
高台	头	天门盖	眼珠子
酒泉	头、脑瓜子	天门盖	眼珠子
玉门	头、脑袋	天门	眼珠子、眼人子
安西	头	天门盖	眼珠子
敦煌	头	天门盖	眼人子
临洮	头	额颅	眼珠儿
岷县	多脑	额、额颅	眼珠子
临潭	多脑（去声）	额颅	眼睛珠、眼珠子
临夏	头脑（音落）	眉梁	眼珠子
和政	头	眉梁	眼睛珠
东乡	头	眉梁骨	眼珠子
德乌鲁	多脑（音落）头	额头、眉梁	眼珠子
龙迭	多脑	眉老盖	眼睛珠子

普通话	70 肩	71 腋	72 肘
兰州	肩膀（音巴）	胳肢（音肘）洼	胳肘子
白银	肩膀	胳肢窝	胳肘拐子
榆中	肩膀（音巴）	胳肢（音肘）洼	胳肘子
靖远	甲子、肩膀	胳肢窝子	胳垂子、肘
定西	甲骨	胳夹洼	胳肘（音处）子
会宁	甲骨	胳夹窝	胳肘子
通渭	肩骨、肩膀	胳肢窝	胳肘拐子
静宁	甲子	胳肢窝（音胳皂洼）	胳肘（音克处）子
秦安	甲膀	胳肢窝	胳肘（音走）子

续表

普通话	70 肩	71 腋	72 肘
清水	肩膀（音脖）、甲骨、甲膀	胳肢窝	胳肘子、胳垂子
天水	甲骨、肩背	胳肢窝	胳肘子
陇西	肩甲骨	胳肢窝	肘
武山	甲骨	胳肢窝	胳肘子
徽成	肩甲骨	胳肢窝	胳肘子
西礼	肩膀	胳肢窝	胳肘拐子
武都	肩、肩膀	胳肢窝	胳肘
文县	甲膀（音斑）、肩膀	胳肢窝	胳肘拐子、倒拐子、胳肘弯子
平凉	甲子	胳肢窝	胳肘子
泾川	肩子、肩膀	胳肢窝	肘、胳背弯
镇原	肩子	胳肢窝	胳肘子
宁县	甲子	胳肢窝	胳肘（音走）子
庆阳	肩头、肩膀	胳肢窝	胳肘（走）子
环县	肩头	胳肢窝	肘
天祝	肩头	胳老（音落）窝	胳肘子
武威	肩膀、肩	胳肢窝	胳肘子
民勤	肩膀	胳肢窝	胳肘
永昌	肩	胳老池	胳肘
山丹	肩膀	胳肢窝	胳肘拐子
张掖	肩膀	胳老窝	胳肘子
高台	肩膀	胳老窝	胳肘子
酒泉	肩膀	胳肢窝	胳肘子
玉门	肩膀	胳胳	胳肘子
安西	肩膀	胳胳窝	胳肘子
敦煌	甲拐子	胳肢窝	胳肘子
临洮	肩膀	胳肢窝	胳肘子

续表

	70	71	72
普通话	肩	腋	肘
岷县	肩膀	胳肢窝	胳脐儿
临潭	肩膀、甲骨	胳肢窝	胳肘（音走）子
临夏	肩膀（音巴）	胳肢（音肘）洼	胳肘垂
和政	甲骨	胳肢（音肘）洼	胳肘子
东乡	肩甲骨		
德乌鲁	肩膀（又音巴）	胳肢窝	胳肘子
龙迭	甲膀	胳肢窝	胳肘拐子

	73	74	75
普通话	手指	大拇指	食指
兰州	指头子	大拇（音末）指头	二拇（音末）指头
白银	指头、手指头	大拇指、大拇指头	二拇指
榆中	指尖子	大拇指	二拇指
靖远	指头	大拇指	二拇指
定西	指头	大拇指头	食指、二指
会宁	指头	大拇指头	食指
通渭	指头	大拇指	二拇指
静宁	手指头	大拇（音门）指头	食指
秦安	指头	大拇（音末）指头	食指
清水	手指头（儿）	大拇（音末）指头、大拇指头（儿）	食指
天水	指头	大拇（音门）指头	二拇（音门）指头
陇西	手指、指头、手指头	大拇指	食指
武山	手指头	大拇（音末）指	二拇指
徽成	指头、手指头	大拇（音末）指	二拇指
西礼	指头	大拇指	二拇指
武都	指头、手指、手指头	大拇（音末）指头、大拇指	二拇指头

续表

普通话	73 手指	74 大拇指	75 食指
文县	指头、手指头、指拇指	大指头、大拇指	二拇指、二指拇、二拇弟
平凉	指头	大拇指	食指
泾川	手指、指头	大拇指、大拇（音末）指头	食指、二拇指
镇原	手指头	大拇指头	食指、二拇指
宁县	指头、手指头	大拇指、大拇（音末）指头	二拇指
庆阳	指头	大拇指、大拇指头	二拇指头
环县	手指头	大拇指	食指、二拇指
天祝	指头	大拇指	二拇指
武威	指头头	大拇指	二拇指、食指
民勤	手指头	大拇指、大拇（音末）指头	二拇指
永昌	指头	大拇指	二拇指
山丹	指头	大拇（音末）指头	二拇指
张掖	指头	大拇指头	二拇指
高台	指头	大拇指	二拇指
酒泉	指头	大拇指头	二拇指
玉门	手指头	大拇指	二拇指
安西	指头	大拇指	二拇指
敦煌	指头	大拇指头、大拇指	二拇指
临洮	指头	大拇指	二拇指
岷县	指头	大拇哥	食指
临潭	手指头、指头	大拇（音末）指头	二拇指
临夏	手指头	大拇指	食指
和政	指头	大拇指	食指
东乡	指头	大拇指	二拇指
德乌鲁	指头、手指头	大拇指	二拇指

续表

	73	74	75
普通话	**手指**	**大拇指**	**食指**
龙迭	指头	大拇（音末）指头	二拇指头

	76	77	78
普通话	**中指**	**无名指**	**小拇指**
兰州	中指	四拇（音末）指头	尕拇（音末）指头、尕拇（音末）纠纠
白银	中指		小拇指、小拇指头
榆中	中指	四拇指	尕拇纠纠
靖远	中指	四拇指	小拇尕、小拇指
定西	中指	四指	尕拇纠纠
会宁	中指	无名指	尕拇指
通渭	中指	无名指	尕指、小拇指
静宁	中指	四指	小拇（音门）指头
秦安	中指	四拇（音末）指头、无名指	小拇指头
清水	中指	无名指	小拇哥儿、小拇指
天水	中指	第四个指头	小拇（音门）尕
陇西	中指	四拇（音末）指	小指
武山	中指	无名指	小拇（音末）指头
徽成	中指		小拇（音末）指头
西礼	中指	无名指	小拇指
武都	三拇指	四拇指	小拇指
文县	中指、中央指	四指、无名指	小指、小拇指头、小指拇
平凉	中指	四指	小拇（音门）指头
泾川	中指、三拇指	四指、四拇指	小拇（音末）尕
镇原	中指	四指	小拇（音末）指头
宁县	中指	四拇指头	小指头
庆阳	中指		小拇指

普通话	76 中指	77 无名指	78 小拇指
环县	中指	四指	小拇指
天祝	中指	四指	尕拇指头
武威	中指	四拇指	小拇指
民勤	中指	四拇指	小拇指、小拇（音末）指头
永昌	中指	四拇指、无名指	小指
山丹	中指	四指	小拇（音末）指头
张掖	中指	四拇指	小拇（音末）尕尕
高台	三拇指	四拇指	小拇指
酒泉	中指		小拇（音末）指头、小拇尕指
玉门	中指	四拇指	小拇指
安西	中指	四拇指	小拇尕子
敦煌	中指	四拇指	尕拇指
临洮	中指	无名指	尕拇纠纠
岷县	中指	无名指	尕拇指
临潭	中指、三拇指	四拇指	尕拇（音末）指头
临夏	中指	无名指	尕拇指头
和政	中指	无名指	尕拇指纠
东乡	中指	无名指	小拇指
德乌鲁	中指	四拇指	尕拇指头
龙迭	三拇指头	四拇指头	尕拇指头

普通话	79 指甲	80 膝盖	81 病了
兰州	指甲	波膝盖子	有病了、不舒坦
白银	指甲	波棱盖子、磕膝盖儿	害病了
榆中	指甲	波膝盖子	害病了

续表

普通话	79 指甲	80 膝盖	81 病了
靖远	指甲	波棱盖子、膝盖	害病了
定西	指甲	磕膝盖	病了、害病了
会宁	指甲	磕膝盖	病了
通渭	指甲	磕膝盖儿	病害、不庆吉、不受活
静宁	指（音tɕi）甲	磕膝（音斜）盖	害病了
秦安	指甲儿	磕膝盖	害病了
清水	手指甲、指甲	磕膝盖（儿）	害病、不行
天水	指甲	磕膝盖	有病了、病下了
陇西	指甲	磕膝盖儿	病了
武山	指甲	磕膝盖	害病了
徽成	指甲	磕膝盖儿	害病了
西礼	指甲	磕膝盖	病了
武都	指甲	膝盖、磕膝盖儿	生病了、害病了、害病
文县	指甲	磕膝盖	害病了、不舒服、得病了
平凉	指甲	波棱盖子	害病了
泾川	指甲	波棱盖子	害病了
镇原	指甲	磕膝盖子	害病了
宁县	指甲、指甲盖子	膝盖、磕膝盖	病了、不受活、害病了
庆阳	指甲	膝盖	害病了、病了、不舒服了
环县	指甲	波棱盖儿	害病了、不好、有病
天祝	指甲	波棱（音落）盖	得病
武威	指甲皮	膝盖子、波棱膝盖子	病了、害病了
民勤	指甲	波棱盖儿	病了
永昌	指甲	膝盖	病了
山丹	指甲	波棱盖儿	病了
张掖	指甲	波膝盖	病了

续表

普通话	79 指甲	80 膝盖	81 病了
高台	指甲	胳棱（音勒）盖	病下了
酒泉	指甲	波棱（音来）盖	害病了
玉门	指甲	波棱盖儿	害病了
安西	指甲	波磕膝盖	病了
敦煌	指甲	波膝盖	病下了
临洮	指甲	磕膝盖儿	病了
岷县	指甲	膝盖	病了
临潭	指甲	磕膝盖子	疼下了、不好下了
临夏	指甲	磕膝盖（音根）	着病了
和政	指甲	膝盖	病下了
东乡	指甲		病下了
德乌鲁	指甲	磕膝盖	没好的
龙迭	手指甲	磕膝盖	害病了

普通话	82 泻肚	83 感冒	84 发疟子
兰州	拉肚子、跑肚	凉下了	打摆子
白银	跑肚子	受凉了	
榆中	跑肚、拉肚子	凉下了	打摆子
靖远	跑肚	凉了	打摆子、生冷热病
定西	拉肚子、跑肚	凉着了	
会宁	拉稀、跑肚子	凉了	打摆子
通渭	跑肚子	受凉了	打摆子
静宁	走泻、跑肚	凉了	吃牛病
秦安	跑肚里（来）	凉着了、中风了	打摆子
清水	跑肚、走肚	着凉、凉了	打摆子、颤摆子
天水	跑肚	迎风了、着风了	发摆子

续表

普通话	82 泻肚	83 感冒	84 发疟子
陇西	跑肚	受凉	打摆子
武山	拉肚子、跑肚	着凉、冻着了	打摆子
徽成	跑肚	着凉	打摆子
西礼	泻肚	受凉了	打摆子
武都	拉肚子、拉稀		打摆子
文县	跑肚子	冻着了、受凉	打摆子
平凉	跑肚子	凉了	发摆子
泾川	跑肚、拉肚子、拉稀	凉了	发摆子、打摆子
镇原	跑肚、拉肚子	凉了	发摆子、放牛
宁县	拉稀	凉了	发疟子
庆阳	拉肚子	着凉	发疟子、生冷热病
环县	跑肚、跑泻、拉稀	着凉	打摆子、发冷发热
天祝	拉肚子	着凉	寒病
武威	跑肚、拉肚子	着凉、感冒	打摆子
民勤	肚子泻了、泻、泻肚	着凉	打疟疾
永昌	拉肚子	凉了	打摆子
山丹	拉肚子	凉了	打摆子
张掖	跑肚	着凉	打冷颤
高台	泻肚子	着凉	
酒泉	泻肚子、跑肚	着凉	
玉门	拉肚子	感冒	
安西	跑肚	着凉	发冷发热
敦煌	跑肚	凉了、着凉了	
临洮	拉肚子、跑肚	感冒	打摆子
岷县	拉肚子	凉了	摆子病
临潭	淌肚子（指小孩）、跑肚子（指大人）	着凉、凉下了、风发	打摆子
临夏	拉肚子	凉了	摆子

	82	83	84
普通话	泻肚	感冒	发疟子
和政	跑肚	凉下了	
东乡	拉肚子	凉下了	
德乌鲁	拉肚子、跑肚	着凉	
龙迭	跑肚子	冷了	打摆子

	85	86	87
普通话	甲状腺肿大	瘸子	驼背
兰州	嗉子	瘸子	背锅子
白银	嗉子	瘸子、跛子	背锅
榆中	瘿嗉	跛子	背锅
靖远	瘿瓜瓜	瘸子、跛子	背锅子、驼背
定西	瘸嗉子	跛子	背锅儿
会宁	瘿嗉子	跛子	背锅
通渭	瘿嗉子	跛子	背锅儿
静宁	瘿瓜瓜	跛子	背锅儿
秦安	瘿嗉子	跛子	背锅儿
清水	瘿瓜瓜	跛子	背锅、背锅子
天水	瘿瓜瓜	跛子	背锅
陇西	瘿瓜瓜	跛子	背锅儿
武山	大脖子	跛子	背锅儿
徽成	瘿瓜瓜	跛子	背锅儿
西礼	瘿瓜瓜	跛子	背锅
武都	瘿瓜瓜	跛子	背锅（音个）儿
文县	瘿瓜瓜	跛子	驼背、背锅子
平凉	瘿瓜瓜	瘸子	背锅子
泾川	瘿瓜瓜	跛子	背锅子
镇原	瘿瓜瓜	瘸子	背锅

续表

	85	86	87
普通话	甲状腺肿大	瘸子	驼背
宁县	瘿瓜瓜	瘸子	背锅
庆阳	大脖子	拐子	背罗锅
环县	瘿瓜瓜	瘸子、跛子	驼背、背罗锅
天祝	火疙瘩	瘸子	背锅儿
武威	脖子肿了	瘸子	背背
民勤	瘿嗉蛋	跛子	背锅儿
永昌	大脖子	瘸子	背腰子
山丹	大脖子	跛子	背锅儿
张掖	嗉袋子	瘸子	背锅子
高台	嗉袋子	瘸子	佝腰子
酒泉	嗉袋子	瘸子	背罗锅
玉门		瘸子	背锅儿
安西	脖子肿了	瘸子	背锅子
敦煌	脖子肿了	瘸子	背锅儿、背罗锅
临洮	瘿瓜瓜	跰子	背锅儿
岷县	瘿嗉子、瘿瓜瓜	瘸子	背锅儿
临潭	嗉胎	跛子	背锅儿
临夏	嗉子	瘸子	背锅儿
和政	瘿嗉胎	瘸子	背锅
东乡	瘿嗉子	瘸子	背锅儿
德乌鲁	嗉子	瘸子	背锅
龙迭	瘿瓜瓜	跛子	背锅儿

	88	89	90
普通话	死了	葬	（病）轻了
兰州	死了、不在了	埋	松了
白银	死了、去世了、过世了	埋	松了

续表

普通话	88 死了	89 葬	90 （病）轻了
榆中	去世了、过世了	埋	松了
靖远	死了、过世了	埋、葬	松了
定西	过世了（对亲属及尊称）、死了	埋、下葬	松了
会宁	过世了（指老人）没了、没了（指一般人）死了（少）	埋	松些了
通渭	过世了、没了、老百年了	埋	松和些了
静宁	死了、过世了	埋	松了、好些了、行些了
秦安	过世了、下场了		
清水	过世了、完了	埋、埋葬、埋了	松了（普）、轻了
天水	过世了（指大人）、没了（指小孩）	埋了、葬埋	（病）松了
陇西	过世了	埋	松了
武山	去世了、没了	下土	好些了
徽成	不在了、过世了	埋、下葬	松和些了
西礼	死了	埋、下葬、埋葬	轻了
武都	死了、不在了、过世了	葬、埋、下葬、埋葬	松了、好些了、松和些了
文县	去世了、过世了、死了	埋、下葬	好些了、松和些了、快好了、松了些、好了些
平凉	没了、死了	埋	好些了、病轻了
泾川	死了、不在了	埋	好些了
镇原	死了、去世了	埋	松了
宁县	死了、去世、没了	埋	（病）好些了、松和些了
庆阳	死了、老了	葬、埋	松了、好些了
环县	去世了、没了、死了、老了	葬、埋、下葬	松了、好些了、松和些了
天祝	死了	埋	轻了

续表

	88	89	90
普通话	死了	葬	（病）轻了
武威	不在了、死了	埋	好些了
民勤	死了、不在了	埋葬	好些了
永昌	不在了、死了	埋了	好些了
山丹	死了		好些了
张掖	过世了	埋葬	松和些了
高台	死了	埋掉了	好些了
酒泉	不在了、过世了	下葬	好些了
玉门	死了、不在了、去世了	下葬	好些了
安西	不在了	埋	松和轻了、好些了
敦煌	死了	埋	松和些了、好些了
临洮	死了	埋	轻了
岷县	没了	下葬	松了
临潭	没了、去世了、过世了	埋、下葬	松了
临夏	没了、过世了（指老辈）	埋（音梅）	松和些了、好些了
和政	过世了、无常了（回）	埋	松了
东乡		埋	松了
德乌鲁	没了、死了	埋、埋过了、下土	松了、好些了
龙迭	去世了	下葬	松了、好些了

	91	92	93
普通话	（体）弱	（体）强	娇气
兰州	瓤	结实、妥	$z\eta^{51}$
白银	瓤	（体）强、妥	
榆中	虚、瓤	结实	嫩秀
靖远	单、弱	满福、强	娇气
定西	虚	结实	

续表

普通话	91 （体）弱	92 （体）强	93 娇气
会宁	瓢	攒劲	秀气
通渭	身体弱、身子单	结实	娇气
静宁	瘦	肥	
秦安	瓢	结实	
清水	瓢	（气质）好、攒劲、结板	妖气
天水	弱、瓢	结实、强壮	
陇西	瓢	结实	秀气
武山	弱	壮	娇气
徽成	虚	壮	
西礼	虚	结实	细渠
武都	虚	结实、壮	娇气
文县	弱、虚	结实	
平凉	瘦	胖	娇气
泾川		结实	
镇原	虚	结实	
宁县	瘦	肥	
庆阳	弱	结实	娇气
环县	虚、瘦、身虚	结实、加壮	娇声、娇气
天祝	干（得很）	肿（得很）	娇嫩
武威	弱、虚	强、结实	
民勤	虚	强、壮	娇气
永昌	弱	强	娇气
山丹	弱	强	娇气
张掖	（气力）弱	壮实	喋（得很）
高台	弱	壮	嫩
酒泉	弱	结实	
玉门	瘦	胖	

续表

	91	92	93
普通话	（体）弱	（体）强	娇气
安西	瘦		娇气
敦煌	单薄、瘦	结实、胖	虚气
临洮	虚	结实	娇气
岷县	弱	强、壮	遣生
临潭	弱（得很）	结实、壮（体）强	娇气
临夏	瓢	结实	妖精
和政	瓢（了）	结实	娇气（得很）、讥皮拉式
东乡		壮	
德乌鲁	（身体）弱	结实	
龙迭	软	结实	娇气

	94	95	96
普通话	怀孕	涎布	尿布
兰州	怀娃	围围子	褯褯子
白银	怀娃	围围	褯（音切）褯子
榆中	怀娃	颔水子	褯褯子
靖远	有身子、怀娃娃	褡褡子	尿布子
定西	怀娃娃、怀孕	颔水帘帘	尿布
会宁	有娃娃了、怀娃娃了	护裙	褯褯
通渭	怀娃	护巾	屎毡儿
静宁	怀娃	护巾儿	屎毡子
秦安	怀娃娃、身子不闲	颔水甲儿	褯子
清水	怀娃、有身子、身子不闲	颔水帘帘	褯褯子、尿布子
天水	怀娃娃、身不空	围围	褯子
陇西	怀娃娃	涎兜	褯子
武山	怀娃娃		褯子

续表

普通话	94 怀孕	95 涎布	96 尿布
徽成	怀娃	水拍儿、颔水帘帘	裤子
西礼	怀娃娃		尿布子
武都	怀娃娃、有身子	涎布	尿布
文县	有身子、身子不空、怀娃、肚子大了		裤子、尿片、尿布
平凉	怀娃娃	帘帘	裤子
泾川	怀娃	涎水帘儿	屎褯（音切）子、屎毡子
镇原	怀娃	帘帘	褯褯
宁县	怀娃、身困了	围嘴儿	裤子
庆阳	怀娃	围嘴儿、涎布	裤子
环县	怀娃、不空了	围裙子	尿布、尿毡毡、褯褯子
天祝	怀娃	颔水兜、颔水甲甲子	尿布
武威	有身子	颔水帘帘子	尿布
民勤	怀娃	颔水兜	尿布
永昌	有孩子	颔水兜	尿布
山丹	怀娃	颔水甲	裤子
张掖	有身子	颔水甲	尿裤子
高台	怀娃子	颔水帘	衬布、尿布
酒泉	怀娃	颔水子	尿布
玉门	怀孕了		尿布
安西	怀上娃娃了	颔水	水布
敦煌	怀上娃娃了、怀孕	颔水子	尿布
临洮	怀孕	围围（儿）	褯（音切）褯儿
岷县	有娃了	颔水甲、围围（儿）	衬布
临潭	怀娃、有了娃娃了	颔水甲甲、围裙儿（或子）	揩的
临夏	怀上娃了	围兜、围腰	褯（音切）褯

续表

	94	95	96
普通话	怀孕	涎布	尿布
和政	胎娃	围围（儿）	裯裯
东乡	有身子		尿布
德乌鲁	怀娃、身子重、害娃	围围	尿布、裯裯
龙迭	怀娃娃	甲甲儿	尿布

	97	98	99
普通话	手巾	肥皂	脸盆
兰州	洗脸手巾、羊肚子手巾	胰子	脸盆
白银	手巾	胰子	脸盆、洗脸盆
榆中	手巾	胰子	脸盆
靖远	手巾、毛巾	胰子、肥皂	脸盆（子）
定西	手巾	洋碱、胰子	脸盆、洗脸盆
会宁	手巾	胰子	脸盆
通渭	手巾、手帕	胰子	洗脸盆
静宁	手巾	洋碱	脸盆
秦安	手巾		脸盆
清水	手巾子、手巾	洋碱	洗脸盆
天水	手巾	胰子	洗脸盆
陇西	手巾	胰子	脸盆
武山	手巾、毛巾	洋碱	洗脸盆
徽成	手巾	胰子、洋碱	洗脸盆
西礼	手巾	洋碱	脸盆、洗脸盆
武都	手巾、帕子、毛巾	胰子、洋碱	脸盆、脸盆子
文县	手巾、手巾子、帕子、羊肚子手巾	洋碱、胰子	洗脸盆
平凉	洗脸手巾	洋碱	脸盆
泾川	手巾	洋碱	脸盆

续表

普通话	97 手巾	98 肥皂	99 脸盆
镇原	手巾	洋碱	脸盆
宁县	手巾、帕子	洋碱	脸盆
庆阳	手巾、毛巾	肥皂	脸盆、洗脸盆
环县	手巾、毛巾、手帕子	肥皂、胰子、洋碱	脸盆、洗脸盆
天祝	手巾	胰子	脸盆
武威	手巾、毛巾	胰子	脸盆、洗脸盆
民勤	手巾	胰子	脸盆、洗脸盆
永昌	手巾	胰子	脸盆
山丹	手巾	胰子	洗脸盆
张掖	手巾	胰子	洗脸盆
高台	手巾	胰子、肥皂	脸盆
酒泉	手巾	胰子	脸盆
玉门	手巾（老人）、毛巾（青年）	肥皂	洗脸盆
安西	手巾、毛巾	肥皂	脸盆
敦煌	手巾、毛巾	胰子、肥皂	脸盆
临洮	手巾	胰子	脸盆
岷县	手巾	胰子	脸盆
临潭	手巾	胰子、洋碱	脸盆、洗脸盆
临夏	羊肚子手巾、手巾	胰子	脸盆、洗脸盆
和政	手巾	胰子	洗脸盆
东乡	毛巾	胰子	洗脸盆
德乌鲁	手巾	胰子	洗脸盆
龙迭	手巾	洋碱	洗脸盆

普通话	100 凳子	101 图章	102 浆糊
兰州	机凳子	图章	浆子
白银	机凳子	戳子（公章）、名章（个人的）	浆子
榆中	板凳	图章	浆糊
靖远	板凳、凳子	章子、印章	浆子
定西		图章、戳子（长形）	浆子
会宁	凳子	图章、章子	浆子
通渭	凳子	图章	浆糊
静宁	板凳（音头）	章子	浆子
秦安	板凳	印、章	面然
清水	凳子、机凳、板凳	图章、章子、名章子	浆子、面然
天水	凳子	图章、名章、公章	浆子、面然
陇西	机凳儿	戳子	浆糊
武山	凳子、机凳子	印、章子	浆糊、面然
徽成	马凳（方形大凳）、机凳儿	戳子、印、章	浆子
西礼	凳子	图章、章子	面然
武都	凳子、马机子	图章、章、私章	浆糊
文县	板凳	戳子、图章子	面然子、浆子
平凉	凳子	章子	浆子
泾川	凳子、机子	章子	面然子
镇原	机子	章子	浆子
宁县	板凳	章子	浆子
庆阳	凳子	图章	浆子、浆糊
环县	凳子	戳子、印、章子	浆糊
天祝	板凳	名章	浆糊
武威	凳子	戳子	浆子
民勤	凳子	名章	浆子
永昌	凳子	图章	浆子

续表

普通话	100 凳子	101 图章	102 浆糊
山丹	凳子	章	浆糊
张掖	板凳子	戳子	浆子
高台	凳子	图章、名章	浆糊、浆子
酒泉	凳子	章子	浆糊
玉门	凳子	章子、名章子	浆子
安西	凳子	章子、名章	浆子
敦煌	凳子	图章	浆子
临洮	板凳	图章	浆子
岷县	板凳	戳子	浆子
临潭	凳子、板凳儿（或子）	戳子、章子	浆子
临夏	板凳	名章	浆子
和政	板凳	戳子	浆子
东乡	板凳	章子	
德乌鲁	板凳	章子	浆子
龙迭	凳子	章子	浆子

普通话	103 抹布	104 羹匙	105 手电筒
兰州	揞布、抹（音骂）布	勺勺子	手电
白银	抹（音骂）布	勺勺儿	手电
榆中	抹布	调羹儿、勺子	手电
靖远	抹布子、揞布	勺勺子、勺儿	手电
定西	抹（音骂）布	调羹儿	手电
会宁	抹（音骂）布	调羹	电灯
通渭	揞布	勺儿	手电
静宁	揩桌布	调羹儿	手电
秦安	抹（音骂）布	勺儿	手电
清水	抹（音骂）布	勺儿、调羹儿（或子）	手电、电棒

续表

	103	104	105
普通话	抹布	羹匙	手电筒
天水	抹布、揠布	勺勺儿	电筒、手电
陇西	抹布	羹匙	手电
武山	揠布子	调羹儿	手电、电棒
徽成	抹布	勺儿、调羹儿	手电
西礼	抹布	勺儿、调羹	手电、电棒
武都	揠布	调羹儿、勺儿、水勺	电棒、手电
文县	揩桌布、揠布子	勺勺、调羹（儿）	手电、电棒
平凉	揠布	勺儿	手电
泾川	抹布、揠布	勺、调羹儿	手电、电灯
镇原	抹布	勺	电灯
宁县	抹布	勺子	手电
庆阳	抹布、揠布	调羹儿、勺勺子	手电
环县	抹布、揠布	调匙儿、勺勺子	手电、手电灯
天祝	抹布	勺勺子	电灯
武威	抹布	勺子	手电
民勤	抹布	调羹儿	手电
永昌	抹布	勺儿	手电
山丹	抹布	勺儿	手电
张掖	抹布	勺勺子	手电
高台	揩桌（台）布	调羹	手电灯
酒泉	揠布	调羹子	手电
玉门	揠布	羹匙	手电
安西	揠布	勺子	电灯
敦煌	揠布、揩桌布	调羹子、匙子	手电
临洮	抹（音骂）布	调羹（儿）	手电
岷县	抹布	调羹儿	手电
临潭	抹布	调羹儿	手电、电棒
临夏	油抹布	尕勺	手电筒
和政	抹布	调羹	电灯

续表

	103	104	105
普通话	抹布	羹匙	手电筒
东乡	擦桌布	调羹儿	电灯
德乌鲁	抹布	羹匙、勺勺儿	手电
龙迭	抹布	羹匙	电棒

	106	107	108
普通话	碌碡	碓	槌子
兰州	碌碡	碓窝子、姜窝子	钉槌子
白银	碾子	碓窝子	榔头
榆中	碌碡	碓子	钉槌
靖远	碾子	碓子	槌子
定西	碌碡	碓窝子	炮子
会宁	碾子、碌碡	姜窝	掌锤儿
通渭	碌碡	碓子	槌子
静宁	碾子	石窝（儿）	
秦安	碌碡	碴窝子	槌槌子
清水	碌碡（又音"出"）	碓窝	槌槌子、钉槌
天水	碌碡		
陇西	碾子	碴窝	榔头
武山	碌碡、碾子	碓窝	槌子
徽成	碌碡	碓窝	钉槌
西礼	碾子	碓窝	榔头
武都	碌碡、碾子	砸窝	槌子、榔头
文县	碾子	碓子	榔头
平凉	碌碡	碓子	钉槌
泾川	碾子、碌碡		榔头、钉槌
镇原	碾子	碓窝	棒槌
宁县	碌碡、碾子	姜窝	榔头

续表

	106	107	108
普通话	碌碡	碓	槌子
庆阳	碌碡、碾子		钉槌
环县	碌碡		榔头
天祝	碾子	碴窝子	榔头
武威	碾子	碓窝	槌子
民勤	碾子	姜窝子	榔头、钉槌
永昌	碾子	碓子	钉槌
山丹	碾子	碓子	槌子
张掖	碾子	碓子	钉槌
高台	滚子	姜窝、砧头	榔头
酒泉	碾子		榔头
玉门	碾子		槌子
安西	石滚	碓子	槌子
敦煌	碾子	碓子	槌子
临洮	碌碡	碓窝	槌子
岷县	碌碡	姜窝子、杵杵	槌子
临潭	碌碡	姜窝子	榔头
临夏	碌碡	碓窝	槌子
和政	碌碡	碓窝	槌槌
东乡	碌碡	碓窝	榔头
德乌鲁	碾子	碓窝	槌槌
龙迭	碾子	碓窝	槌子

	109	110	111
普通话	马车	人力车	轮子
兰州	大车、拉拉车	架子车	毂辘
白银	大车	架子车	轮子
榆中	拉拉车	架子车	毂辘

续表

普通话	109 马车	110 人力车	111 轮子
靖远	大车	架子车、人拉车	毂辘、轮子
定西	拉拉车（指胶轮的）、大车	架子车	毂辘
会宁	大车	架子车	轮子
通渭	拉拉车	架子车、推车儿	毂辘
静宁	车	拉拉车	滚子
秦安	马车	拉拉车	毂辘
清水	马车	拉拉车	轮子
天水	马车	拉拉车	毂辘
陇西	马车	人力车	轮子
武山	马车	拉拉车	轮子
徽成	马车	拉拉车	轮子
西礼	马车	拉拉车	毂辘
武都	马车、大车	拉拉车、架子车	轮子
文县			轮子
平凉	马车	人拉车	轮子
泾川	拉拉车	架子车、人拉车	滚轮子
镇原	拉拉车、大车	架子车、人力车	轮子、毂辘
宁县	拉拉车	人拉车	毂辘
庆阳	拉拉车	架子车、拉拉车	轮子
环县	拉拉车	架子车、人力车	轮子、车毂辘
天祝	大车	架子车	毂辘
武威	大车	拉拉车	轮子
民勤	大车、马车	拉拉车、推车子	毂辘
永昌	大车、马车	拉拉车	毂辘
山丹	马车	拉拉车	轮子
张掖	马车	拉拉车	毂辘

续表

	109	110	111
普通话	**马车**	**人力车**	**轮子**
高台	马车	人拉车	轮子
酒泉	大车	拉拉车、架子车	毂辘
玉门	马车	拉拉车	毂辘
安西	马车	拉拉车	毂辘
敦煌	马车	拉拉车	轮子、毂辘
临洮	大车	人拉车（儿）	滚子
岷县	马车	人力车	轮子
临潭	马车、大车、拉拉车	架子车	轮子、毂辘
临夏	拉拉车	人力车、架子车	毂辘
和政	拉拉车	人力车	毂辘
东乡	拉拉车	架子车	毂辘
德乌鲁	大车、拉拉车	拉拉车	毂辘
龙迭	马车	拉拉车	轮子

	112	113	114
普通话	**球鞋**	**早饭**	**午饭**
兰州	运动鞋	早饭	晌午饭
白银	运动鞋	早饭	晌午饭
榆中	球鞋	幺（iau）食	饭罢饭
靖远	运动鞋、球鞋	早饭	晌午饭、午饭
定西	运动鞋	干粮	饭时候的饭
会宁	运动鞋	早饭	饭时候的饭、中午饭
通渭	运动鞋	早起饭、干粮	中午饭
静宁	运动鞋	早饭	午饭
秦安	运动鞋	干粮	午饭
清水	运动鞋	早饭、干粮	午饭
天水	球鞋	早饭、干粮	午饭

续表

普通话	112 球鞋	113 早饭	114 午饭
陇西	球鞋	早饭	午饭
武山	运动鞋	早饭、干粮	中饭、晌午
徽成	运动鞋	早饭	晌午饭
西礼	运动鞋	早饭	午饭、晌午饭
武都	运动鞋、球鞋	早饭	晌午
文县	球鞋	早饭	晌午饭、晌午
平凉	球鞋	早饭	晌午饭
泾川	运动鞋	早起饭	晌午饭
镇原	运动鞋	早饭、早起饭	晌午饭
宁县	运动鞋	早饭、早起饭	午饭、晌午饭
庆阳	运动鞋	早饭	晌午饭
环县	运动鞋	早起饭	晌午饭
天祝	球鞋	早饭	晌午饭
武威	球鞋	早饭	晌午饭
民勤	球鞋	早饭	晌午饭
永昌	球鞋	早饭	晌午饭
山丹	球鞋	早饭	晌午饭
张掖	球鞋	早饭	晌午饭
高台	球鞋	早饭	午饭、晌午饭
酒泉	球鞋	早饭	晌午饭
玉门	球鞋	早饭	晌午饭
安西	球鞋	早饭	午饭
敦煌	球鞋	早饭	晌午饭
临洮	球鞋	早饭	晌午饭
岷县	球鞋	早饭	午饭
临潭	运动鞋、球鞋	早饭	晌午饭
临夏	运动鞋	早饭	晌午

续表

	112	113	114
普通话	球鞋	早饭	午饭
和政	运动鞋	早饭	晌午
东乡	球鞋	早饭	晌午饭
德乌鲁	运动鞋	早饭	晌午饭
龙迭	球鞋	早饭	晌午饭

	115	116	117
普通话	晚饭	大米饭	面条儿
兰州	晚饭、黑饭	米饭	长面
白银	晚饭	大米饭	面条
榆中	黑饭	大米饭	饭
靖远	黑饭、晚饭	白米饭、米饭	面饭、面条子
定西	黑饭	大米饭	饭
会宁	黑饭	大米饭	长面
通渭	黑饭	米饭	疙瘩（长的）、棒棒儿（短的）
静宁	晚饭	米饭	饭
秦安	晌午	米饭	饭、长面
清水	晚饭	米饭	饭、汤
天水	晚饭	米饭	面条儿、面
陇西	晚饭	大米饭	面条儿
武山	晚饭	米饭	饭
徽成	黑饭	米饭、干饭	面
西礼	夜饭	白米饭、米饭	饭
武都	黑饭	大米饭、米饭、白米饭	面条儿
文县	夜饭	白米饭、米饭	面
平凉	夜饭	干饭	面
泾川	晚饭（城）、后晌饭（乡）	大米饭、干饭	面

续表

普通话	115 晚饭	116 大米饭	117 面条儿
镇原	晚饭、夜饭	米饭、大米饭、干饭、白米饭	面、细面
宁县	晚饭、（喝）汤	干饭	面、饭
庆阳	晚饭	大米饭、白米饭	面条、面
环县	晚饭、黑来饭	大米饭、白米饭	面
天祝	黑饭	大米饭	面条儿
武威		白米饭	中（读上声，纯也）面
民勤	后响饭	大米饭、白米饭	面条儿
永昌	后响饭	大米饭	
山丹	晚饭	米饭	面条子
张掖	后响饭	白米饭	面条子饭
高台	晚饭	大米饭	面条子、面条饭
酒泉	晚饭	大米饭	面条子
玉门	后响饭	大米饭、白米饭	面条子
安西	晚饭	大米饭	面条儿
敦煌	晚饭、黑饭	大米饭、白米饭	饭、面条饭
临洮	黑饭	大米饭	面条儿
岷县	晚饭	大米饭	面条儿
临潭	夜饭	米饭	汤
临夏	黑饭	米饭	长饭
和政	黑饭	大米饭	长饭
东乡	黑饭	大米、干饭	饭
德乌鲁	黑饭	米饭	长饭
龙迭	晚饭	白米饭	面条

普通话	118 面粉	119 馒头	120 馄饨
兰州	白面、面	馍馍、蒸馍	馄饨
白银	白面	馍馍、蒸馍	
榆中	白面、面	馍馍	馄饨
靖远	面、白面	蒸馍、馍馍	馄饨
定西	白面	馒头、蒸馍	馄饨
会宁	面	馍馍	
通渭	白面	蒸馍、馒头	馄饨
静宁	面	馒头	
秦安	面	蒸馍馍	
清水	白面	蒸馍馍	
天水	面、白面	蒸馍	
陇西	白面	馒头	馄饨
武山	白面	馍馍	
徽成	灰面	馍馍	
西礼	面	馍馍	
武都	面粉、白面、面、灰面	馒头、馍馍、馍、蒸馍	馄饨
文县	白面	馍、蒸馍、直头子	馄饨、抄手
平凉	面	馍馍	馄饨
泾川		馍馍、蒸馍	馄饨
镇原	面	馒头、蒸馍、馍、馍馍	馄饨
宁县	白面、面	馍	馄饨
庆阳	面	馍馍、馍	包面
环县	白面	馍、馍馍、蒸馍	馄饨
天祝	白面	馍馍	馄饨
武威	面	馍馍	馄饨
民勤	面	馒头、馍馍	
永昌	面	馍馍	
山丹	白面	馍馍	馄饨

续表

普通话	118 面粉	119 馒头	120 馄饨
张掖	白面	馍馍	馄饨
高台	白面	馍馍、馒头	馄饨
酒泉	白面	馍馍	馄饨
玉门	面	馍馍、刀把子	馄饨
安西	面	馍馍	馄饨
敦煌	面	馍馍、馒头	馄饨
临洮	白面	馍馍	馄饨
岷县	面粉	馒头	
临潭	白面	馒头、馍馍	
临夏	面	馍、素盘（当礼物用的）	馄饨
和政	面	馍馍	
东乡	面	蒸馍	
德乌鲁	面、白面	馍馍、蒸馍	
龙迭	面	馍馍	

普通话	121 饺子	122 菜	123 脂麻油
兰州	饺子	菜	香油
白银	饺子	菜	脂麻油
榆中	饺子	菜	香油
靖远	饺子、扁食	菜	脂麻油、香油
定西	扁食	菜	香油
会宁	扁食	菜	香油
通渭	扁食	下饭的、下菜	麻油
静宁	角角（kɤkɤ）儿	菜	麻油
秦安	扁食	下菜	香油

续表

	121	122	123
普通话	饺子	菜	脂麻油
清水	煮角子、扁食	菜、碟子	脂麻油
天水	扁食	菜	香油
陇西	扁食	下饭	香油
武山	扁食	菜、酸菜	脂麻油
徽成	饺子、扁食	菜	香油
西礼	扁食	菜	香油
武都	饺子、扁食	菜	脂麻油、香油
文县	扁食	菜、菜碟（贴）子	麻油
平凉	饺子	菜	香油
泾川	饺子	菜	香油
镇原	饺子、扁食	菜	麻油、香油
宁县	饺子	菜	脂麻油
庆阳	饺子	下饭	香油
环县	饺子、扁食	下饭	麻油、香油
天祝	饺子	菜	脂麻油
武威	饺子	菜	脂麻油、香油
民勤	饺子、水馍	菜	脂麻油
永昌	饺子	菜	香油
山丹	饺子	菜	脂麻油
张掖	饺子	菜	麻油
高台	饺子	菜	香油
酒泉	饺子	菜	脂麻油
玉门	饺子、水饺子	菜	脂麻油
安西	饺子	菜	清油
敦煌	饺子、煮包子	菜	脂麻油、香油
临洮	扁食	菜	香油
岷县	饺子	菜	香油

续表

普通话	121 饺子	122 菜	123 脂麻油
临潭	扁食	菜	脂麻油
临夏	扁食	菜	香油、脂麻油
和政	扁食	菜	脂麻油
东乡	扁食	菜、下菜	脂麻油
德乌鲁	扁食		麻油
龙迭	扁食	菜	脂麻油

普通话	124 猪油	125 白酒	126 江米酒
兰州	猪油	白酒	醪糟子
白银	猪油	白酒、酒	酒
榆中	猪油		甜酒
靖远	猪油、大油	酒、白酒、烧酒	醪糟儿、甜酒
定西	猪油	烧酒	醪糟儿
会宁	猪油	酒	醪糟
通渭	猪油	烧酒	甜酒
静宁	猪油	白干酒	
秦安	猪油	烧酒、酒	醪糟儿
清水	猪油、荤油、大油	烧酒	
天水	猪油	酒	醪糟
陇西	猪油	白酒、烧酒	甜酒
武山	猪油	烧酒	甜酒
徽成	猪油	烧酒	醪糟儿
西礼	猪油	白干儿	甜酒
武都	猪油、大油、荤油	白酒	江米酒、甜酒、糯米酒
文县	荤油	烧酒	醪糟儿
平凉	猪油	烧酒	醪糟儿、甜酒

续表

	124	125	126
普通话	猪油	白酒	江米酒
泾川	猪油	烧酒	醪糟儿
镇原	猪油	烧酒	白酒
宁县	猪油	白酒、烧酒	醪糟儿
庆阳	大油	白酒	酒酿
环县	猪油	白酒、烧酒	酒酿、甜酒
天祝	猪油	白酒	醪酒
武威	猪油、大油	烧酒	醪酒
民勤	猪油、荤油	烧酒	甜酒
永昌	猪油	酒	甜酒
山丹	猪油	烧酒	醪酒
张掖	猪油	烧酒	醪酒
高台	猪油	烧酒	
酒泉	大油	烧酒	甜酒
玉门	猪油、大油	烧酒	
安西	猪油	酒	甜酒
敦煌	猪油、大油	烧酒、酒	甜酒
临洮	猪油	烧酒	甜酒
岷县	猪油	封酒	甜酒
临潭	猪油	白干儿、烧酒、封酒	醪糟儿
临夏	猪油	封酒、擦哇	醪糟儿
和政	大油、猪油	白干酒	醪糟儿
东乡	大油	白干酒	醪糟
德乌鲁	大油	白酒	甜酒
龙迭	猪油	烧酒	甜酒

普通话	127 开水	128 公猪	129 公牛
兰州	开水	牙猪	公牛
白银	开水	牙猪	公牛
榆中	开水	牙猪	犍牛
靖远	滚水、白茶、汤	牙猪子	犍牛、公牛
定西	开水	牙猪、骟猪（阉去睾丸）、骚猪（种猪）	犍牛、脬牛（种牛）
会宁	滚水	牙猪	犍牛
通渭	安（音干）水	公猪	脚牛
静宁	开水、安水	牙猪	犍牛
秦安	开水	牙猪	犍牛
清水	开水、汤、安水	牙猪	犍牛
天水	开水	牙猪	犍牛
陇西	开水	牙猪	公牛
武山	白开水	牙猪	公牛
徽成	开水	牙猪	犍牛
西礼	开水	牙猪	脬牛
武都	开水、白开水	牙猪、公猪	犍牛、公牛
文县	开水	郎猪、牙猪	犍牛
平凉	开水	牙猪	犍牛
泾川	开水	牙猪	犍牛
镇原	开水、汤	牙猪	犍牛
宁县	开水、白茶	牙猪	犍牛
庆阳	汤、开水	牙猪	公牛
环县	汤、开水	脚猪子、牙猪	脬牛、老犍牛
天祝	开水	牙猪	犍牛
武威	开水、白开水	牙猪	犍牛
民勤	开水	牙猪	脬牛、犍牛
永昌	开水	牙猪	

续表

普通话	127 开水	128 公猪	129 公牛
山丹	开水	牙猪	公牛
张掖	开水	公猪	脖牛
高台	开水	脚猪	犍牛
酒泉	开水		公牛
玉门	开水	公猪、牙猪	脖牛
安西	滚水	牙猪、公猪	犍牛、脖牛
敦煌	开水、滚水	牙猪	犍牛
临洮	开水	牙猪	犍牛
岷县	安水	牙猪	公牛
临潭	开水	牙猪	牛公子、公牛
临夏	开水	骚猪	犍牛
和政	开水	牙猪	牛公子、骚蛋
东乡	开水		雄牛
德乌鲁			
龙迭	开水	牙猪	犍牛

普通话	130 母牛	131 公马	132 母马
兰州	母牛	儿马	骒马
白银	母牛	儿马	母马
榆中	乳牛	骚马	骒马
靖远	母牛	公马、儿马（子）	骒马、母马
定西	牸牛	骚马、骟马（阉去睾丸）	骒马
会宁	牛	马	马
通渭	雌牛	公马	母马
静宁	乳牛	儿马	骒马
秦安	乳牛	儿马	骒马

普通话	130 母牛	131 公马	132 母马
清水	乳牛	儿马	骒马
天水	牸牛	儿马	骒马
陇西	母牛、牸牛	骚马	骒马
武山	母牛	公马	母马
徽成	母牛	公马	母马
西礼	雌牛	儿马	骒马
武都	雌牛、母牛	骚马	草马
文县	牸牛	雄马	骒马
平凉	乳牛	儿马	骒马
泾川	乳牛	公马	骒马
镇原	牸牛、奶牛	儿马	骒马
宁县	乳牛	马	草马
庆阳	母牛	公马	母马
环县	乳牛	儿马	骒马
天祝	母牛	儿马	骒马
武威	乳牛	儿马	骒马
民勤	乳牛	儿马	骒马
永昌	奶牛	雄马	母马、骒马
山丹	母牛	儿马、骟马	骒马
张掖	乳牛	儿马	骒马
高台	乳牛	儿马	骒马
酒泉	母牛	儿马	母马
玉门	乳牛	儿马	骒马
安西	乳牛	儿马	骒马
敦煌	母牛、乳牛	儿马	母马、骒马
临洮	雌牛	公马	草马
岷县	雌牛	全马、儿马	骒马

续表

	130	131	132
普通话	母牛	公马	母马
临潭	雌牛、牕雌牛	儿马	马
临夏	雌牛	骟马	骒马
和政	雌牛	儿马	骒马
东乡	雌牛	儿马	骒马
德乌鲁	牸牛、雌牛	公马、儿马（汉）	母马
龙迭	雌牛	儿马	母马

	133	134	135
普通话	公狗	母狗	郎猫
兰州	牙狗（子）	母狗（子）	公猫儿
白银	牙狗	母狗	郎猫
榆中	牙狗	母狗	公猫
靖远	公狗、牙狗	母狗、雌狗、草狗	公猫、郎猫
定西	牙狗	母狗	公猫
会宁	牙狗	母狗	猫
通渭	牙狗	母狗	公猫
静宁	牙狗	母狗	公猫
秦安	牙狗	母狗	公猫
清水	牙狗	母狗	公猫
天水	牙狗、郎狗	母狗	公猫
陇西	牙狗	母狗	公猫
武山	牙狗	母狗	公猫
徽成	牙狗	母狗	公猫
西礼	公狗	母狗	公猫
武都	牙狗	母狗	公猫
文县	牙狗、郎狗	母狗、草狗子	公猫
平凉	牙狗	母狗	郎猫

续表

普通话	133 公狗	134 母狗	135 郎猫
泾川	牙狗	草狗	郎猫
镇原	牙狗	草狗	郎猫
宁县	牙狗	草狗	郎猫
庆阳	牙狗	母狗	郎猫
环县	牙狗	母狗	郎猫
天祝	牙狗	母狗	公猫
武威	牙狗	母狗	公猫儿
民勤	牙狗	母狗	公猫
永昌	牙狗	母狗	公猫
山丹	牙狗	母狗	郎猫
张掖	牙狗	母狗	公猫
高台	牙狗	母狗	公猫
酒泉	牙狗	母狗	公猫
玉门	狗	母狗	郎猫
安西	牙狗	母狗	郎猫
敦煌	牙狗	母狗	郎猫、公猫
临洮	牙狗	母狗	公猫
岷县	牙狗	雌狗	公猫
临潭	牙狗	母狗	公猫
临夏	牙狗	母狗	公猫
和政	牙狗	母狗	骚猫
东乡	牙狗	母狗	公猫
德乌鲁	牙狗	母狗	郎猫
龙迭	牙狗	母狗	公猫

五、甘肃方言常用词对照表

	136	137	138
普通话	女猫	公鸡	母鸡
兰州	母猫儿	公鸡	母鸡
白银	女猫（音米）	公鸡	母鸡
榆中	女（音米）猫	公鸡	母鸡
靖远	母猫、女猫	公鸡	母鸡
定西	女（音米）猫	鸡公	鸡婆
会宁	猫	鸡公	鸡婆
通渭	女（音米）猫	鸡公	鸡婆
静宁	女（音米）猫	公鸡	母鸡
秦安	母猫	鸡公	鸡婆
清水	母猫	鸡公	鸡婆
天水	母猫	鸡公	鸡婆
陇西	母猫	鸡公	鸡婆
武山	母猫	鸡公	鸡婆儿
徽成	女（音米）猫	公鸡	母鸡
西礼	母猫	鸡公	鸡婆
武都	母猫	鸡公	鸡婆、母鸡
文县	母猫	鸡公、雄鸡	鸡婆
平凉	女（音米）猫	公鸡	鸡母
泾川	女（音米）猫	公鸡	母鸡
镇原	女（音米）猫	公鸡	母鸡、鸡婆
宁县	女（音米）猫	公鸡	母鸡
庆阳	女（音米）猫	公鸡	母鸡
环县	女（音米）猫	公鸡	母鸡
天祝	母猫	公鸡	母鸡
武威	母猫儿	公鸡	母鸡
民勤	母猫	公鸡	母鸡
永昌	母猫	公鸡	母鸡
山丹	母猫	公鸡	母鸡

续表

普通话	136 女猫	137 公鸡	138 母鸡
张掖	女猫	公鸡	母鸡
高台	母猫	公鸡	母鸡
酒泉	母猫	公鸡	母鸡
玉门	女猫	公鸡	母鸡
安西	女猫	公鸡	母鸡
敦煌	母猫	公鸡、鸡公	母鸡
临洮	母猫	公鸡	母鸡
岷县	母猫	公鸡	母鸡
临潭	母猫	公鸡	母鸡
临夏	女猫	公鸡	母鸡
和政	母猫	公鸡	母鸡
东乡	女猫	公鸡	母鸡
德乌鲁	女猫	公鸡	母鸡
龙迭	母猫	鸡公	鸡婆

普通话	139 麻雀	140 雁	141 燕子
兰州	麻雀儿	咕噜雁	燕子
白银	麻雀	雁	燕子
榆中	家雀儿	咕噜雁	燕子
靖远	麻雀、雀儿	雁、大雁	燕、小燕子、燕儿
定西	雀儿、麻雀儿	咕噜雁	燕儿
会宁	雀儿	咕噜雁	燕儿
通渭	雀儿	咕噜雁	燕儿
静宁	雀儿	咕噜雁	燕儿
秦安	雀儿	咕噜雁	燕儿
清水	跳儿	咕噜雁	燕子

续表

普通话	139 麻雀	140 雁	141 燕子
天水	麻雀	咕噜雁	沙燕
陇西	麻雀	咕噜雁	燕儿、燕子
武山	雀儿、麻鸟儿	大雁、咕噜雁	燕儿
徽成	雀雀	咕噜雁	燕儿
西礼	家雀儿	咕噜雁	燕儿
武都	雀麻儿	咕噜雁、雁	燕儿、燕子
文县	麻雀	大雁	小燕子、燕
平凉	雀儿	咕噜雁	燕子
泾川	雀	咕噜雁	燕唧唧
镇原	雀、雀儿	咕噜雁	燕、燕子子、燕唧唧
宁县	雀	雁、咕噜雁	燕儿、燕子
庆阳	麻雀	大雁	燕子
环县	麻雀、雀儿	雁	燕子、燕儿
天祝	雀儿	长脖雁	燕子
武威	雀儿子	长脖雁	燕儿子
民勤	麻雀	长脖雁	燕子
永昌	雀儿	雁	燕子
山丹	麻雀	雁	燕子
张掖	雀儿	长脖雁	燕儿子
高台	麻雀、雀儿	梨花雁	燕子
酒泉	雀儿	长脖子雁	燕子
玉门	麻雀	长脖雁	燕儿子
安西	麻雀	雁	燕子
敦煌	雀儿、麻雀	咕噜雁	燕子、燕儿
临洮	麻雀	咕噜雁	燕子
岷县	雀儿	咕噜雁	燕子
临潭	麻雀、雀儿	雁、咕噜雁	燕子、燕儿

续表

普通话	139 麻雀	140 雁	141 燕子
临夏	麻雀	咕噜雁	燕子
和政	麻雀	咕噜雁	叉叉燕
东乡	雀儿	咕噜雁	
德乌鲁	麻雀	雁、咕噜雁	燕子、燕儿
龙迭	麻雀	咕噜雁	小燕子

普通话	142 乌鸦	143 猴子	144 蛇
兰州	老哇	猴子	长虫
白银	乌鸦	猴子	长虫
榆中	老哇	猴儿	长虫
靖远	乌鸦、鸦儿	猴子、猴儿	长虫、蛇
定西	鸦儿	猴儿	长虫
会宁	鸦雀子	猴儿	长虫
通渭	鸦儿	猴	长虫
静宁	鸦儿	猴儿	长虫
秦安	鸦儿	猴儿	长虫
清水	鸹老哇	猴儿	长虫
天水	鸹老哇	猴	长虫
陇西	老鸦、鸦儿、鸦哇	猴儿	长虫
武山	老鸦	猴儿、猴子	长虫
徽成	老鸦	猴儿	长虫
西礼	老鸦	猴儿	长虫
武都	乌鸦、老鸦	猴子、猴儿	蛇、长虫
文县	老哇	猴	长虫
平凉	老鸦	猴	长虫
泾川	老哇	猴	长虫

续表

	142	143	144
普通话	乌鸦	猴子	蛇
镇原	嘎鸦、老哇	猴子	长虫
宁县	鸦子	猴	长虫
庆阳	乌鸦	猴子	蛇
环县	乌鸦、鸦儿	猴子	蛇、长虫
天祝	鸦	猴子	长大爷
武威		猴儿	蛇
民勤	老鸦	猴子	蛇
永昌	老鸦	猴子	蛇
山丹	老鸦	猴子	蛇
张掖	老哇	猴儿	蛇
高台	乌鸦、夬老	猴子	蛇
酒泉	老鸦	猴儿	蛇
玉门	乌鸦	猴子	长虫、麻蛇
安西	乌鸦、老鸹	猴	长虫
敦煌	老哇、老鸹	猴儿	长虫
临洮	老鸦	猴	长虫
岷县	老鸹	猴	长虫
临潭	老鸹	猴、猴子	长虫、蛇
临夏	黑老哇	猴	蛇
和政	老哇	猴娃	蛇、长虫
东乡	老鸦	猴	蛇
德乌鲁	乌鸦	猴	长虫、蛇
龙迭	老哇	猴儿	长虫

	145	146	147
普通话	蚯蚓	蚂蚁	蚂蜂
兰州	曲蟮	蚂蚁	叮子、狗头蜂

续表

普通话	145 蚯蚓	146 蚂蚁	147 蚂蜂
白银	曲蟮	蚂蚁	蚂蜂
榆中	曲蟮	蚂蚁	黄蜂
靖远	曲蟮、蚯蚓	蚂蚁、蚂蚍蜉	黄蜂
定西		蚂蚂蚍蜉（音蜂）	黄蜂
会宁	蚯蚓	蚍蜉（音混）蚂蚂	黄蜂
通渭	曲串、曲蟮	蚍蜉（音蜂）蚂蚂	黄蜂
静宁	地蚕	蚍蜉（音蜂）蚂儿	蚂黄蜂
秦安	曲蟮	蚍蜉（音蜂）蚂蚂儿	黄蜂
清水	曲蟮	蚂蚍蜉腰儿	黄蜂
天水	曲蟮	蚍蜉蚂蚂	黄蜂
陇西	曲蟮	蚍棍蚂蚂	黄蜂
武山	曲蟮、蝣蜒	蚍蜉、蚂蚍棍	黄蜂
徽成	曲蟮	蚍蜉蚂儿	蚂蜂
西礼	曲蟮	蚍蜉	蚂蜂
武都	曲蟮	蚍蜉（音护）蚂儿、蚂蚁	蚂蜂
文县	曲蟮	蚂蚁子	蚂蜂
平凉	曲虫	蚍蜉（音蜂）蚂	黄蜂
泾川	曲蟮	蚍蜉（音蜂）蚂	黄蜂
镇原	曲蟮	蚍蜉（音蜂）蚂	黄蜂
宁县	曲串	蚂蚁、蚍蜉（音蜂）蚂	蚂蜂
庆阳	蚯蚓	蚂蚁	蚂蜂
环县	蚯蚓	蚂蚁	蚂蜂
天祝	曲蟮	蚂蚁	蜜蜂子
武威	曲蟮（音çian）	蚂蚁	蚂蜜蜂
民勤	蚯蚓	蚂蚁	蚂蜂
永昌	曲蟮	蚂蚁	蜜蜂

续表

	145	146	147
普通话	**蚯蚓**	**蚂蚁**	**蚂蜂**
山丹	蚯蚓	蚂蚁	蚂蜂
张掖	曲蟮	蚂蚁	蚂蜂
高台		蚂蚁	黄蜜蜂
酒泉		蚂蚁	
玉门		蚂蚁	
安西	曲蟮	蚂蚁	蚂蜂
敦煌	蚯蚓、蛆	蚂蚁	黄蜜蜂、蚂蜂、蚂蜜蜂
临洮	曲蟮	蚂蚂蛆	黄蜂
岷县	曲蟮	蚂蚁虫	蚂蜂
临潭	蛇着娃子、曲蟮	蚂蚁、蚂蚁虫儿	狗头蜂
临夏	长虫	蚂儿蚂蚁	蚂蜂（音非）
和政	曲蟮	蚂蚁	蜂儿
东乡	曲蟮	蚂蚁	
德乌鲁	曲蟮	蚂蚁	蚂蜂
龙迭	曲缠	蚂蜉（音后）蚂	格蜂

	148	149	150
普通话	**蚊子**	**蜘蛛**	**臭虫**
兰州	蚊子	蛛蛛	壁虱
白银	蚊子	蛛蛛	壁虱
榆中	蚊子	周周	壁虱
靖远	蚊子	蛛蛛、蜘蛛	臭虫
定西	蚊子	罗网	壁虱
会宁	蚊子	蛛蛛	壁虱
通渭	蚊子	邹邹	壁虱
静宁	蚊子	邹邹	壁虱
秦安	蚊子	邹邹	壁（音别）虱

续表

普通话	148 蚊子	149 蜘蛛	150 臭虫
清水	蚊子	邹邹	壁虱
天水	蚊子	邹邹	壁虱
陇西	蚊子	蜘蛛、邹邹	壁虱
武山	蚊子	蛛蛛	壁虱
徽成	蚊子	蛛蛛	壁虱
西礼	蚊子	蜘蛛	壁虱
武都	蚊子	邹邹	壁虱
文县	蚊子、没子	邹邹	臭虫、壁虱
平凉	蚊子	蛛蛛	臭虫
泾川	蚊子、野毛	蛛蛛	臭虫
镇原	野毛、蚊子	蛛蛛	臭虫
宁县	蚊子	蜘蛛	臭虫
庆阳	蚊子	蛛蛛	臭虫
环县	蚊子、油蠓子	蛛蛛	臭虫、臭虱
天祝	蚊虫	蛛蛛	臭虫
武威	蚊子	蛛蛛	臭虫
民勤	蚊子	蜘蛛、蛛蛛	臭虫
永昌	蚊子	蜘蛛	臭虫
山丹	蚊子	蛛蛛	臭臭
张掖	蚊子	蛛蛛	臭姨婆
高台	蚊子	蛛蛛	臭虫
酒泉	蚊子	蛛蛛	臭虱
玉门	蚊子	蛛蛛	臭虫、臭虱
安西	蚊子	蛛蛛	臭虱
敦煌	蚊子	蛛蛛	臭虱
临洮	蚊子	蛛蛛	壁虱
岷县	蚊子	蛛蛛娃	臭虫

续表

	148	149	150
普通话	蚊子	蜘蛛	臭虫
临潭	蚊子	蜘蛛、蛛蛛	臭虫
临夏	蚊子	蛛蛛	壁虱、臭虫
和政	蚊子	邹邹	臭虫
东乡	蚊子		壁虱
德乌鲁	蚊子	周周	壁虱
龙迭	蚊子	蛛蛛	壁虱

	151	152	153
普通话	跳蚤	麦	米
兰州	虼蚤	麦子	大米、白米
白银	虼蚤	麦子	米
榆中	虼蚤	麦子	米、大米
靖远	虼蚤、跳蚤	麦、麦子、小麦	米、大米
定西	虼蚤	麦	大米
会宁	虼蚤	麦	大米
通渭	虼蚤	麦	米
静宁	虼蚤	麦子	米
秦安	虼蚤	麦、小麦	米、白米
清水	虼蚤	麦	米
天水	虼蚤	麦	米、白米
陇西	虼蚤	麦	大米
武山	虼蚤	小麦	大米
徽成	虼蚤	麦	米
西礼	虼蚤	小麦	米
武都	虼蚤、跳蚤	麦、麦子	米、大米
文县	虼蚤	麦子	米、白米、大米
平凉	虼蚤	麦子	米

续表

普通话	151 跳蚤	152 麦	153 米
泾川	虼蚤	麦子	米
镇原	虼蚤	麦子	米
宁县	虼蚤	麦	米
庆阳	虼蚤	麦、小麦	米、大米
环县	虼蚤、跳蚤	麦、麦子	米
天祝	跳蚤	麦子	米
武威	虼蚤	麦子	米
民勤	虼蚤	麦子、小麦	米
永昌	跳蚤	麦子	大米
山丹	跳蚤	麦子	大米
张掖	虼蚤	麦子	米
高台	虼蚤	麦子	大米
酒泉	虼蚤	麦子	大米
玉门	虼蚤	麦子	大米
安西	虼蚤	麦子	米
敦煌	虼蚤、跳蚤	麦子	大米、米
临洮	虼蚤	小麦	大米
岷县	虼蚤	麦子	米
临潭	虼蚤	麦子	米
临夏	虼蚤、跳蚤	麦子	大米
和政	虼蚤	麦子	大米
东乡	虼蚤	麦子	大米
德乌鲁	虼蚤	麦子	大米
龙迭	虼蚤	麦	米

	154	155	156
普通话	小米儿	玉米	高粱
兰州	黄米、粱谷米	包谷	高粱
白银	谷子	包谷	秫（音出）秫
榆中	黄米、粱谷米	包谷	高粱
靖远	小米儿、谷子、黄米、粱谷米	包米、包谷	高粱
定西	粱谷米（谷米）、黄米（糜）	包谷	高粱
会宁	黄米、粱谷米	包谷	高粱
通渭	小米儿	番麦	秫子、秫秫
静宁	小米儿	玉麦	秫秫
秦安	黄米	包谷、仙麦	高粱、秫秫
清水	小米儿、黄米	仙米、玉麦	秫秫、高粱
天水	小米	仙麦	秫秫
陇西	谷子、小米	包谷	高粱
武山	谷子	包谷、仙麦	黍黍
徽成	谷子	番麦	高粱
西礼	黄米	番麦	高粱
武都	粟谷、黄米、小米儿、谷子	玉米、包谷	高粱
文县	粟米	包谷、玉麦	高粱
平凉	小米、小米儿	玉米	陶秫
泾川	谷子、小米	玉米、包谷、玉麦	陶秫、高粱
镇原	小米儿	玉米	陶秫
宁县	黄米	玉米	高粱
庆阳	谷子、黄米	玉米、包谷	高粱
环县	小米儿	玉米、包谷	稻秫
天祝	小米儿	包米	高粱
武威	谷子	西麦	高粱
民勤	谷子、小米	包谷、冬麦	高粱

续表

	154	155	156
普通话	小米儿	玉米	高粱
永昌	小米	西麦	高粱
山丹	黄米	包米	高粱
张掖	小米子	玉米	高粱
高台	小米	玉米、包谷	高粱
酒泉	谷子、黄米	包米	高粱
玉门	黄米、小米	包米、包谷	高粱
安西	谷子	包米	高粱
敦煌	谷子、小米	包米	高粱
临洮	黄米	包谷	高粱
岷县	小米儿	包谷	高粱
临潭	小米、粱谷米	包谷	高粱
临夏	小米	包谷	
和政	米	包谷	高粱
东乡	谷子	包谷	高粱
德乌鲁	小米	包谷	高粱
龙迭	黄米	包谷	陶秫

	157	158	159
普通话	大豆	蚕豆	向日葵
兰州	黄豆	大豆	向日葵
白银	黄豆	大豆	向日葵
榆中	黄豆	大豆	向黄
靖远	黄豆	大豆	向日葵
定西	黄豆儿	大豌豆	向日葵
会宁	黄豆	大豌豆	向日葵
通渭	黄豆	大豌豆	向日葵
静宁			尚适黄（向日黄）

续表

普通话	157 大豆	158 蚕豆	159 向日葵
秦安	黄豆	大豆、大豌豆	向日葵
清水	黄豆	大豌豆	向日葵
天水	黄豆	大豌豆	向日红
陇西	黄豆	大豌豆	向日葵
武山	黄豆	大豆	向日葵
徽成	黄豆	大豆	向日葵
西礼	黄豆	大豆	向日葵
武都	黄豆、豆子	蚕豆	向日葵、向阳花
文县	黄豆	大豌豆	热（音月）照花
平凉	白豆	大豆	向日葵
泾川	豆子	大豆	向日葵
镇原	豆子	蚕豆	向日葵
宁县	豆子	大豆	向日葵
庆阳	豆子	大豆	向日葵
环县	大豆、豆子	大豆	向日葵
天祝	大豆	蚕豆	向日葵
武威	黄豆	大豆	向日葵
民勤	大豆	蚕豆	向日葵、黑花子
永昌	大豆	大豆	向日葵
山丹	豆子	大豆	向日葵
张掖	黄豆	大豆	向日葵
高台	黄豆	大豆	向日葵、葵花
酒泉	黄豆	大豆	葵花
玉门	黄豆子	蚕（音柴）豆	葵花
安西	黄豆子	大豆	
敦煌	大豆	蚕豆、刀豆	葵花、向日葵
临洮	黄豆	大豆	照天红

续表

	157	158	159
普通话	**大豆**	**蚕豆**	**向日葵**
岷县	黄豆	大豆	向日葵
临潭	黄豆	大豆	向日葵
临夏	黄豆	大豆	热头花
和政	黄豆	大豆	热头花
东乡	黄豆	大豆	向日葵
德乌鲁	黄豆	大豆	热头花
龙迭	黄豆	大豆	向日葵

	160	161	162
普通话	**洋葱**	**洋白菜**	**西红柿**
兰州	洋葱	莲花菜	西红柿、洋柿子
白银		莲花白	西红柿
榆中	洋葱	包菜	洋柿子
靖远	洋葱、葱	白菜	洋柿子
定西	洋葱	包包菜	洋柿子
会宁		包包菜	洋柿子
通渭	洋葱	包菜	洋柿子
静宁	骚葱	莲花白	洋柿子
秦安		包包菜	洋柿子
清水	洋葱	包包菜、卷心菜	洋柿子
天水	洋葱	蕃白菜	洋柿子
陇西	洋葱	包菜	洋柿子
武山	洋葱	包菜、卷心菜	洋柿子
徽成	洋葱	包心菜	洋柿子
西礼	洋葱	蕃白菜	洋柿子
武都	洋葱	卷心菜、包白菜	洋柿子
文县	洋葱	包包菜、包白菜	番茄、洋柿子

续表

普通话	160 洋葱	161 洋白菜	162 西红柿
平凉	洋葱	莲花白	洋柿子
泾川	洋葱	莲花白	洋柿子、番茄
镇原	洋葱	包包白菜	番茄
宁县	洋葱	莲花白	洋柿子
庆阳	洋葱	洋白菜、莲花白	
环县	洋葱	洋白菜、莲花白、卷心菜、包心菜	洋柿子
天祝	洋交葱		西红柿
武威		莲花白	西红柿、洋柿子
民勤	线骨都	莲花白、包包菜	西红柿
永昌	洋葱	莲花白	西红柿
山丹	洋葱	包菜	西红柿
张掖	赛骨都	莲花白	洋柿子
高台	大葱	白菜	柿子
酒泉	洋葱	莲花白	洋柿子
玉门	白葱、洋白葱	大白菜	西红柿
安西	线骨都、洋葱	莲花白、包包菜	西红柿
敦煌	洋葱、葱	莲花白、大白菜	洋柿子、柿子
临洮	洋葱	包心菜	洋柿子
岷县	洋葱	洋白菜	洋柿子
临潭	洋葱	包包菜	西红柿、番茄
临夏	洋葱	圪塔白菜	柿子
和政	葱英	洋白菜	柿子
东乡	葱头	包心菜	洋柿子
德乌鲁	葱	包心菜、包包菜	洋柿子
龙迭	洋葱	包包菜	洋柿子

普通话	163 白薯	164 辣椒	165 核桃
兰州	红苕	辣子	核桃
白银		辣子	核桃
榆中	红薯	辣子	核桃
靖远		辣子	核桃
定西	红苕	辣椒	核（音苟）桃
会宁		辣椒	核桃
通渭		辣椒	核桃
静宁		辣椒、辣子	核桃
秦安		辣椒	核桃
清水	红苕	辣椒、辣子	胡桃
天水	红苕、红薯	辣椒、辣子	核（音苟）桃
陇西		辣椒	核桃
武山	红薯	辣椒、辣子	核桃
徽成	红苕	辣子	核桃
西礼		辣椒	核桃（音苟刀）
武都		辣椒、辣子	核桃
文县	山芋、红苕	辣椒、辣子	核（音苟）桃
平凉	山芋	辣子	核桃
泾川	白薯、山芋	辣子	核桃
镇原	白薯	辣子	核桃
宁县	洋芋、山芋蛋	辣子	核桃
庆阳	红薯	辣子	胡桃
环县	红薯、红苕	辣子	核桃
天祝	山芋	辣子	核桃
武威		辣子	核桃
民勤		辣子、辣角子	核桃（音头）
永昌		辣子	核桃
山丹	山芋	辣子	蒲桃

续表

普通话	163 白薯	164 辣椒	165 核桃
张掖		辣子	核桃
高台		辣子	核桃
酒泉		辣子	核桃
玉门		辣子	核桃
安西		辣子	核桃
敦煌		辣子	核桃（又音头）
临洮	红薯	辣椒	核（音苛）桃
岷县		辣椒	核桃
临潭		辣椒	桃桃
临夏	洋山芋	辣子	核桃
和政		辣椒	核桃
东乡		辣椒	
德乌鲁	山芋	辣子	核桃
龙迭		辣子	核桃

普通话	166 栗子	167 榛子	168 事（儿）
兰州	毛栗子	小核桃	事情
白银	栗子		事情
榆中	毛栗子	榛子	事情
靖远	毛栗子	鞭干子	事情
定西	栗子		应干
会宁	毛栗子		事情
通渭	毛栗子		事情
静宁	毛栗子		事情
秦安	毛栗子		事情
清水	栗子、毛栗子		事情、事儿

续表

普通话	166 栗子	167 榛子	168 事（儿）
天水	栗子		事情、事
陇西	毛栗子		事情
武山	毛栗子		事情
徽成	毛栗子	野核桃	事情
西礼	毛栗子	小核桃	事情
武都	毛栗子、板栗（子）、栗子		事儿、事情、事干
文县	板栗子		事情
平凉	毛栗子	榛子	事情
泾川	栗子、毛栗子	榛子	事情
镇原	栗子	榛子	事
宁县	栗子		事情
庆阳	栗子	榛子	事
环县	栗子	榛子	事情、事干
天祝	栗子		事
武威	栗子		事情
民勤			事情
永昌	栗子	小核桃	事情
山丹	栗子	小核桃	事情
张掖	毛栗子		事情
高台	栗子（大）、毛栗子（小）		事情
酒泉	毛栗子		事情
玉门	栗子		事情
安西	栗子		事情
敦煌	毛栗子、栗子		事情
临洮	毛栗子	小核桃	事情
岷县	栗子	小核桃	事情

普通话	166 栗子	167 榛子	168 事（儿）
临潭		小核桃	事情
临夏	栗子	毛核桃	（有）应干
和政	毛栗子	榛子	事情
东乡			事情
德乌鲁	毛栗子	毛核桃	事情
龙迭	毛栗子	榛子	事情

普通话	169 东西	170 时候	171 原因
兰州	东西	时节	原因、缘故
白银	东西	时候	原故
榆中	东西	时节	缘故
靖远	东西	时候	道理
定西	物件	时辰	缘故
会宁	东西	时候	原因、缘故
通渭	东西	时候	原故
静宁	东西	时候、时间	原因
秦安	物件	时候	原因
清水	东西、物件	时候	原因、缘故
天水	东西	时候	原因
陇西	东西	时候	原因
武山	物件	时候	原因
徽成	物件	时候	缘故
西礼	物件	时候	原因
武都	东西、物件	时候	原因、缘故
文县	东西、物件、事物	时候	缘故
平凉	东西	时间	原因

续表

普通话	169 东西	170 时候	171 原因
泾川	东西	时候	原因
镇原	东西	时间	哈数
宁县	东西	时候	原因
庆阳	东西	辰光	原因
环县	东西	时候	原因
天祝	东西	时候	原因
武威	东西	时候	原因、原故
民勤	东西	时候	缘故
永昌	东西	时候	原因
山丹	东西	时间	原因
张掖	东西	时候	
高台	东西	时节	原因
酒泉	东西	时候、时间	原因
玉门	东西	时候、时节	原因
安西	东西	时间	原因
敦煌	东西	时候、时机儿	缘故、原因
临洮	东西	时候	原因
岷县	东西	时候	原因
临潭	东西、物件	时候、时节	原因、缘故、因干、为啥
临夏	东西、物件	时间、时节	缘故
和政	东西、物件	时候	原因
东乡	物件	时节	原因
德乌鲁	物物、东西	时候、时间	原因、缘故
龙迭	东西	时候	原因

普通话	172 味道	173 相貌	174 年龄
兰州	味道、味气	模样子	岁数
白银	味道	模样	岁数
榆中	味道	面相	岁数
靖远	味道	模样	岁数
定西	味儿	相貌	岁数
会宁	味道、味子	相貌、面相、长相	年齿、年纪、岁数
通渭	味道	模样	岁数
静宁	味道	面貌	岁数
秦安	味道	相貌	岁数
清水	味道	面相、相貌、模样	岁数、年纪
天水	味道	面貌、嘴脸	岁数
陇西	味道	模样	年纪
武山	味道	相貌	年龄、年纪、岁数
徽成	气味	模样、面貌、面相	岁数
西礼	味道、气味	长相	年纪、岁数
武都	味道、味儿、气味	相貌、面相	年龄、年纪、岁数、年岁
文县	味道、气味	样子、面貌	岁数、年岁
平凉	味道	模样	年纪
泾川	味道	模样、面貌	年龄、年纪、岁数、年岁（老人）
镇原	气味	模样	年龄
宁县	味道	面貌	年纪、岁数
庆阳	气味	模样、面貌	年龄、岁数
环县	气味	模样、面貌	年龄、年岁、年纪（音气）
天祝	味道	模样	年纪
武威	味道	模样子、相貌	年岁、年纪
民勤	味道	模样	岁数

续表

普通话	172 味道	173 相貌	174 年龄
永昌	味道	模样、长相	岁数
山丹	味道	面貌	年纪
张掖	味道	模样子	岁数
高台	味道	面貌	年龄
酒泉	味道	模样	年纪
玉门	味道	面貌	年龄、年纪、年数
安西	味道	模样	岁数
敦煌	味道	长相、面貌	年纪、岁数
临洮	味道	模样	岁数
岷县	味道	面相	岁数
临潭	味道	面相	岁数
临夏	味道	模样、长相	岁数、年纪
和政	味道、味子	模样、样子	年纪
东乡	味道	面相	年纪
德乌鲁	味子、味气	模样	年纪、岁数
龙迭	味道	长相	岁数

普通话	175 工作	176 我们	177 咱们
兰州	活	我们	我们
白银	工作、活（儿）	我们	
榆中	活	我们	咱们
靖远	工作	我们	咱们
定西	工作、活路	奥（音熬，不包括对方）	曹
会宁	工作、工、（干）事	我们、曹、奥	
通渭	活	我们	咱们

续表

	175	176	177
普通话	工作	我们	咱们
静宁	活儿	我们、我家	咱们、咱
秦安	活	我们	曹
清水	（干）事、活儿	奥、曹儿个	曹
天水	（干）事	我们、奥	我们
陇西	工作	我们	咱们
武山	活儿	我们	曹
徽成	活儿	我家	咱们
西礼	做活	我们	
武都	工作、活儿、活路	我们	咱们
文县	活路	我们	咱们
平凉	（做）活	我们	咱们
泾川	工作、（做）活	我们	咱们
镇原	工作	我们	咱们
宁县	工作	我家	咱们
庆阳	工作	我们	咱们
环县	工作、活路、事情	我们	咱们
天祝	工作	我们	nɔ们
武威	工作	我们	咱们
民勤	工作、活儿	我们	咱们
永昌	工作	我们	
山丹	工作	我们	咱们
张掖	活	我们	
高台	活儿	我们	
酒泉	（做）活	我们	
玉门	活儿	我们	
安西	（干）活	我们	咱们
敦煌	活儿、做活	我们	咱们

	175	176	177
普通话	**工作**	**我们**	**咱们**
临洮	工作	我们	咱们
岷县	工作	我们	咱们
临潭	活儿	我们	
临夏	（干）事	我们	
和政	工作	我们	
东乡	工作	我们	
德乌鲁	活、事	我们	咱们、我们
龙迭	工作	我们	我们

	178	179	180
普通话	**你们**	**他们**	**谁？**
兰州	你们	那（上声）们（昵称）、他们	谁
白银	你们	他们	谁
榆中	你们	他们	谁
靖远	你们	他们、他家	谁、哪个
定西	扭（音牛）	那（上声）	谁
会宁	扭（音牛）	伢（nia）	阿谁（音思）
通渭	你们	他们	谁
静宁	你们	他们、他家	
秦安	你们	他们	谁
清水		他家	谁
天水	扭（音牛）	他家	谁
陇西	你们	他们	谁
武山	扭（音鸟，阳平）	他（音陶）	阿谁（音思）个（音怪）
徽成	你家	他家	谁
西礼	你们	他家	谁
武都	你们	他们	谁、哪个
文县	你们	他们	谁个（音开）、谁、哪个、啥人

续表

普通话	178 你们	179 他们	180 谁？
平凉	你们	他们	谁
泾川	你们	他们	谁
镇原	你们	他们	谁
宁县	你们	他家	啥人
庆阳	你们	他们	谁
环县	你们	他们	谁、谁个（音可）
天祝	你们	他们	谁
武威	你们	他们	谁、啥人
民勤	你们	他们、彼家	谁
永昌	你们	他们	谁
山丹	你们	他们	谁
张掖	你们	他们	谁
高台	你们	他们	谁
酒泉	你们	他们	啥人
玉门	你们	他们	哪、哪个
安西	你们	他们	谁
敦煌	你们	他们	谁
临洮	你们	他们	谁
岷县	你们	他们	谁
临潭	你们	他们	谁、啥人
临夏	你们	他们	阿一个（回）、哪一个（汉）
和政	你们	他们	阿个、阿一个
东乡	你们	他们	啥人
德乌鲁	你们	他们	谁、阿个（音该）
龙迭	你们	他们	阿谁

普通话	181 什么？	182 一张席	183 一床被
兰州	啥（音萨，下同）	一张席子	一床被儿
白银	啥	一张席	一条被
榆中	什么	一张席子	一床被子

	181	182	183
普通话	什么?	一张席	一床被
靖远	啥、什啥	一张席	一床被
定西	啥的（音"塞豆"）	一张席	一床被
会宁	什	一张席	一床被
通渭	什么	一张席	一床被
静宁		一页席	一床被
秦安	啥	一张席	一床被
清水	啥	一张席、一片席	一床被
天水	啥	一张席片	一床被
陇西	啥	一页席	一床被
武山	什么	一张席	一床被
徽成	啥、啥子	一张席	一条被儿
西礼	啥	一张席	一条被儿
武都	啥（子）、什么	一张席、一条席	一床被、一条被
文县	啥、啥子	一张席	一床被
平凉	啥	一页席	一床被
泾川	啥、什么	一张席	一床被
镇原	什么、啥	一条席	一床被
宁县	啥	一张席	一床被
庆阳	啥	一张席	一床被
环县	啥	一张席	一床被、一床盖的
天祝	啥	一张席	一个被子
武威	啥、什么	一张席	一床被
民勤	什么、啥	一张席	一床被
永昌	啥	一块席	一床被
山丹	什么	一张席	一条被
张掖	啥	一条席	一床被
高台	什么	一页席	一个被子

续表

	181	182	183
普通话	什么?	一张席	一床被
酒泉	啥	一块席	一条被
玉门	啥	一张席	一床被
安西	什么	一张席	一床被
敦煌	啥	一条席子、一张席、一页席子	一床被
临洮	啥	一张席	一床被
岷县	啥	一张席子	一床被子
临潭	啥	一片席	一床被
临夏	啥、什么	一张席	一床被、一条被
和政	啥	一页席	一床被
东乡	啥	一张席	一床被
德乌鲁	什么个	一条席	一床被
龙迭	啥	一条席、一张席、一领席	一床铺盖

	184	185	186
普通话	一辆车	一管笔	一块墨
兰州	一挂子车	一支笔	一锭子墨
白银	一挂车	一支笔	一锭墨
榆中	一辆车、一挂车	一杆笔、一支笔	一锭墨
靖远	一辆车、一挂车	一支笔	一锭墨
定西	一辆车	一支笔	
会宁	一个车、一挂车	一支笔	一锭墨
通渭	一辆车	一管笔	一棒墨
静宁	一挂子车	一支笔	一棒墨
秦安	一辆车	一支笔	一锭墨
清水	一挂车	一支笔	一锭墨
天水	一挂车	一支笔	一锭墨

续表

普通话	184 一辆车	185 一管笔	186 一块墨
陇西	一辆车	一支笔	一锭墨
武山	一辆车	一支笔	一锭墨
徽成	一挂车	一支笔	一锭墨
西礼	一挂车	一支笔	一锭墨
武都	一辆车、一架车	一支笔、一杆笔	一锭墨
文县	一架车	一支笔	一锭墨
平凉	一辆车、一挂子车、一个车	一支笔、一个笔	一锭墨
泾川	一辆车、一挂车	一支笔	一锭墨
镇原	一辆车	一支笔	一锭墨
宁县	一挂子车	一支笔	一锭墨
庆阳	一辆车	一支笔	一锭墨
环县	一辆车、一挂车	一支笔	一锭墨
天祝	一挂车	一支笔	一锭墨
武威	一辆车、一个车	一支笔	一锭墨
民勤	一挂车	一支笔	一锭墨
永昌	一辆车	一支笔	一锭墨
山丹	一辆车	一杆笔	一块墨
张掖	一辆车	一支笔、一个笔	一锭墨
高台	一个车	一支笔	一锭墨
酒泉	一挂车	一杆笔	一锭墨
玉门	一辆车、一挂车	一支笔	一锭墨
安西	一挂车	一杆笔	一锭墨
敦煌	一架车、一挂车	一杆笔、一支笔	一锭墨
临洮	一辆车	一支笔	一锭墨
岷县	一辆车	一支笔	一锭墨
临潭	一辆车	一杆笔	一锭墨

续表

普通话	184 一辆车	185 一管笔	186 一块墨
临夏	一辆车	一支笔	一锭墨
和政	一辆车	一支笔	一吊墨
东乡	一辆车	一杆笔	一块墨
德乌鲁	一辆车	一支笔	一块墨
龙迭	一辆车	一杆笔	一锭墨

普通话	187 一头牛	188 一条猪	189 去一趟
兰州	一头牛、一个牛	一口猪、一个猪	去一趟
白银	一头牛	一口猪	去一趟
榆中	一头牛	一个猪	去一趟
靖远	一个牛、一头牛	一口猪	去一回、去一趟、去一转
定西			去一趟
会宁	一个牛	一个猪	去一趟
通渭	一头牛	一条猪	去一趟
静宁	一个牛、一头牛	一口猪、一个猪	去一趟
秦安	一头牛	一口猪	去一回
清水	一只牛、一个牛	一口猪、一条猪	去一趟、去一次、去一回、去一转
天水	一头牛、一个牛	一口猪、一个猪	去一回
陇西	一头牛	一口猪	去一趟
武山	一头牛、一只牛	一口猪	去一趟
徽成	一条牛	一条猪	去一趟
西礼	一个（音盖）牛	一只猪	去一回
武都	一头牛、一条牛、一只牛	一条猪	去一趟、去一次、去一回
文县	一只牛	一口猪	去一转

续表

普通话	187 一头牛	188 一条猪	189 去一趟
平凉	一个牛	一个猪	去一回
泾川	一头牛	一口猪、一个猪	去一趟、去一回
镇原	一头牛	一口猪	去一趟
宁县		一个猪	去一回
庆阳	一头牛、一条牛	一口猪	去一趟
环县	一头牛	一口猪	去一次、去一回
天祝	一头牛	一口猪	去一次
武威	一头牛	一口猪	去一趟、去一回、去一次
民勤	一头牛	一口猪	去一趟、去一回
永昌	一头牛	一口猪	去一回
山丹	一条牛	一条猪	去一次
张掖	一个牛		去一趟
高台	一头牛、一个牛	一个猪	去一次
酒泉	一条牛	一条猪	去一趟
玉门	一条牛、一个牛	一个猪	去一回
安西	一头牛	一口猪	去一回
敦煌	一条牛、一个牛	一口猪、一个猪	走一趟（或"回"）、去一趟
临洮	一头牛	一口猪	去一趟
岷县	一头牛	一口猪	去一趟
临潭	一头牛、一条牛、一个牛	一口猪	去一趟、去一回、去一下
临夏	一条牛	一条猪	去一趟、去一回、去一次
和政	一个牛	一个猪	去一趟
东乡	一只牛	一条猪	去一转
德乌鲁	一头牛	一口猪	去一趟
龙迭	一只牛	一口猪	去一趟

	190	191	192
普通话	明年	去年	大前年
兰州	明年	年时、去年	先前年
白银	明年	去年	大前年
榆中	明年	年时	先前年
靖远	明年、下年	去年、年时	大前年
定西	明年	去年	大前年
会宁	明年	年时个儿	上前年
通渭	明年	年时个儿	大前年
静宁	明年	去年	上前年
秦安	明年	年时	大前年
清水	明年	年时个儿	上前年
天水	明年	年时	上前年
陇西	明年	去年	大前年
武山	明年	年时	上前年、以往前年
徽成	明年	年时个儿	大前年
西礼	明年、下年	年时个	上前年
武都	明年	去年、头年	大前年
文县	明年、明年个	头年、去年	上前年
平凉	明年	去年	大前年
泾川	明年	去年	大前年
镇原	明年、萌年	年时个儿、去年	大前年
宁县	明年	去年	大前年
庆阳	明年、萌年	去年	
环县	明年	去年、年时	上前年、先前年
天祝	明年	去年	大前年
武威	明年、下一年	去年、年时个	大前年
民勤	明年	去年	大前年
永昌	明年	去年	大前年
山丹	明年	去年	大前年

续表

普通话	190 明年	191 去年	192 大前年
张掖	明年	年时个儿	大前年
高台	明年	去年	大前年
酒泉	明年	年时个儿	大前年
玉门	明年	去年、年时个	先前年
安西	明年	去年、年时	大前年
敦煌	明年	去年、年时	先前年、大前年
临洮	明年	去年	大前年
岷县	明年	去年	大前年
临潭	明年、来年	年时个（儿）	先前年
临夏	明年	年时	大前年
和政	明年	年时	
东乡	来年	年时个儿	大前年
德乌鲁	明年	年时	大前年
龙迭	明年	去年	大前年

普通话	193 往年	194 今日	195 明日
兰州	前几年	今个、今个天	明个、明个天
白银	前几年	今天	明天
榆中	满年	今个天	明个天
靖远	往年、前几年	今儿、今天	明天、明儿
定西	往年	今儿	明儿
会宁	底古	今个	明早
通渭	往年	今日	明日
静宁	前几年、外几年	今儿	明儿
秦安	往年、前几年	今儿	明天
清水	往年	今日、今儿	明日

续表

	193	194	195
普通话	往年	今日	明日
天水	往年、前几年	今个	明早
陇西	往年、前几年	今天	明天
武山	往年、前几年	今日	明早、明天
徽成	往年	今儿	明儿
西礼	往年	今儿	明儿、明早
武都	往年、前几年	今儿	明儿、明天
文县	前几年	今天、今儿	明天、明儿
平凉	往年	今日个、今天	明儿个、明天
泾川	往年、前几年	今儿、今天	明儿、明天
镇原	往年	今儿、今天	明儿、明天
宁县	往年、前几年	今儿	明儿
庆阳	前几年	今日、今天	明天
环县	往年、前几年、早年、当年	今天、今儿、今日	明天、明儿、明日
天祝	往年	今天	明天
武威	往年、前几年	今天、今个	明天
民勤	往年、前几年	今天、今个	明天、明个
永昌	往年	今天	明天
山丹	前几年	今日	明日
张掖	那几年	今个	明个
高台	往年	今天	明天
酒泉	前几年	今个	明个
玉门	往年	今天、今个	明天、明个
安西	前几年	今个	明天
敦煌	往年、前几年	今天、今个	明天、明个
临洮	往年	今天	明天
岷县	往年	今天、今个、今日	明天、明日

续表

	193	194	195
普通话	往年	今日	明日
临潭	前几年	今儿个	明儿
临夏	兀几年	今个	明早
和政	前几年	今天、今儿个	明天、明早
东乡	前几年	今个	明天
德乌鲁	前几年、以时	今天、今个	明天、明早
龙迭	往年	今天	明早

	196	197	198
普通话	后日	大后日	昨日
兰州	后个、后个天	外后个	昨个、昨个天
白银	后天	大后天	昨天
榆中	后个天	外后天	昨个天
靖远	后天、后儿	大后天、外后天、大后儿	昨日、夜里
定西	后早	外后天	昨儿个
会宁	后早	外后早	昨儿、夜里
通渭	后早	大后日	昨日
静宁	后儿	大后儿	昨儿
秦安	后天	外后天	夜来个
清水	后日	外后天、外后早	夜里个
天水	后天、后早	大后天	夜里、夜个
陇西	后天	大后天	昨天
武山	后早、后天	外后天、外后早	昨天、昨个子
徽成	后儿	大后儿、外后天	夜儿
西礼	后儿、后早	外后天	晚来
武都	后儿、后天	大后天、外后天、大后儿	昨天、昨儿、夜儿个
文县	后日	外后天、大后天	昨天

续表

普通话	196 后日	197 大后日	198 昨日
平凉	后儿个、后天	大后儿个、大后天	夜里、昨天
泾川	后儿、后天	大后天、外后天	夜来个、昨儿、昨天
镇原	后儿、后天	大后天、外后天	夜来
宁县	后儿	大后儿、外后儿	昨儿、夜来
庆阳	后儿	大后儿	昨日、昨天
环县	后天、后儿、后日	外后天	昨天
天祝	后天	大后天	夜了个
武威	后天	外后天	夜了个
民勤	后天、后个	大后个	昨日、昨天
永昌	后天	大后天	昨天
山丹	后天	大后天、外后天	昨日
张掖	后个	外后天	夜儿个
高台	后天	大后天	昨天
酒泉	后个	大后天、外后天	夜个
玉门	后天、后个	大外后个	夜儿（个）
安西	后天	大后天	夜儿（个）
敦煌	后天、后个	大外后天、大后个	夜儿（个）、夜（音淹）里
临洮	后天	大后天	昨天
岷县	后天	外后天	昨天
临潭	后日	外后天	夜来个
临夏	后个	外后个	昨个
和政	后天、后个	外后个	昨天、昨个
东乡	后天	大后天	昨天
德乌鲁	后天	外后天	昨天
龙迭	后日	大后日	夜个间（音家）

普通话	199 前日	200 大前日	201 上午
兰州	前个、前个天	先前个	早间（音家）会、上午
白银	前天	大前天	前半天、上半天
榆中	前个天	大前天	上半天
靖远	前天、前儿、天日	大前日、大前天、大前儿	上午、上半天、前半天
定西	前儿个	大前儿	上半天
会宁	前儿	上前儿个	上半天
通渭	前日	大前日	上午
静宁	前儿个、前天	上前天	上午
秦安	前天、前日个	大前儿	上半天
清水	前日	先前日	早半日
天水	前天、前个	上前天	早半天、早起
陇西	前天	大前天	上半天
武山	前天、天日	大前天、上前天	上半天、早响（音沈）间（音家）
徽成	前天	大前天	上半天
西礼	前天	上前天	早响
武都	前天	大前天、上前天	前午天、上半天
文县	前天	大前天、上前天	上半天、早响
平凉	前天	上前儿个、大前天	上午
泾川	前天、前儿	大前儿、上前天	上午、前半天
镇原	前天、前儿	上前天	上午、上半天
宁县	前儿	大前儿、上前天	前响、小晌午
庆阳	前日、前天	大前天、上前天	上午、前响
环县	前天、天儿	大前天、大前儿	上午、前响
天祝	前日个	大外前天	上午
武威	前天	大前天	上午
民勤	前日、前天	大前日	上午
永昌	前天	大前天	上午

续表

	199	200	201
普通话	前日	大前日	上午
山丹	前日	大前日	上午
张掖	前那个	大前那个	上午
高台	前天	大前天	上午
酒泉	前日个	大前天	早晌
玉门	前日个	先前日个	上午
安西	前日	大前天	上午
敦煌	前天、天儿	大前儿、先前天	上午
临洮	前天	大前天	上半天
岷县	前天	大前天	上午
临潭	前天	先前天	早晌
临夏	前天	大前天	早晌
和政	前天	大前天	上半天
东乡	前天	上前天	上午
德乌鲁	前天	大前天	上午
龙迭	前天	天前夜	上半天

	202	203	204
普通话	下午	中午	清晨
兰州	后晌会	晌午会	赶早上（音沈）、赶赶早儿
白银	后半天、下半天	晌午	赶早
榆中	晚半天	饭罢	早上
靖远	下午、后半天、下半天、后晌	中午、晌午	清早、早清
定西	下半天	饭时节	
会宁	下半天	饭时候	早晨间（音家）
通渭	下午	中午	清晨
静宁	下午	中午	早起

续表

普通话	202 下午	203 中午	204 清晨
秦安	下半天	饭罢	早晨间（音家）
清水	后响	饭罢（音怕）	赶早
天水	后半天、晚半天	饭时候	早起、早晨
陇西	后半天	响午	早起
武山	下半天、晚上间（音家）、晚半天	晚半天中午、响会点	清晨、清早
徽成	下半天	响午	早起
西礼	后半天	响午	清晨
武都	后半天、下半天、后响、后响午、晚半天	中午、晌午	
文县	后半天、下半天	响午	早晨间（音家）
平凉	后响	响午	早起、早晨
泾川	后响、后半天	响午、中午	早上、早晨
镇原	下午、下半天	响午	早起、早上
宁县	后响	响午	早起
庆阳	下午	响午	早起、清晨
环县	后响	响午	早起
天祝	后响	响午	朝晨
武威	后响、下午	响午、中午	早晨（音辰）
民勤	下午、后响	响午	早上、赶早
永昌	下午	中午	早晨
山丹	后响	响午	早上
张掖	后半天	响午	早起
高台	后响	响午	早晨
酒泉	后响	响午	早起
玉门	后响	响午	赶早、早晨
安西	下午	响午	朝晨
敦煌	后响	响午	起早、早晨、早起

续表

	202	203	204
普通话	下午	中午	清晨
临洮	后晌	晌午	清早（儿）
岷县	后晌、下午	晌午	朝晨
临潭	后晌	晌午	早晨
临夏	后晌	晌午	赶早上
和政	后半天、下半天	晌午	赶早上、清早
东乡	下午	晌午	
德乌鲁	后晌	晌午	早起、清早、清晨
龙迭	后半天	晌午	早晨

	205	206	207
普通话	白天	黄昏	晚上
兰州	白天	擦黑儿	晚上
白银	白天	擦黑子	夜里
榆中	白天	擦黑	夜里
靖远	白天、一天	黄昏、后晌黑	晚上
定西	一天间（音家）	擦黑儿	黑下的时候
会宁	一天	擦黑儿	一晚上（音星）
通渭	白天	黄昏	晚上
静宁	白天	麻下了	黑了
秦安	白天	发黑价	夜里
清水	一日	压麻儿、擦黑儿	晚上
天水	白天	才黑子	晚上、黑价
陇西	白天	擦黑儿	晚上
武山	白天	麻黑儿	晚上
徽成	一天里	擦黑儿	黑了
西礼	天里	擦黑儿	晚上、黑了
武都	白天	擦黑儿	夜里、夜晚

续表

普通话	205 白天	206 黄昏	207 晚上
文县	白天	擦黑	夜里、夜晚、黑价
平凉	白天	麻下了	夜里、黑了
泾川	白夜、白天	刚黑、压黑儿	晚上
镇原	白夜、白日	刚黑、天麻了	晚上
宁县	白天	擦黑儿、压黑儿	夜黑、黑了
庆阳	白天	黄昏	晚上
环县	白天、白日里	擦黑儿、撵黑、擦麻麻	晚上、黑来
天祝	白日里	天麻了	天黑了
武威	白天、白日	擦黑、黄昏	夜里、晚上
民勤	白天、白日里	眼麻沙儿	晚上、夜里
永昌	白日	黄昏	晚上
山丹	白天	擦黑儿	夜里
张掖	白天	后晌	黑了
高台	白天	后晌	晚上、夜里、黑夜
酒泉	白天		黑了
玉门	白天	后晌	黑啦
安西	白天	太阳落了	晚上
敦煌	白天	擦黑儿	黑了
临洮	白天	麻阴子	夜里
岷县	白天	擦黑	晚上
临潭	一天	麻兹兹儿	黑了
临夏	白日（音任，"日里"的合音）	天麻了	黑了
和政	白天	眼黑	晚
东乡	白天		夜里
德乌鲁	白天里		黑了
龙迭	一天里	擦黑儿	黑了

	208	209	210
普通话	什么时候	上头	下头
兰州	啥时间节、多大会了	上头	下头
白银	多会了	上头	下头
榆中	什么时候、啥时节	高头	底下
靖远	什么时候、啥时间	上头、上边、上面、高头	下头、下边、下面、底下
定西	多咱	上头	下头
会宁	啥（音索）时候	高头	到（音多）底
通渭	什么时候	上头	下头
静宁	啥时间	上头	下头
秦安	啥时候	上面	下面
清水	几时	上头	底下
天水	啥时候	高头	下头
陇西	多会儿	上头	下头
武山	多会、多咱	上头、上面	下头、下面
徽成	啥时候	上头、上面	下头、下面
西礼	啥时候	上头	下头
武都	多会儿、什么时候	上头、上面、上边、顶上、高头	下头、下边、下面、底下
文县	啥时候了、多会、多些时候	上边、上面、高头	下边、下面、底下
平凉		上头	下头
泾川	啥时候、多会儿	高头、顶上、上面、上头、上边	下头、下面
镇原	啥时候、啥时间、多会	高头、上面、上头	下头、下面、底下
宁县	啥时候了	上头	下头
庆阳	多晚儿了	上面、高头	下面、底下
环县	多会儿	上头、高头	下头、底下
天祝	啥时间	上头	下头
武威	多会儿、什么时候	上头	下头
民勤	多会儿、什么时候	上头、上面	下头、下面

续表

普通话	208 什么时候	209 上头	210 下头
永昌	多大会	上头	下头
山丹	什么时候	上头	下头
张掖	多会儿	上头	下头
高台	啥时节	上头、上面	下头、下面、底下
酒泉		高头	下头
玉门	啥时间	上头、顶里（音ni）	下头、底下
安西	啥时间	上头、上面	下头、下面
敦煌	多会儿、啥时间	上头	下头、底下
临洮	多会儿	上头	下头
岷县	多咱儿、啥时候	上头	下头
临潭	啥时候、多咱个、多会儿	上头、上面	下头、下面、底下
临夏	什么时间	上头	下头、底下
和政	啥时节	上头	下头
东乡		高头	底下
德乌鲁	什么时候	高头	底下
龙迭	啥时候	上面	下面

普通话	211 左边	212 右边	213 中间
兰州	左首	右首	当中
白银	左面	右面	当中、当中间
榆中	左首	右首	当中
靖远	左面、左边	右面、右边	当中、中间
定西	左半个	右半个	当中
会宁	左首	右首	当中
通渭	左边	右边	中间

续表

普通话	211 左边	212 右边	213 中间
静宁	左边	右边	当中、中间
秦安	左面	右面	当中里（音来）
清水	左面	右面	当中
天水	左面	右面	当中
陇西	左边、左面	右面	中间
武山	左边、左面	右边、右面	当中
徽成	左首	右首	当中、当中间里
西礼		右面	当中、中间
武都	左边、左面、左首	右边、右面、右首	中间、当中、当中间
文县	左面、左首	右面、右首	停中间、中间、停当中、当中
平凉	左边、左面	右边、右面	当中
泾川	左首、左面、左边	右首、右面、右边	当中、中间
镇原	左面	右面	当中、当中间
宁县	左面、左首	右面、右首	当中
庆阳	左面	右面	当中
环县	左面、左首	右面、右首	当中
天祝	左边	右边	当中
武威	左边个、左首	右边个、右首	当中、中间
民勤	左面	右面	当中
永昌	左边	右边	中间
山丹	左边	右边	当中
张掖	左面	右面	当中
高台	左边、左面	右边、右面	中间、当中
酒泉	左边	右边	当中间
玉门	左面	右面子	中间、当中
安西	左边	右边	当中

续表

普通话	211 左边	212 右边	213 中间
敦煌	左边、左面	右边、右面	中间、当中
临洮	左面	右面	当中
岷县	左面	右面	当中、中间
临潭	左面	右面	当中
临夏	左面	右面	当中、中间
和政	左面	右面	中间、当中
东乡	左首	右首	当中间
德乌鲁	左边	右边	当中、当中间
龙迭	左首	右首	当中间

普通话	214 里面	215 外面	216 前边
兰州	里头	外头、外前	前头
白银	里头	外头	前头
榆中	里头	外头	前头
靖远	里头、里面	外头、外边、外面	前头、前面、前边
定西			前头
会宁	合头	外头	前头
通渭	里头	外前	前头
静宁	里头	外头	前头
秦安	里面	外面	前面
清水	里头	外头	前头
天水	合头	外前	前头
陇西	里边	外头	前头
武山	里头	外头	前头
徽成	里首	外头	前头
西礼	里头	外头	前头

续表

普通话	214 里面	215 外面	216 前边
武都	里面、里头、里边、里首	外面、外头、外首	前边、前头、前面、前首
文县	里头、里边	外头、外边	前头、前面
平凉	里头	外头	前头
泾川	里头	外头、外前	前头
镇原	里头	外头	前头
宁县	里头	外头	前头
庆阳	里头、里边、里首	外头	前头
环县	里头、里面	外头	前头
天祝	里头	外头	前头
武威	里头、里面	外头、外面	前头、前边
民勤	里面、里头	外面、外头	前头、前面
永昌	里头、里面	外头、外面	前头、前边
山丹	里头	外头	前头
张掖	里头	外头	前头
高台	里头、里面	外头、外面	前边、前头、前面
酒泉	里头	外头	前头
玉门	里面、里头	头面、外头	前头、前面
安西	里头	外头	前头
敦煌	里头	外头	前头
临洮	合头	外头	前头
岷县	里头	外头	前头
临潭	里面、里首、后头	外边、外头、外首	前边、前头、前首
临夏	里面、里头	外面、外头	前头
和政	里头、合头	外头	前头
东乡	里头	外头	前头
德乌鲁	里头	外头	前头
龙迭	后头	外面	前头

普通话	217 后边	218 旁边	219 附近
兰州	后头	边里、帮里	跟前、伴个里
白银	后头	旁边	跟前
榆中	后头	伴个子、旁边	跟前
靖远	后头、后面、后边	旁边、边里	邻近、左近
定西	后头	跟前	近处
会宁	后头	伴个	跟前
通渭	后头	伴面	附近
静宁	后头	旁边	近处
秦安	后面	旁边	近处
清水	后头	伴个	近处
天水	后头	旁边	格卡
陇西	后头	旁边	跟前
武山	后头	旁边、旁面	近处、邻近
徽成	后头	跟前	跟前
西礼	后头	伴个	近处
武都	后边、后头、后面、后首	旁边	附近、近处
文县	后头、后面、背后	侧边	跟前
平凉	后头	旁边、边里	跟前
泾川	后头	旁边、帮里	近处
镇原	后头	旁边、旁间	附近、跟前
宁县	后头	边里、旁边	跟前
庆阳	后头	旁边	跟前
环县	后头、后面	旁伴、旁旁里	跟前、不远
天祝	后头	外边（或叫边里）	很近
武威	后面、后边	旁边	附近
民勤	后头、后面	旁边	近处
永昌	后头、后边	旁边	附近

续表

	217	218	219
普通话	后边	旁边	附近
山丹	后头	旁边	近处
张掖	后头	旁个里	跟前
高台	后头、后面	旁边	附近
酒泉	后头		那些
玉门	后头、后面	旁边	跟前
安西	后头	侧边	跟前
敦煌	后头	旁边	近处
临洮	后头	侧面、旁面	附近
岷县	后头	旁边	附近
临潭	后边、后头、后面、后首	一旁个、旁边	近处、开起
临夏	后头	旁边	跟前
和政	后头	一面	跟前
东乡	后头	侧边	近处
德乌鲁	后头	跟前	近处
龙迭	后头	旁里	近处

	220	221	222
普通话	什么地方	洗澡	谈天
兰州	啥地方	洗澡儿	说闲话、喧
白银	啥地方	洗澡	谈闲话
榆中	什么地方	洗澡	谝闲传
靖远	啥地方、什么地方	洗澡	聊天、摆龙门阵、谈心、扯沫
定西	阿里	洗身	打牙磕
会宁	啥地方	洗澡、洗身	谝传
通渭	阿来、啥来	洗澡	谈天儿
静宁	啥地方	洗澡	拉闲

续表

普通话	220 什么地方	221 洗澡	222 谈天
秦安	啥地方	洗身	搞（音光）闲儿
清水	阿搭	洗澡	说闲话、拉闲
天水	阿搭里	洗身上	搞闲
陇西	哪儿	洗身	谈心
武山	啥地方、阿来	洗澡、洗身上	谈心、搞闲话
徽成	啥地方	洗澡	扯闲话
西礼	啥地方	洗身上	搅闲话
武都	什么地方、哪儿、啥地方	洗身、洗身子	谈天儿、聊天儿
文县	啥地方、啥场合	洗身、洗身上	摆龙门阵、谈闲
平凉	啥地方	洗澡	拉闲、说闲话
泾川	啥地方	洗澡	拉闲
镇原	哪儿、啥地方	洗澡、洗身	谈天儿、拉闲
宁县	啥地方	洗澡	说话
庆阳	哪儿、啥地方	洗澡、洗身	谈心
环县	哪里、啥地方、哪搭里	洗澡	谈心、说闲话、彻过着呢
天祝	啥地方	洗澡	说话
武威	啥地方、什么地方	洗澡	喧荒
民勤	啥地方	洗澡	说天儿、说闲话
永昌	啥地方、什么地方	洗澡	喧荒
山丹	啥地方	洗澡	谈心
张掖	哪里	打澡儿	喧荒
高台	啥地方	洗澡	闲谈
酒泉	啥地方、哪个些、哪里	洗澡、打澡	喧荒
玉门	啥地方、哪里	洗澡	喧荒
安西	啥地方	洗澡	喧荒
敦煌	啥地方、什么地方	洗澡	喧荒

续表

	220	221	222
普通话	什么地方	洗澡	谈天
临洮	啥地方	洗澡	搞闲话
岷县	啥地方	洗身	谝闲传
临潭	什么地方、哪里、啥地方、阿头儿	洗澡	谝、散干谈
临夏	啊搭（音他）些	洗澡	说闲话、散干谈
和政	啥地方	洗澡	谝传
东乡	啥地方	洗澡	谈心
德乌鲁	阿搭（音他）些	洗澡、洗身	扯干蛋
龙迭	阿搭（音等）	洗浑身	谈心

	223	224	225
普通话	不说话	没关系	遇见
兰州	不吱声、装朦儿	不要紧	碰见
白银	不说话	不要紧	碰着、碰见、碰到
榆中	不言传	不要紧	碰着
靖远	不言传、不说话、不作声、不吭气儿	不要紧、没关系	碰着、碰见、碰到、遇到
定西	不说话、不喘	不碍事	碰着
会宁	不说话、不喘话	不要紧	碰着
通渭	不说话	不要紧	碰着
静宁	不说话	不要紧、不打紧	碰到
秦安	不说话	不要紧	碰见
清水	不言传	不要紧	碰到
天水	不言传	不要紧	碰着
陇西	不说话	不要紧	遇到、碰见
武山	不说话、不言传	不要紧、闲的（音豆）	碰着
徽成	不言传	不要紧	碰着
西礼	不说话	不要紧	碰见

续表

普通话	223 不说话	224 没关系	225 遇见
武都	不说话、不言声、不言语、不吭气儿	没关系、不要紧、不打紧	遇见、碰着、碰见、碰到
文县	不言声、不作声、不吭气、不言语、不言及、不开腔	不要紧	遇到、碰着、碰见
平凉	不言传	不要紧、不怕	碰着、碰到
泾川	不说话	不要紧、没关系	碰见、碰
镇原	不说话、不答应	不要紧、没关系	碰见、碰到
宁县	不说话	不要紧	碰到
庆阳	不说话	没关系	碰见
环县	不言传、不说话、不吭气儿	没关系、不要紧、不打要紧、没有啥	碰着、碰见、碰到
天祝	不说	不怕啥	碰见
武威	不说话、不吭气	不碍事、不要紧、没关系	碰见
民勤	不说话、不言语	没关系、不碍事	碰着、碰到
永昌	不说话	不要紧	遇见、遇到
山丹	不说话	不要紧	碰见
张掖	啥气不出	不要紧	碰见
高台	不说话、不言传	没关系、不要紧	碰见、迎见
酒泉	不说话	不要紧	碰着
玉门	不言传	没关系、不要紧	迎着
安西	不言传	不要紧	碰见
敦煌	不说话、不言传	不要紧	碰到、碰见
临洮	不说话	不要紧	碰见
岷县	不言传	不要紧	碰着、碰见
临潭	不喘	没干	碰着、碰见、遇上
临夏	声气不出来	没关系	碰见、碰上
和政	不说话	没关系	碰见

续表

	223	224	225
普通话	不说话	没关系	遇见
东乡	不吭气儿	不要紧	碰见
德乌鲁	不说话、装朦（音每）	不要紧、什啥没	碰见
龙迭	不说话	不要紧	碰着

	226	227	228
普通话	遗失	擦掉	找着了
兰州	扔（音日，上声）	擦掉	找着了
白银	丢（音日，上声）	擦掉	找着了、找见了
榆中	扔（音耳）	擦掉	找着
靖远	遗失、丢、掉	擦掉	找着了、找见了、寻着了
定西	撒（了）	擦没	寻着了
会宁	撒	擦了	寻着了、找着了、找见了
通渭	遗失	擦掉	寻着了
静宁	丢		寻见了
秦安	扔	擦光	寻着了
清水	丢	擦了	寻着了
天水	扔（音耳）	揩了	寻着了
陇西	丢	擦掉	寻着了
武山	掉、没	擦掉、擦了	寻着了
徽成	遗	擦了	寻着了
西礼	丢	擦了	寻着了
武都	遗失、丢	擦掉	寻着了、找着了、找见了、找到了
文县	没见（了）	擦了	找着了、找见了
平凉	丢	擦掉	找着了、寻着了
泾川	丢了	擦了	寻着了

续表

普通话	226 遗失	227 擦掉	228 找着了
镇原	丢	擦落	寻着了
宁县	丢	擦了	寻着了
庆阳	丢	擦掉	找见了
环县	丢	擦了	寻着了、找着了、找到了
天祝	丢掉	擦掉	找着了
武威	丢掉	擦掉	找到了、找见了
民勤	丢	擦掉	找着了
永昌	丢	擦掉	找着了
山丹	丢	擦掉	找着了
张掖	掉	擦掉	找见了
高台	丢掉	擦掉	找着了
酒泉	丢	擦擦	找着了、找见了
玉门	丢、丢掉	洮掉、擦掉	找着了、找见了
安西	丢	擦掉	找见了
敦煌	丢	擦掉	找着了、找见了
临洮	扔（音耳）	擦下	寻见了
岷县	丢（了）	抹掉	找到了
临潭	掉、掉过	擦过、擦掉	寻着了
临夏	丢过	擦过	寻见了
和政	丢	擦过	寻着了、寻见了
东乡	丢		寻着了
德乌鲁	丢、丢过	擦过	找到了
龙迭	丢（了）	擦过	寻着了

	229	230	231
普通话	拣起来	（用手）提起	选择
兰州	拾起来	提起	挑、拣
白银	拾起来	提起、拾起、拿起	挑选、拣
榆中	拾起来	提起	拣
靖远	拾起来、提起来	拉起来、提起	选择、拣、挑拣
定西	拾起来	拾起	拣
会宁	拾起来	提起	挑
通渭	拣起来	提起	选、拣
静宁	拿起来	提起	拣
秦安	拾起来	提起	拣
清水	拾起来	提起	拣
天水	拾起来	撼（音哈）起来	挑、拣
陇西	拾起来	提起	拣
武山	拾起来	提起	挑选、拣
徽成	拾起来	提起	挑
西礼	拾起来	提起	挑、拣
武都	拾起来、拣起来	提起	挑选、挑、拣
文县	拿起来、拣起来	提起来	挑、拣、选、挑选
平凉	拾起来	提起来	挑
泾川	拾起来	提起、拿起	挑
镇原	拾起来	提起	挑、拣
宁县	拾起来	提起	挑
庆阳	提起来	提起	选择
环县	拾起来、拿起来	提起	挑选、挑、拣
天祝	拾起来	提起	择
武威	拾起来	提（音低）溜起来、提起	挑
民勤	拾起来	提起	挑
永昌	拾起来	提起	选择、挑

续表

	229	230	231
普通话	拣起来	（用手）提起	选择
山丹	拾起来	提起	挑选
张掖	拾起来	提、提（音低）溜起来	择
高台	拾起来	提起	拣
酒泉	拾起来	提起	挑
玉门	拾起来、拿起来	提起、提起来	挑、择
安西	拾起来	提起	挑
敦煌	拾起来、拿起来	提（音低）溜起来、提起	挑、挑选、拣
临洮	拾起来	提起	挑选
岷县	拾起来	拿起来	挑
临潭	拾起来	提起	挑、拣
临夏	拿起来	提起来	挑
和政	拾起来	提起	挑
东乡	拾起来		挑
德乌鲁	拾起来	拿起	挑
龙迭	拾起来	提起	选

	232	233	234
普通话	欠（赊欠的欠）	做买卖	（用秤）称称
兰州	该	做生意	称
白银	欠	做生意	称称
榆中	该	做买卖	称称
靖远	该	做生意、做买卖	称称
定西	该	做买卖	称称
会宁	欠、争、该、差	做生意	称
通渭	欠	做生意	称称
静宁	该、争、差	做生意	称（一下）

续表

普通话	232 欠（赊欠的欠）	233 做买卖	234 （用秤）称称
秦安	该、争	做生意	称称
清水	该	做生意	称称
天水	该	做生意	称称
陇西	该	做生意	称称
武山	该	做生意	称称
徽成	该	做生意	称称
西礼	该、争	做生意	称称
武都	欠、该、争	做生意、做买卖	称称
文县	该、争	做生意、营业、做买卖	称称
平凉	该	做生意	称（一下）
泾川	欠、该、争	做生意	称
镇原	欠、该、争	做生意、做买卖	称、称一称
宁县	争	做生意	称称
庆阳	欠	做生意	称
环县	欠、该、争、短	做买卖、做生意	称称
天祝	有（他有我十块钱）	干买卖	称
武威			称称
民勤	该	做买卖、做生意	称称
永昌	该	做买卖、做生意、干买卖	称称
山丹	该	做买意	称称
张掖	该	做买卖	称（一下）
高台	该	做生意、干买卖	称
酒泉		做买卖	
玉门	该	干买意	称
安西	欠	做买卖	称称
敦煌	该、短	做买卖、做生意	称（一下）、称称

普通话	232 欠（赊欠的欠）	233 做买卖	234 （用秤）称称
临洮	欠	做生意	称
岷县	欠	做买卖	称称
临潭	该	做生意、做买卖	称称
临夏	欠、该、争	做生意、做买卖	称（一下）
和政	欠	做买卖	称称
东乡	欠	做买卖	称称
德乌鲁	差	做生意	过
龙迭	欠	做买卖	称称

普通话	235 收拾	236 修理	237 对（搀、和）
兰州	收拾、拾掇	拾掇	搀
白银	拾掇	拾掇	搀
榆中	拾掇	拾掇	搀
靖远	收拾	修理、翻搅	对、搀
定西	拾掇	拾掇、打正	搀
会宁	收拾	修理	对、搀
通渭	收拾	打正	对
静宁	拾掇	拾掇	对
秦安	收拾	修理	搀
清水	整顿	($z\textrm{ʅ}^{44}$)弄、捻弄	搀
天水	拾掇	捻弄	搀
陇西	收拾	捻弄	搀
武山	收拾、拾掇	捻弄、拾掇	搀
徽成	拾掇	捻弄、拾掇	对
西礼	拾掇	拾掇	对、搀
武都	收拾、拾掇	修理、拾掇	搀、对

续表

	235	236	237
普通话	收拾	修理	对（搀、和）
文县	收拾	配置（音吃）、捻弄	搀
平凉	收拾、拾掇	拾掇	搀
泾川	收拾、拾掇	捻弄、拾掇	搀
镇原	收拾、拾掇	捻弄	搀、对
宁县	收拾	修理	对
庆阳	收拾	拾掇	对
环县	拾掇	捻弄、拾掇	搀
天祝	拾掇	发揭	搀
武威	收拾		对
民勤	收拾、拾掇	拾掇	搀
永昌	拾掇	修理	对
山丹	拾掇	拾掇	搀
张掖	收拾	拾掇	搀
高台	收拾	修理	搀
酒泉	拾掇	拾掇	搀
玉门	收拾		对、搀
安西	收拾	修理	搀
敦煌	拾掇	修理、拾掇	搀
临洮	拾掇	拾掇	搀
岷县	拾掇	修理	搀
临潭	收拾、拾掇	修理、拾掇	搀
临夏	拾掇	拾掇	对
和政	拾掇	拾掇	搀
东乡	拾掇	修理	搀
德乌鲁	收拾、收敛、拾掇	拾掇	和、加
龙迭	收拾	修理	对

	238	239	240
普通话	撒手	放	休息
兰州	丢手	搁	缓
白银	放手、丢手、松手	摆	缓
榆中	丢手	放	缓
靖远	撒手、丢手、丢开	搁	缓、休息
定西	放手	放	缓
会宁	放手、松手、丢手	放、摆	缓
通渭	扔（音耳）脱	放	休息
静宁	丢手	放	缓
秦安	松手	放、摆	歇
清水	放手	放	缓
天水	扔（音耳）脱	放	歇
陇西	丢手	摆	缓
武山	松手	放、摆	歇
徽成	放手、丢手	摆	歇、缓
西礼	放手、丢手	放	歇、缓
武都	放手、丢手、松手	放、搁、摆	休息、歇、缓
文县	放手、脱手、丢手、松手	搁、摆、安	缓、歇
平凉	丢手	放、摆	缓
泾川	丢手	搁	缓
镇原	松手、丢手	搁、放	缓
宁县	丢手	搁（音锅）	歇
庆阳	丢手、松手	放	休息、歇
环县	松手、丢开	放、搁	缓
天祝	丢放	搁	缓
武威	丢放	搁、放	缓
民勤	丢手、松手	放	缓
永昌	丢手	搁	休息

续表

	238	239	240
普通话	撒手	放	休息
山丹	放手	搁	缓
张掖	撒手	搁	缓
高台	放手	搁	缓
酒泉	丢手	搁	缓
玉门	放手	搁	休息、缓
安西	放开	放	缓
敦煌	放手、丢手、松手	搁	缓
临洮	放手	放	缓
岷县	丢手	放	缓
临潭	丢手、丢开	放、摆	缓、歇
临夏	放手	放、摆	缓
和政	放手	放	歇、缓
东乡	丢手	放	缓
德乌鲁	放手、放脱	放、摆	缓
龙迭	丢手	放	缓

	241	242	243
普通话	打盹儿	摔了	玩
兰州	丢盹	绊倒了	玩
白银	打瞌睡	绊倒了	玩
榆中	丢盹	绊倒了	玩
靖远	打盹儿、丢盹	跌了、摔了、绊倒了	玩、玩耍、耍
定西	丢盹	绊倒了	耍
会宁	丢盹	跌倒了	耍子
通渭	打盹儿	绊了	耍子
静宁	丢盹、打瞌睡	绊倒了	耍
秦安	打瞌睡	绊了	耍

续表

普通话	241 打盹儿	242 摔了	243 玩
清水	丢盹	绊倒了	耍
天水	丢盹	绊倒了	耍
陇西	丢盹	绊倒了	耍
武山	丢盹	绊了、绊倒了	耍子
徽成	丢盹	绊倒了	耍
西礼	丢盹	绊倒了	耍
武都	丢盹	绊倒了	玩
文县	栽盹	跌了、滚了、绊（音盼）倒了	玩耍、耍、耍耍
平凉	丢盹	绊倒了	耍
泾川	丢盹	绊倒了、绊了	耍
镇原	丢盹	绊倒了、绊了（一跤）	耍耍
宁县	丢盹	绊倒了	耍
庆阳	丢盹	跌了、绊倒了	耍
环县	丢盹、打瞌睡	绊倒了、绊了（一跤）	耍
天祝	丢盹	跌倒了、摔倒了	玩
武威	丢盹		玩
民勤	丢盹	跌了	玩
永昌	丢盹、打瞌睡	绊倒了	玩
山丹	丢盹	绊倒了	玩
张掖	丢盹	跌倒了	玩
高台	丢盹、打瞌睡	跌倒了	耍
酒泉	丢盹	绊倒了	耍
玉门	丢盹	抢倒了	玩
安西	丢盹	绊倒了	玩
敦煌	丢盹、打瞌睡	跌倒了、绊倒了	耍
临洮	丢盹	绊倒了	玩

续表

	241	242	243
普通话	打盹儿	摔了	玩
岷县	丢盹	绊倒了	耍
临潭	丢盹	绊倒了	耍
临夏	打盹、丢盹	绊了（一跤）	耍
和政	打瞌睡	绊倒了	玩
东乡	打瞌睡	绊倒了	玩
德乌鲁	丢盹	绊倒了	玩
龙迭	丢盹	绊倒了	耍

	244	245	246
普通话	游玩	知道	懂了
兰州	浪	知道	明白了、懂了、辨（音片）来了
白银	浪	知道	明白了
榆中	浪	知道	明白了
靖远	浪、游玩	知道、晓得	辨来了
定西	浪	晓得	知道了
会宁	浪、游	晓得（音低）	明白了、懂了、晓得了
通渭	浪	晓得	懂了
静宁	浪	晓得	辨来了
秦安	游	晓得	明白了
清水	游	晓得	辨（音片）来了
天水	转	晓得（音低）	懂了
陇西	浪	知道	明白了
武山	浪	知道	懂了
徽成	游	晓得	懂了
西礼	游	晓得	明白了
武都	逛玩、逛、浪、游	晓得、知道	明白了、懂了、懂得了

续表

普通话	244 游玩	245 知道	246 懂了
文县	游	晓得	懂得了、明白了
平凉	浪	知道	知道了
泾川	浪、游	知道	明白了、懂了
镇原	逛、浪、游	知道	明白了、辨（片）来了
宁县	逛	知道	明白了
庆阳	游一游、转一转	知道	懂了
环县	游玩、游、逛、浪	知道	懂了、听下了
天祝	游玩、玩	知道	知道了
武威	逛	知道	明白了
民勤	游玩	知道、晓得	懂得了
永昌	浪	知道	懂得了、懂了、明白了
山丹	逛	知道	懂了
张掖	游	知道	明白了
高台	游	知道	知道了
酒泉	浪	晓得	明白了
玉门	游	知道	知道了
安西	游	知道	懂了
敦煌	浪	知道	明白了
临洮	浪	知道	明白了
岷县	游玩	知道	明白了
临潭	浪	知道	挖清了
临夏	浪	知道	明白了、知道了
和政	浪	知道	明白了、知道了
东乡	浪	知道	明白了
德乌鲁	浪	知道	明白了
龙迭	游	知道	懂了

	247	248	249
普通话	留神	挂念	美
兰州	小心	想	（长的）好、好看
白银	小心	挂念	好看
榆中	小心	挂念	美
靖远	小心	想	好看
定西	当心	挂念	好看
会宁	小心、当心	连念、想（得很）	娇（得很）
通渭	留神	挂念	美
静宁	操心	挂念	美
秦安	小心	挂念	好看
清水	留神	记念	好看
天水	防着	想	好看
陇西	小心	挂念	好看
武山	小心	结记、挂念	好看
徽成	小心	挂念	好看
西礼	小心	挂念、牵记	好看
武都	留心、小心	挂念	美、好看
文县	留心、小心、当心	想念	美丽、好看
平凉	小心、操心	挂念、想（得很）	好看
泾川	小心、留心	挂念	好看、美
镇原	小心	挂念、连念	好看
宁县	留神	挂念	好看
庆阳	留心、当心	挂念	好看
环县	留神、小心	挂念、想念、想（得很）	美实（着呢）、美（得很）
天祝	小心、防着些	想念	好（得很）
武威	小心、当心	挂念	好看
民勤	小心	挂念	好看
永昌	小心、留心	挂念、牵扯	好看

续表

	247	248	249
普通话	留神	挂念	美
山丹	当心	挂念	好看
张掖	小心	扯心	好
高台	小心	想念	好
酒泉	小心	挂念	好看
玉门	小心、防着些	挂念、想念	好看
安西	留心	想（得很）	好看
敦煌	留神	挂念	好看
临洮	小心	挂念	好看
岷县	小心	想念	俊
临潭	小心	想、挂念	好看
临夏	小心	想念	好看（指东西）、俊（指人）
和政	小心	挂念、惦念	美
东乡	小心	牵挂	好看
德乌鲁	小心	惦念、惦记、想（着呢）	好看、俊
龙迭	当心	挂念	好看

	250	251	252
普通话	丑	坏（不好）	要紧
兰州	丑、难看	坏、瞎	关紧、要紧
白银	丑、难看	坏、害	要紧
榆中	丑、难看	坏	要紧
靖远	难看	烂脏	要紧
定西	丑、难看	害	要紧
会宁	丑、难看	害、瞎（得很）	要紧
通渭	丑	瞎（得很）	要紧
静宁	丑		要紧
秦安	难看	坏	要紧

续表

	250	251	252
普通话	丑	坏（不好）	要紧
清水	难看	孬	要紧
天水	拐	瞎	要紧
陇西	难看	害	要紧
武山	难看、丑	孬	要紧
徽成	难看	瞎	要紧
西礼	难看	害	要紧
武都	丑、难看	坏	要紧、紧要、打紧
文县	不好看	坏	要紧、紧要
平凉	丑、难看	坏、赖	要紧
泾川	难看	害、瞎、诡	要紧
镇原	难看	害	要紧、重要
宁县	难看	赖	要紧
庆阳	丑、难看	坏	关紧
环县	丑、不像啥、难看、狰的	坏	要紧
天祝	难看	坏	要紧（得很）
武威		坏	要紧
民勤	难看	坏、害	要紧
永昌	难看	坏	要紧
山丹	难看	坏	要紧
张掖	难看	赖	要紧
高台	丑、难看	不好	要紧
酒泉	难看	坏、不好	紧要
玉门	难看	坏、赖	要紧
安西	丑	坏	要紧
敦煌	难看	坏	紧要
临洮	难看	坏	要紧

续表

	250	251	252
普通话	丑	坏（不好）	要紧
岷县	难看	不好	要紧
临潭	丑、难看	坏、害	要紧
临夏	难看、脏（得很）	害	关紧、要紧
和政	难看、脏	坏	严紧
东乡	难看		关紧
德乌鲁	脏	不好	紧要、关紧
龙迭	难看	害	要紧

	253	254	255
普通话	着急	热闹	坚固
兰州	发急	红火、热闹	结实
白银	着急、发急	红火	牢实
榆中	着急	红火	牢实
靖远	发急	红火	牢实
定西	着急	红火	牢实、牢
会宁	着急	红火	结实、牢
通渭	着急	红火	结实
静宁	着急	热闹、欢	牢
秦安	着急	热闹	结实
清水	着急	热闹、红火	牢
天水	心急	欢	牢
陇西	着急	红火	牢
武山	着急	热闹、红火	牢、结实
徽成	着急	红火	结实、牢
西礼	着急、发急	热闹	结实、牢
武都	着急、发急	热闹、闹热、红火	结实、老靠、坚固、牢
文县	心急、焦躁、操心	热闹、闹热	结实、牢、坚固

续表

	253	254	255
普通话	着急	热闹	坚固
平凉	急（的）	热闹	牢
泾川	着急	红火、闹热	牢、结实
镇原	着急	红火	牢、结实
宁县	发急	红火	结实
庆阳	着急	热闹	坚固
环县	着急、急躁、无聊、心慌（的）	热闹、红火	结实、牢实（的）、皮实（的）
天祝	急（得很）	红火（得很）	牢实
武威	着急、发急	红火、热闹	牢实、结实
民勤	着急	红火	牢
永昌	发急	红火	牢
山丹	着急	红闹	结实
张掖	着急	红火	牢实
高台	着急、急（得很）	红火、热闹	结实
酒泉	着急	红火	牢
玉门	发急	热闹	结实
安西	发急	热闹	牢实
敦煌	着急	红火	牢实
临洮	发急	热闹	牢
岷县	急（得很）	热闹、红火	牢实
临潭	心急	红火、热闹	牢
临夏	着急	红火	结实、牢
和政	撒急	红火	牢
东乡	着急	红火	牢
德乌鲁	急	热闹	牢
龙迭	发急	红火	牢

	256	257	258
普通话	肮脏	咸	淡
兰州	脏	咸（音含）	甜
白银	脏	咸（音含）	甜
榆中	脏	咸	甜
靖远	脏	咸	淡
定西	脏	口重	甜、口轻
会宁	脏（得很）	咸	
通渭	肮脏	咸	淡
静宁	脏（的）	口重	甜
秦安	脏		
清水	脏		
天水	药	咸（音含）	淡
陇西	脏	咸	淡
武山	脏	咸	甜
徽成	脏	咸（音含）	甜
西礼	脏	咸	甜
武都	肮脏、脏、龌龊、邋遢	咸、口重	甜、淡、口轻
文县	脏	口重	白、甜、口轻
平凉	邋遢、脏（的）	多多用些、口重	甜（些）
泾川	脏	咸	白、甜
镇原	肮脏、脏	咸	甜
宁县	脏	口重	甜
庆阳	肮脏、脏（的）		口轻
环县	肮脏、脏（的）	咸	甜、口轻
天祝	龌龊	咸	甜
武威	脏	咸	甜
民勤	脏	咸、口重	口轻
永昌	龌龊	咸	甜
山丹	脏	口重	口轻

续表

	256	257	258
普通话	肮脏	咸	淡
张掖	脏	咸（音含）	甜
高台	脏	咸	甜、淡
酒泉	脏	咸	口轻
玉门	肮脏	咸	甜
安西	邋遢	咸	甜
敦煌	脏	咸	甜
临洮	脏	咸	甜
岷县	脏	咸	淡
临潭	肮脏、脏	咸	淡、甜
临夏	邋遢（指人）、脏（指东西）	咸	甜
和政	肮脏		
东乡	脏	口重	口轻
德乌鲁	脏、来代	口重	甜
龙迭	脏	咸（音含）	淡

	259	260	261
普通话	稀	稠	肥（指动物）
兰州	清	稠	肥
白银	稀	稠	肥
榆中	清	稠	肥
靖远	稀	稠	肥
定西	稀	稠	肥
会宁	稀、清	稠	肥
通渭	稀	稠	肥
静宁	清	稠	肥、胖
秦安	清		肥

续表

普通话	259 稀	260 稠	261 肥（指动物）
清水	稀	稠	胖
天水	清	稠	肥
陇西	清	糊（去声，下同）	肥
武山	清	稠	肥
徽成	稀、清	稠、干	肥
西礼	稀、清		胖
武都	稀、清	稠、糊	肥、壮
文县	稀、清	稠、干	肥、壮
平凉	稀、清	稠	肥
泾川	稀、清	稠、糊	胖、肥
镇原	稀	稠	胖
宁县	稀、清	稠	肥
庆阳	稀	稠	胖
环县	稀	稠	肥、胖
天祝	清	稠	胖
武威	清	稠	肥
民勤	稀、清	稠	肥、圆
永昌	稀、清	稠	肥
山丹	稀	稠	肥
张掖	清	稠	肥
高台	清	稠	胖
酒泉	清	稠	胖
玉门	稀	稠、厚	肥、胖
安西	稀	稠	肥
敦煌	清	稠	肥
临洮	清	稠	肥
岷县	稀	稠	肥

续表

普通话	259 稀	260 稠	261 肥（指动物）
临潭	清、稀	稠	肥
临夏	沙（面条稀时叫沙）、稀	稠	肥
和政	稀		胖
东乡	清		肥
德乌鲁	清、沙	糊	肥
龙迭	稀	糊	壮

普通话	262 胖（指人）	263 小	264 舒服
兰州	胖	尕	舒坦
白银	胖	小、尕	舒坦
榆中	胖	尕	舒坦
靖远	胖	小	舒坦
定西	妥（得很）	尕	舒坦
会宁	肥（得很）	小	美、舒坦
通渭	胖	小	舒服
静宁	肥	碎、小	受活
秦安	肥	小	好受
清水	肥胖	碎	美
天水	胖	碎	受活
陇西	胖	小	美、好受
武山	胖、壮	小、碎	美、好受
徽成	胖	小、碎	好受
西礼	胖	碎	美、好受
武都	胖、肥胖	小、尕、碎	舒服、舒坦
文县	肥胖、壮	碎	好受
平凉	胖	碎	舒服

续表

普通话	262 胖（指人）	263 小	264 舒服
泾川	肥、胖	碎	舒坦、舒服、美、受活
镇原	肥胖	碎、小	好受、痛快
宁县	胖	碎	好受
庆阳	肥胖	小	好受
环县	肥、加壮	小、碎	舒坦、舒服、好受、美（得很）
天祝	肥	小	舒坦
武威	胖、壮	小	好受、舒坦
民勤	胖	小	舒服
永昌	胖	小	舒服
山丹	胖	小	舒坦
张掖	胖	小	舒坦
高台	胖	小	舒坦、畅快
酒泉	胖	小	舒坦
玉门	胖、肥	小	舒服、好受、舒坦
安西	胖	小	舒坦
敦煌	胖	小、尕	舒坦
临洮	胖	尕	舒坦
岷县	肥胖	小	舒服
临潭	胖	小、尕	舒坦
临夏	肥胖	尕	受活
和政	胖	尕	舒坦
东乡	胖	尕	舒坦
德乌鲁	胖	尕	受活
龙迭	胖	小	好受

	265	266	267
普通话	**顽皮**	**乖**	**可怜**
兰州	刺、皮	乖	可怜、孽障
白银	不乖	乖	孽障
榆中	调皮	乖	孽障
靖远	不乖	乖	可怜
定西	讨厌	乖	孽障
会宁	淘气	乖	可怜
通渭	顽皮	乖	可怜
静宁	调皮	乖	可怜
秦安	不乖		可怜
清水	调皮	乖、膕腆	可怜、凄惶
天水	障眼	乖	可怜
陇西	不乖	乖	凄惶
武山	孬（得很）	乖	可怜、凄惶
徽成		乖	孽障
西礼	不乖		孽障
武都	不乖、顽皮	乖	可怜、孽障
文县	调皮	乖	可怜、造孽
平凉	皮	乖	可怜、凄惶
泾川	费事	乖、膕腆、知趣	可怜
镇原	不乖、捣蛋	乖	可怜
宁县	顽皮	乖	凄惶
庆阳	不乖	乖	可怜
环县	不乖、囚皮	乖（儿）	可怜、凄惶
天祝	刺	乖、不刺	孽障（得很）
武威	顽皮		孽障、可怜
民勤	不乖	乖	可怜
永昌	调皮	听话	可怜
山丹	不乖	乖	可怜

续表

	265	266	267
普通话	顽皮	乖	可怜
张掖	匪	乖	可怜
高台	顽皮、死皮		
酒泉	调皮		凄惶
玉门	死皮、调皮	乖	可怜、可惜
安西	讨厌、调皮	乖	可怜
敦煌	皮	乖	孽障
临洮	不乖	乖	可怜
岷县	不乖	乖	可怜、孽障
临潭	顽皮、不乖	乖、腼腆	孽障
临夏	顽皮	乖	孽障
和政	调皮	乖	孽障
东乡	调皮	腼腆	孽障
德乌鲁	不乖	乖	孽障
龙迭	顽皮	乖	凄惶

	268	269	270
普通话	凸	凹	和（我和你）
兰州	鼓	凹	连、跟
白银	凸	凹	和
榆中	鼓	凹	连
靖远	凸	凹	和、连
定西	凸	坑坑（名称）	连
会宁	突	低（下去）	连
通渭	凸	凹	和
静宁	嘴嘴儿（名称）	坑（名称）	跟
秦安	凸	凹	连
清水	突	坳	连、跟、同

续表

	268	269	270
普通话	凸	凹	和（我和你）
天水	凸	凹	连
陇西			连
武山	突	坳	跟、连
徽成	撅	塌	连
西礼		窝、坳	跟、连
武都	凸、突	凹	和、跟、同、连
文县	突、高	坑、坳、低	和、跟、同、连
平凉	突	坑	跟
泾川	突	凹	连、和、跟
镇原	凸、突	坳	跟、连
宁县	鼓	穴	连
庆阳	凸	凹	
环县	凸、鼓、涨	凹	和、跟、连
天祝	疙瘩（名称）	坑坑（名称）	连
武威	突		跟
民勤	凸	凹	和、跟
永昌	鼓		连、跟、同
山丹	鼓	坑	跟
张掖	突	凹	连
高台		瘪（音比）	
酒泉			连
玉门	高	凹	和
安西	鼓	坑	和
敦煌	鼓	凹	连
临洮	高	低	连
岷县	鼓	洼	跟
临潭	鼓、突	凹	连

续表

	268	269	270
普通话	凸	凹	和（我和你）
临夏	高（起来）	凹（下去）	连、和、跟
和政	扎	窝	和、连
东乡	突		连
德乌鲁	鼓、突	塌（下去）	连
龙迭	突	塌	跟

	271	272	273
普通话	从（从哪来）	被（被贼偷去）	替（替我写信）
兰州	跟、连从	教	给
白银	从	教	替
榆中	从	教	给
靖远	打	教	给
定西	打	着（音照）	给
会宁	打	教	帮
通渭	打	着（音照）	替
静宁	从	教	给
秦安	从	教	给
清水	打	着、教、给	给、帮
天水	由	教	替
陇西	打	教	给
武山	从、打	教	给
徽成	打	教、让	给
西礼	打、由	教	给
武都	从、由	被、教、让、给	替、给、代、帮
文县	打、由	给、教、让	给、帮、代
平凉	从	教	给
泾川	从	教、着	给

续表

	271	272	273
普通话	从（从哪来）	被（被贼偷去）	替（替我写信）
镇原	打、从	教、让、给	给、替
宁县	打	教	给
庆阳	从		替
环县	从、打	教	给、帮
天祝	打	教	给
武威	从、打	教	给
民勤	从	教	替、给
永昌	从	教	给、替
山丹	打	教	给
张掖	打	教	给
高台	打	教	给
酒泉	打	教	给
玉门	从	教、让、给	帮
安西	从、打	被、教、给	给
敦煌	从	被、给	给
临洮	连		给
岷县	打	教	代
临潭	从	教	给
临夏	从	教	给
和政	跟（音该）	教	给
东乡		教	给
德乌鲁	拿	给	给
龙迭	从	教、着（音照）	给

	274	275	276
普通话	拿（拿笔写字）	故意	刚（刚才）
兰州	拿	故意	刚刚、将才儿

续表

普通话	274 拿（拿笔写字）	275 故意	276 刚（刚才）
白银	拿	故意	刚刚
榆中	用	故意	才
靖远	用	故意	刚刚
定西	用	故意	才
会宁	撼	立故子	将
通渭	拿	故意	将
静宁	拿	故意	将
秦安	用	故意	才
清水	用、使	故意	才、刚刚
天水	撼（音哈）	立故子、故意	将
陇西	用	故意	才
武山	用、连	立故子	才
徽成	撼（音哈）	故意	将将
西礼	用	故意	才
武都	拿、用	故意、存心	刚、刚才、才、刚刚
文县	使、用、拿	端意、存心、故意	将将、刚刚、将才、才、才刚
平凉	拿	故意	刚、才、刚刚
泾川	拿	故意	刚刚、刚才、刚
镇原	拿、用	故意	刚刚、刚才、才、刚
宁县	拿	故意	刚、刚刚
庆阳		故意	刚才、刚刚
环县	拿	故意、存心	刚、刚才、刚刚、将
天祝	拿	故意	将
武威	用	故意	刚才、刚、刚刚
民勤	拿、用	故意	刚、才
永昌	拿	故意	刚、刚才

续表

	274	275	276
普通话	拿（拿笔写字）	故意	刚（刚才）
山丹	拿	存心	刚才
张掖	搁	巴故意	将才
高台	拿	故意	刚才
酒泉	拿	故意	才
玉门	拿	故意	才
安西	拿	故意	刚、才
敦煌	拿	故意	刚
临洮	用	故意	将
岷县	拿	故意	刚、刚才
临潭	拿、用	故意	刚才、将才
临夏	拿	安心、安意	将才
和政	用	故意	将
东乡	用	故意	才
德乌鲁	用、使	安心心	才、将
龙迭	拿	故意	刚才

	277	278	279
普通话	刚（刚合适）	幸亏	净（净吃米，不吃面）
兰州	刚、将	幸亏、多亏	光
白银	刚	幸亏	光
榆中	将将	幸亏	净
靖远	刚刚	多亏	光
定西	看		净
会宁	看合适		净、光
通渭	看	幸亏	净
静宁		幸亏	光
秦安	刚		净、光

续表

普通话	277 刚（刚合适）	278 幸亏	279 净（净吃米，不吃面）
清水	正、刚刚	幸亏、多亏	光
天水	将	幸亏	净、光
陇西	正	幸亏	只
武山	刚刚、将	幸亏	光
徽成	将	幸亏	净、光
西礼	将	幸亏	光
武都	刚、刚刚、正、恰	幸亏	净、光、只
文县	刚、刚刚、正、将、将将	幸亏、亏得、多亏	净、光
平凉	刚	幸亏、多亏	光
泾川	刚	幸亏、多亏	光
镇原	刚	亏来、幸亏	光、只
宁县	刚	亏得（音大）	光
庆阳			光
环县	刚、刚刚	亏得、多亏	一光
天祝	将好	亏（了你）	一老子
武威	刚、正、刚刚	幸亏	光、净
民勤	刚、正	幸亏	净、光、一老、老
永昌	刚好	幸亏	净、光
山丹	正	幸亏	净
张掖	将（对）	吃亏（没去）	净
高台		亏	一老子
酒泉	正	亏得	光
玉门	正好	幸亏	净、光、就
安西	正	幸亏、多亏	净、光、一老、老
敦煌	将	幸亏	光
临洮	正	幸亏	净

续表

	277	278	279
普通话	刚（刚合适）	幸亏	净（净吃米，不吃面）
岷县	刚	幸亏	光、净
临潭	将将、正	幸亏	净
临夏	将	幸亏	压常（音夏查）
和政	正	难亏	净
东乡	正	幸亏	净
德乌鲁	正、将	亏	净
龙迭	刚刚	亏得	净

六、甘肃方言语法例句对照

　　这一部分材料大致是根据《汉语方言调查简表》的语法例句部分，此外我们又依据兰州话语法特点增添了一些例句，共有 75 条。因时间的关系，这一部分未经过周密细致的调查，一部分采取通讯调查，一部分我们自己调查，由于有些调查对象还没有较清晰的语法概念，材料中有些句法结构就不完全相当，或者有些即是相当也没有较大的代表性。尽管这样，但这些材料还是有它一定的代表性，也是反映了一些语法、词汇和语音现象。

　　由于上述原因，我们在此没有归纳说明，仅仅用对照的形式以列举。

\multicolumn{4}{c}{（1）}			
普通话	谁呀？我是老三。	普通话	谁呀？我是老三。
兰州	你是谁？我是老三。	庆阳	谁个？我是老三。
白银	谁呀？我是老三。	环县	谁呀？我是老三。
榆中	谁呀？我是老三。	天祝	你是谁一个？我是老三一个。
靖远	谁呀？是我。	武威	谁一个？我一个。
定西	谁？我是老三。	民勤	谁呀？是我。
会宁	你是阿谁（音啥）？ 我是老三。	永昌	谁呀？是我。
通渭	阿谁（音啥）？我。	山丹	是谁？我是老三。
静宁	谁呀？我一个（音块）。	张掖	谁？我。
秦安	谁呀？我是老三。	高台	谁？我（或：我是老三）。
清水	谁个（音块）？我是老三。	酒泉	谁？我是老三。
天水	谁个？我是老三。	玉门	你是谁？我是老三。
陇西	谁？我是老三。	安西	谁？我。
武山	阿谁个（音思怪）？我是老三。	敦煌	谁？我。
徽成	谁呀？我是老三。	临洮	谁？我。
西礼	谁呀？我是老三。	岷县	谁来？老三来。

续表

(1)			
普通话	谁呀？我是老三。	普通话	谁呀？我是老三。
武都	谁呀？我是老三。	临潭	谁？我是老三。
文县	谁个（音开）？是我老三。	临夏	阿一个？我是老三。
平凉	谁？我是老三。	和政	阿一个？我是老三。
泾川	谁个（音该）？我是老三。	东乡	你谁？是老三。
镇原	谁（哪）？我是老三。	德乌鲁	阿一个？我是老三。
宁县	谁？我是老三。	龙迭	阿谁？我是老三。

(2)	
普通话	老四呢？他正在跟一个朋友说着话呢。
兰州	老四来？他跟一个朋友说话着呢。
白银	老四呢？他正跟一个朋友说话呢。
榆中	老四呢？他跟一个朋友说话着呢。
靖远	老四呢？他正在跟一个朋友说啥呢。
定西	老四到阿里去了？他正在连一个朋友说话着呢。
会宁	老四来？呕（他也）正连伢（他也）的朋友说话着呢。
通渭	老四来？他连一个朋友搞话来着。
静宁	老四来？他正在跟一个朋友说话着呢。
秦安	老四哪？他正在和一个朋友说着话呢。
清水	老四呢（或：哪）？他跟（或：连）一个朋友正说话呢。
天水	老四来？呦（他也）连一个朋友说话呢。
陇西	老四呢？他正在跟一个朋友说着话呢。
武山	老四呢（或：来）？他正在跟一个朋友搞话着呢。
徽成	老四呢？他正跟一个朋友说话呢。
西礼	老四呢？他和一个朋友正说话呢。
武都	老四呢？他正在跟一个朋友说着话呢。
文县	老四呢？他连一个朋友正说话呢。
平凉	老四哪？他在跟一人说话着呢。

续表

	（2）
普通话	老四呢？他正在跟一个朋友说着话呢。
泾川	老四呢？他正在跟一个朋友说着话呢。
镇原	老四呢？他正在跟一朋友说着话呢。
宁县	老四呢？他跟（音高）一个人说话着呢。
庆阳	老四咋（音za，"做啥"的合音）去了？他正在跟一个朋友说着话呢。
环县	老四做啥去了？他正在跟一个朋友说着话呢。
天祝	你们老四呢？他和一个人说话去了。
武威	老四呢？他正和来的客喧荒儿着呢。
民勤	老四呢？他正跟一个朋友说着话呢。
永昌	老四呢？他正在跟一个朋友说着话呢。
山丹	老四呢？他正跟一个朋友说着（或：的）呢。
张掖	老四呢？他正跟一个朋友说着话呢。
高台	老四呢？老四那（他也）跟那的朋友说话着呢。
酒泉	老四呢？他正和一个朋友说着话呢。
玉门	老四呢？他正和一个朋友说着话呢。
安西	老四做啥去了？他在跟一个人喧荒呢。
敦煌	老四呢？和人说话着呢。
临洮	老四来？他连一个朋友说话着呢。
岷县	老四呢？他跟一个朋友说话呢。
临潭	老四来？他正连（音来）一个朋友说话着呢。
临夏	老四阿里去了？他正连一个朋友说话着呢。
和政	老四来？他正在跟一个朋友说话着呢。
东乡	老四呢？他正和一个朋友说着话呢。
德乌鲁	老四来？他和一个朋友说话着呢。
龙迭	老四阿了？他正在跟一个朋友说着话呢。

	(3)		
普通话	他还没有说完吗?	普通话	他还没有说完吗?
兰州	他还没有说完吗?	庆阳	他还没有说完吗?
白银	他还没有说罢吗?	环县	还还没有说完吗?
榆中	他还没有说完吗?	天祝	还没有说完?
靖远	他还没有说完?	武威	他还没说罢吗?
定西	他还没说完吗?	民勤	他还没说完吗?
会宁	伢还没有说完吗?	永昌	他还没有说完吗?
通渭	还没说罢吗?	山丹	他还没有说完吗?
静宁	他还没有说完吗?	张掖	他还没有说完吗?
秦安	他还没有说完吗?	高台	那（他也）还没说完吵?
清水	①他还没有说完吗? ②还没说毕吗?	酒泉	他还没有说完吗?
天水	他还没有说完吗?	玉门	他还没有说完吗?
陇西	他还没有说完呢?	安西	他还没喧完?
武山	他还没有说（或：搞）完吗?	敦煌	他还没有说完?
徽成	他还没有说了吗?	临洮	他还没有说完吗?
西礼	他没有说完吗?	岷县	他还没有说吗?
武都	他还没有说完吗?	临潭	他还没有说完吗?
文县	他还没有说完吗?	临夏	他还没有说完吗?
平凉	他还没有说完，啊（音昂）?	和政	他还没有说完吗?
泾川	他还没有说完吗?	东乡	他还没有说完吗?
镇原	他还没有说完（吗）?	德乌鲁	他还没说完啦?
宁县	他怎么还没说完?	龙迭	他还没说完吗?

	(4)	
普通话	还没有。大约再有一会儿就说完了。	
兰州	还没有。大约再有一会儿就说完了。	
白银	还没有。再有一会儿就说罢了。	
榆中	还没有。大约再有一会就说完了。	
靖远	还没有。怕还得一会儿就说完了。	

	(4)
普通话	还没有。大约再有一会儿就说完了。
定西	还没。停得(音达)一会说完了。
会宁	还没。还得一会就说了了。
通渭	还没。大半再有不多时候就完了。
静宁	还没有。再有阵阵就说完了。
秦安	还没有。大概再有一会儿就说完了。
清水	①还没有。还要半会呢。②还没。还得一会。
天水	还没。
陇西	还没有。等一会儿就说完了。
武山	还没咧。再等一会儿就搞过了。
徽成	还没有。大莫(音母)再有一阵就说了了。
西礼	还没有。一阵阵就说完了。
武都	还没有。大约再有一会儿就说完了。
文县	①没有。大约再有一会儿就说完了。②没哩。还得一阵就说完了。
平凉	还没有呢。停嘎子就完了。
泾川	还没有。大约再有一会就说完了。
镇原	还没有。大约(或:大概)再有(或:等)一会儿就说完了。
宁县	没有。还得一会儿。
庆阳	还没有呢。再等一下就完了。
环县	还没有。再有一会儿就说完了。
天祝	话还没说完。过一会就说完了。
武威	没有哩。一时儿就说完了。
民勤	还没。大概还得一会儿。
永昌	没有。大约再一会儿就说完了。
山丹	还没有。稍得一会就说完了。
张掖	还没有。大概再有一会就说完了。
高台	还没有。大概还得一会儿就说完了。
酒泉	还没有。大约再有一会儿就说完了。

续表

	(4)
普通话	还没有。大约再有一会儿就说完了。
玉门	还没有说完。大概再有一会就说完了。
安西	还没喧完。还得一会。
敦煌	没。一会儿就完了。
临洮	还没有。大概再有一会儿就说完了。
岷县	还没有。大约再有一会儿就说完了。
临潭	还没有。大概再有一会会（音混混）就说完了。
临夏	还没有。大约再有一会儿就说完了。
和政	还没。大概再有一会会儿就说完了。
东乡	还没有。大概再有一会就说完了。
德乌鲁	还没有。搞的停一会就说完了吧。
龙迭	大约再有一会儿就说完了。

	(5)
普通话	他说马上就走，怎么这半天了还在家里呢？
兰州	他说马上就走呢，怎么半天了还在家里呢？
白银	他说马上就走，怎么到这会了还在家里呢？
榆中	他说马上就走，怎么这半天了还在家里呢？
靖远	他说马上就走，为啥这么大时间还在家里呢？
定西	他说就要走哩，阿么（音门）着这些时候还在家里？
会宁	他说这（音赞）就走呢，这时还在屋里就着呢？
通渭	他说马上就走，怎么这半天了还在家里呢？
静宁	他说他就要走，怎么还没有走？
秦安	他说马上就走，咋这半天还在家里呢？
清水	①说马上就走，怎么这半天了还在家里呢？②他说就走呢，咋着还在哩？
天水	他说马上就走哩，咋半会了还在屋里呢？
陇西	他说马上就走，怎么这半天还在家里呢？
武山	①他说马上就走，怎么时间大了还在家里呢？②说就要走来，怎么时间大了还在家里呢？

续表

	(5)
普通话	他说马上就走,怎么这半天了还在家里呢?
徽成	他说马上就走,咋这半天了还在屋里呢?
西礼	他说走价,咋还不走?
武都	他说马上就走,怎么这半天了还在家里呢?
文县	①他说立即就走,这半天了阿么(音门)还在家里呢? ②他说跟到就走,这半天了那么(音门)还在屋里?
平凉	他说就走呢,怎么还不走呀?
泾川	他说马上就走,怎么这半天了还在家里呢?
镇原	①他说就去,怎么这会还在家吵? ②他马上就走,怎么这半天了还在家里呢?
宁县	他说就走,怎么半天了还到屋里呢?
庆阳	他说马上就走,咋还不走?
环县	他说马上就走,怎么这半天了还在家里呢?
天祝	他说一会会就走,这会子还在家里蹲着?
武威	他说就走哩,怎么半天了还在屋里不出来?
民勤	他说马上就走,怎么这半天了还在家里呢?
永昌	他说马上就走,怎么这会儿还不走呢?
山丹	他说马上就走,怎么这会子还在家里呢?
张掖	他说就走哩,怎么这半天了还在家里呢?
高台	他说马上就要走,怎么这半天里还不走啊?
酒泉	他说这会(音乎)子走,怎么这半天了还在家里呢?
玉门	他说马上就走,他咋这会子还在家里呢?
安西	他说马上就走,怎么这半天了还在家里蹲着呢?
敦煌	说的就走,半天了咋还在家里蹲着呢?
临洮	他说就走呢着,阿么(音母)这半天还在屋里呢?
岷县	他说马上就走,怎么还在家里呢?
临潭	他说就去呢,阿么(音母)半天了还在家里呢?
临夏	他说阿早就走呢,阿么这半天了还在家里呢?
和政	他说带过就走呢,阿么着这半天了还在家里呢?
东乡	他说带过就走,怎么这半天了还在家里呢?

续表

	(5)
普通话	他说马上就走，怎么这半天了还在家里呢？
德乌鲁	他阿早就去呢，阿么（音门）还在家里呢？
龙迭	他说马上就走，阿么（音母）这半天了还在家里呢？

	(6)
普通话	你到哪儿去？我到城里去。
兰州	你到哪里去呢？我到城里去呢。
白银	你到哪里去？我去城里。
榆中	你到哪搭去？我到城里去。
靖远	你到哪搭去？我到城里去。
定西	你到阿里去？我上县去哩。
会宁	你到阿里去呢？我到城里去。
通渭	你到啥来去？我到城里去。
静宁	你到哪儿去？我到城里去。
秦安	你到哪儿去？我到城里去。
清水	你到阿里去？（我到）城里去。
天水	你到阿搭去价？我到城合（里面也）去价。
陇西	你到哪儿去？我到城里去。
武山	你到阿里（音来）去哩？我到街上去。
徽成	你到哪搭去？我进城去。
西礼	你咋（"做啥"的合音）去价？我进城去。
武都	你到哪儿去？我到城里去。
文县	你到哪里去（价）？我到城里去价。
平凉	你走哪搭去阶？我走城里去价。
泾川	你到哪儿去？我到城里去。
镇原	①你到咋（做啥）去？我走城里去呀。②你到哪里去？我到城里去。
宁县	你到啊搭去？我进城价。
庆阳	你走咋搭去呀？我走城里去呀。

续表

	(6)
普通话	你到哪儿去？我到城里去。
环县	你走哪里去？我到城里去。
天祝	你走哪里来？我走城去。
武威	你走哪里？我走个城。
民勤	你到哪里去？我到城里去。
永昌	你到哪儿去？我走城去。
山丹	你到哪里去了？我到城里去。
张掖	你走哪里去？我走城里去。
高台	你走哪去？我走城去呀。
酒泉	你到哪里去？我到城里去。
玉门	你到哪去？我走城里去。
安西	你走哪里去？我走城去。
敦煌	你到哪搭搭去？我到城里去。
临洮	你到哪搭去？到城里去。
岷县	你到哪儿去？我到城里去。
临潭	你阿去呢？我到城里去。
临夏	你阿里去呢？我进城去呢。
和政	你阿里去呢？我城里去哩。
东乡	你到哪儿去？我到城里去。
德乌鲁	你阿里去哩？我城里去哩。
龙迭	你到阿搭下？我到城里下。

	(7)
普通话	在那儿，不在这儿。
兰州	在那里呢，不在这里。
白银	在那搭，不在这里。
榆中	在那搭，没有在这搭。
靖远	在那搭，这搭没有。

续表

	(7)
普通话	**在那儿，不在这儿。**
定西	在兀搭呢，不在这搭。
会宁	在呕搭，没在这搭。
通渭	在兀搭，不在这（音昼）搭。
静宁	在那里，没有在这里。
秦安	在那儿，不在这儿。
清水	①在阿搭，不在这（音自）搭。②在兀搭，不在这搭。
天水	在兀搭，没在角搭。
陇西	在那儿，不在这儿。
武山	在兀来，不在这（音至）来。
徽成	在兀搭，不在这搭。
西礼	在阿搭，不在这儿。
武都	在那儿，不在这儿。
文县	①在那里，不在这里。②在咻里，不在这。
平凉	在那搭呢，没在这（音乍）儿。
泾川	在那搭呢，没在这里。
镇原	在那搭呢，没在这儿。
宁县	到兀（音窝）儿呢，没到搭儿。
庆阳	在兀（音洼）兀儿，不在这儿。
环县	在那里，不在这里。
天祝	在那里来，不在这里。
武威	在那些，不在这些。
民勤	在那里，不在这里。
永昌	在那儿，不在这儿。
山丹	在那里，不在这里。
张掖	在那里，不在这里。
高台	在那儿（或：里），这里没有（呀）。
酒泉	在那里，这里没有。

（7）	
普通话	在那儿，不在这儿。
玉门	在那里呢，不在这里。
安西	在那里，不在这里。
敦煌	在那儿，不在这儿。
临洮	在阿搭，不在这搭。
岷县	在那儿，不在这儿。
临潭	在呕搭儿，这（音扎）没有。
临夏	在兀搭（音他）些呢，不在这搭（音智他）些。
和政	在兀里，不在这里。
东乡	在那里，不在这里。
德乌鲁	在阿搭哩，不在这搭些。
龙迭	在那儿，不在这儿。

（8）	
普通话	不是那么做，是要这么做的。
兰州	不那么（音门）做，这么（音门）做哩。
白银	不是那么做，是要这么做的。
榆中	不是那么做，是要这么做的。
靖远	不是那么做，是要这么做的。
定西	不是兀么（音门）做，这么（音昼门）做的。
会宁	不连呕么做，连这么做。
通渭	不是兀个做法，是这么做法。
静宁	不是那么做，是要这么做的。
秦安	不是打那么做，是要这么做的。
清水	不是兀么价做，是要这（音自）么价做。
天水	不兀个（音该）做，要这个（音自该）做呢。
陇西	不是那么做，是要这么做。
武山	不是当兀么（音门）做，是当这么（音门）做的。

续表

	(8)
普通话	不是那么做，是要这么做的。
徽成	不是兀么价做，是这么价做的。
西礼	不兀价做，是要这价做。
武都	不是那么做，是要这么做的。
文县	①不是那样做，是要这样做的。②不是呦样做哩，是要这么价做哩。
平凉	不是那么做，这么做着呢。
泾川	不是那么做，是要这么做的。
镇原	不是那样做，是要这么做。
宁县	不是兀么做，着（音搓）这么做。
庆阳	不是么（音某）个做，是这么个做哩。
环县	不是那么个做，是要这么个做哩。
天祝	不是那么个做，是这么个做
武威	不打那么价做，打这么价做。
民勤	不是那么做，是要这么做的。
永昌	不是那么做，这么做的。
山丹	不是那么做，是这样做的。
张掖	不是那么做的，是这么价做的。
高台	不是朝那么个做法，朝这么做。
酒泉	不是那么个做，是要这么个做。
玉门	不是那样做的，是这样做的。
安西	不是那样做，是这样做呢。
敦煌	不是那么做，是要这么做的。
临洮	不是兀么做，是要这么做呢。
岷县	不要那样做，要这样做。
临潭	不是那么（音母）做，是要这么（音母）做的。
临夏	不是兀么（音门）做，这么（音门）做的。
和政	不是兀么做，是这么做的。
东乡	不是那样做，是要这么做的。

	（8）
普通话	不是那么做，是要这么做的。
德乌鲁	不是兀么做的，是这么做的。
龙迭	不要那样做，是要这样做的。

	（9）
普通话	太多了，用不着那么多，只要这么多就够了。
兰州	太多了，用不上那们些子，这些就够了。
白银	太多了，用不上那么多，只要这么多就够了。
榆中	太多了，用不着那么多，只要这么多就够了。
靖远	太多了，用不了这么多，只要那些就够。
定西	太多了，用不了兀么多，只要这么多就够了。
会宁	太多了，不要呕么多，只要这么多就够了。
通渭	太多了，不要这（音正）么多，看要这（音昼）些就够了。
静宁	太多了，要不上么（音末）些，只要这么些就够了。
秦安	太多了，用不着那么多，只要这么多就够了。
清水	太多了，用不了兀么些，只要这么些就够了。
天水	太多了，用不上兀么多，只要这一点就够了。
陇西	太多了，用不了那么多，只要这点就够了。
武山	太多了，用不着兀么多，只要这么多就够了。
徽成	太多了，不用着兀么多，只要这么多就够了。
西礼	太多了，用不上，这一点就够了。
武都	太多了，用不着么多，只要这么多就够了。
文县	太多了，用不了那么多，只用这么多就对了。
平凉	太多了，用不了那么些，只要这一点就够了。
泾川	太多了，用不着那么多，只要这么多就够了。
镇原	咋么多来，用不完，这就够了。
宁县	太多了，用不下兀么多，只要这些儿就够了。
庆阳	太多了，用不着那么多，只要这么些就够了。

续表

	(9)
普通话	太多了，用不着那么多，只要这么多就够了。
环县	太多了，用不着那么多，只要这么多就够了。
天祝	太多了，用不上那么多，只要这么多就够了。
武威	太多了，用不上这些，只要这些就行了。
民勤	太多了，不用那么多，只要这么多就够了。
永昌	太多了，再少些，就够了。
山丹	太多了，用不着那么多，只要这么多就行了。
张掖	太多了，用不上那么多，这么些就行了。
高台	太多了，用不上这么多，只要这些就行了。
酒泉	太多了，用不着那么多，只要这么多就行了。
玉门	太多了，用不上那样多，只要这些就够了。
安西	太多了，用不上那些子，只要这些就够了。
敦煌	太多了，用不着，只要这么多就够了。
临洮	太多了，用不着兀么多，只要这么多就够了。
岷县	嫌多了，只要这些就够了。
临潭	太多了，用不着兀么多，只要这么多就够了。
临夏	太多了，用不上那么多，这么些就够了。
和政	太多了，用不上兀么些，只要这么些就够了。
东乡	太多了，用不着那么多，只要这么多就够了。
德乌鲁	太多了，不用这些个，这（音直）些就够了。
龙迭	太多了，用不着那么多，只要这么多就够了。

	(10)
普通话	这个大，那个小，这两个哪一个好一点儿呢？
兰州	这一个大，那一个小，这两个哪一个好吵？
白银	这个大，那个小，这两个哪一个好一些呢？
榆中	这个大，那个小，这两个哪一个好？
靖远	这个大，那个小，这两个哪个好些呢？

续表

(10)	
普通话	这个大，那个小，这两个哪一个好一点儿呢？
定西	这（音昼）个大，兀个小，这两个阿一个好一点呢？
会宁	这个大，呕个小，这两个阿一个好？
通渭	①这一个大，兀一个小，这两个阿一个好？ ②这一个大，兀一个碎，这两个阿一个好？
静宁	这个大，咻个小，这两个哪（音nia）个好？
秦安	这个大，那个小，这两个哪一个好一点儿呢？
清水	这（音宰）个（音块）大，咻个（音块）小，这两个（音块）阿一个（音块）好？
天水	这（音宰）个大，咻个小，这（音宰）两个阿一个好？
陇西	这个大，那个小，这两个哪一个好一点儿呢？
武山	这个大，那个小，这两个哪一个好一点儿来？
徽成	这个大，那个小，这两个哪一个好一点呢？
西礼	这（音再）个大，咻个碎，这（音再）两个（音块）哪一个好？
武都	这个大，那个小，这两个哪一个好一点儿呢？
文县	这个大，那个小，这两个哪一个好一点儿呢？
平凉	这个大，那个小，这两个哪一个好一点儿呢？
泾川	这个大，那个小，这两个哪一个好一点儿呢？
镇原	①这个大，这个碎，咋（音杂）个好？ ②这个大，那个小，这两个哪一个好一些呢？
宁县	这（音至）一个大，那（音奶）一个小，这两个（音咻）阿一个（音欧）好？
庆阳	这个大，兀个小，这两个咋（音杂）个好？
环县	这个大，那（音奶）个小，这两个哪一好？
天祝	这个大，那个小，你看大的好些还是小的好些？
武威	这个大些，那个小些，这两个里头哪一个好些？
民勤	这个大，那个小，这两个哪一个好一点儿呢？
永昌	这个大些，那个小些，这两个哪个好呢？
山丹	这个大，那个小，这两个哪一个比较好呢？
张掖	这个大，那个小，这两个哪一个好一些？

续表

	(10)	
普通话	这个大,那个小,这两个哪一个好一点儿呢?	
高台	这个大,那个小,还是哪一个好?	
酒泉		
玉门	这个大,那个小,这两个哪一好一些?	
安西	这个大,那个小,这两个哪个好?	
敦煌	这个大,那个小,这两个哪一个好一些?	
临洮	这个大,兀个小,这两个啊一个好一点儿呢?	
岷县	这个大,那个小,这两个哪一个好?	
临潭	这个大,那个尕,这两个阿一个好一点儿呢?	
临夏	这个大,兀个尕,阿一个好些?	
和政	这个大,兀个尕,这两个阿一个好一些呢?	
东乡	这个大,那个小,这两个哪一个好一点儿呢?	
德乌鲁	这个大,兀个小,这两个阿一个好一些?	
龙迭	这个大,那个小,这两个哪一个好一点儿呢?	

	(11)			
普通话	这个比那个好。	普通话	这个比那个好。
兰州	这个比那个好。	庆阳	这一个比呦一个好。
白银	这个比那个好。	环县	这一个比呦一个好。
榆中	这个比那个好。	天祝	这个东西比那个东西好些。
靖远	这个比那个好。	武威	这个比那个好。
定西	这个比兀个好。	民勤	这个比那个好。
会宁	这个比呕一个好。	永昌	这个比那个好。
通渭	这(音昼)个比兀(音卧)个好。	山丹	这个比那个好。
静宁	这个比呦个好。	张掖	这个比那个好。
秦安	这个比那个好。	高台	这个比那个好。
清水	这个比呦个好。	酒泉	这个比那个好。
天水	这(音宰)个比呦个好。	玉门	这个比那个好。

续表

	（11）		
普通话	这个比那个好。	普通话	这个比那个好。
陇西	这个比那个好。	安西	这个比那个好。
武山	这（音至）个比那个好。	敦煌	这个比那个好。
徽成	这个比咻个好。	临洮	这个比兀个好。
西礼	这（音再）个比咻（音喂）个好。	岷县	这个比那个好。
武都	这个比那个好。	临潭	这个比咻好。
文县	这个比那（或"咻"）个好。	临夏	这个比兀个好一些。
平凉	这个比那（音奶）个好。	和政	这个比兀个好。
泾川	这个比那个好。	东乡	这个比那个好。
镇原	这个比那（或"兀"）个好。	德乌鲁	这个比兀个好一些。
宁县	这（音至）一（音叶）比那（音奈）一（音叶）好。	龙迭	这个（音开）比那个（音开）好。

	（12）		
普通话	这些房子不如那些房子好。		
兰州	这（音至）些房子没有那（音奈）些房子好。		
白银	这些房子没有那些房子好。		
榆中	这些房子不如那些房子好。		
靖远	这搭房子没有那搭房子好。		
定西	这（音昼）些房子没有兀些房子好。		
会宁	这些房子没呕些房子好。		
通渭	这（音昼）些房子不如兀（音卧）些房子好。		
静宁	这些房子不如那些房子。		
秦安	这些房子不如那些房子好。		
清水	这个房子没有咻个房子好。		
天水	这（音宰）些房没咻些房好。		
陇西	这些房子不到那些房子好。		
武山	这（音至）些房子不如那些（或"兀些"）房子好。		
徽成	这些房子不如那些房子好。		

续表

	(12)
普通话	这些房子不如那些房子好。
西礼	这（音再）些房子不如咻些房子。
武都	这些房子不如那些房子好。
文县	这些房子没有（或"不如"）那些房子好。
平凉	这些房子没有那些房子好。
泾川	这些房子不如那些房子好。
镇原	这些房子没有那些房子好。
宁县	这些房子没有那些房子好。
庆阳	这些房子没有那些房子好。
环县	这些房子不如那些房子好。
天祝	这个房子没有那个房子好。
武威	这些房子不如那些房子好。
民勤	这些房子不如那些房子好。
永昌	这些房子不如（或没有）那些房子好。
山丹	这些房子不如那些房子好。
张掖	这些房子不如那些房子好。
高台	这些房子不如那些房子好。
酒泉	这些房子不如那些房子好。
玉门	这些房子没有那些房子好。
安西	那个房子赶这个房子好。
敦煌	这些房子不如那个房子好。
临洮	这些房子不如兀些房子好。
岷县	这些房子没有那些房子好。
临潭	这些房子吃不住那些房子好。
临夏	这些房子不到那些房子。
和政	这些房子不如兀些房子好。
东乡	这些房子不如那些房子好。
德乌鲁	这个房子兀个房子不到。

续表

	(12)
普通话	这些房子不如那些房子好。
龙迭	这些房子跟不上那些房子好。

	(13)
普通话	这句话用普通话怎么说?
兰州	这一句话兰州话怎么说着呢?
白银	这句话用金沟口（白银属地）的话怎么说?
榆中	这句话用榆中话怎么说?
靖远	这句话用靖远话怎么说?
定西	这句话用定西话阿么（音门）说?
会宁	这一句话用会宁话怎（音自）是说呢?
通渭	这句话用通渭话怎么说?
静宁	这些话用静宁话怎么说?
秦安	这句话用秦安话怎么说?
清水	①这（音再）句话用清水话咋（音杂）么说? ②这（音再）句话用清水话咋（音杂）说哩?
天水	这句话撼（音哈）天水话说咋（音杂）说哩?
陇西	这句话用陇西话怎么说?
武山	这（音至）句话用武山话怎么说?
徽成	这句话用徽成县话说咋（音杂）说哩?
西礼	这（音再）句话用西礼县话怎（音杂）样说?
武都	这句话用武都话怎么说?
文县	这句话用文县话咋（音杂）样说?
平凉	这句话用平凉话咋（音杂）说哩?
泾川	这句话用泾川话怎么说?
镇原	这句话用镇原话怎（音自）么说哩?
宁县	这句话用宁县话怎么说呀?
庆阳	这句话用庆阳话咋么（音杂门）个说呢?
环县	这句话用环县话怎么个说呢?

续表

	(13)	
普通话	这句话用普通话怎么说?	
天祝	这句话用天祝话怎么价说哩?	
武威	这句话用武威话怎么说?	
民勤	这句话用民勤话怎么说?	
永昌	这句话用永昌话是怎么个说法?	
山丹	这句话用山丹话怎样说好?	
张掖	这句话用张掖话咋(音杂)说?	
高台	这句话用高台话怎么说?	
酒泉	这句话用酒泉话怎么说?	
玉门	这句话用玉门话咋(音杂)说呢?	
安西	这句话用安西话咋(音杂)说?	
敦煌	这句话用敦煌话咋(音杂)说呢?	
临洮	这句话用临洮话阿么(音母)说?	
岷县	这句话用岷县话是怎么说?	
临潭	这句话拿(音来)临潭话说是阿么说着呢?	
临夏	这句话用临夏话阿么(音门)说呢?	
和政	这句话用和政话阿么(音木)说?	
东乡	这句话用东乡话怎么说?	
德乌鲁	这句话用德乌鲁市话阿么(音门)说?	
龙迭	这句话用龙迭话怎么说呢?	

	(14)			
普通话	他今年多大岁数?		普通话	他今年多大岁数?
兰州	他今年多大了?		庆阳	①他今年多少岁数? ②他今年多少年纪?
白银	他今年多大年纪?		环县	他今年多大岁数?
榆中	他今年多大岁数?		天祝	他多少岁数?
靖远	他今年多大岁数?		武威	他今年多大岁数了?
定西	他今年多少岁?		民勤	他今年多大岁数?

普通话	（14）他今年多大岁数？	普通话	他今年多大岁数？
会宁	①他今年多大啦？（对大人）②他今年几岁呀？（对小孩）	永昌	他今年多大了？
通渭	他今年多少岁了？	山丹	他今年多大了？
静宁	他今年多大岁数了？	张掖	他今年多大岁数？
秦安	他今年多大岁数？	高台	他今年多大岁数？
清水	①他今年多大岁数？②他今年岁数多大了？	酒泉	他今年多大岁数？
天水	他今年多大了？	玉门	他今年多大年纪？
陇西	他今年多大岁数？	安西	他今年多大啦？
武山	他今年多大岁数？	敦煌	他今年多大岁数？
徽成	他今年多大岁数？	临洮	他今年多大岁数？
西礼	他今年多大岁数？	岷县	他今年多大岁数？
武都	他今年多大岁数？（对老壮年）他今年几岁了？（对青少年）	临潭	他今年几岁了？
文县	他今年多大岁数？	临夏	他今年多大岁数？
平凉	他今年多少岁？	和政	他今年年纪多大了？
泾川	他今年多大年纪？	东乡	他今年岁数多大？
镇原	①他今年多大岁数？②他有多大岁数了？	德乌鲁	他今年多少了？
宁县	他今年有多大岁（音最）数了？	龙迭	他今年多大岁数？

普通话	（15）大概有三十来岁吧	普通话	大概有三十来岁吧
兰州	大莫（音母）有三十多岁。	庆阳	大括莫（音母）儿有三十来岁。
白银	大概有三十来岁吧。	环县	大莫（音母）儿三十来岁吧。
榆中	大概有三十来岁。	天祝	他今年大概三十几岁。
靖远	就个三十来岁吧。	武威	大概有三十几吧。
定西	大约莫（音母）有三十几岁。	民勤	大概有三十来岁吧。
会宁	恐怕有三十来岁。	永昌	大概是三十几岁。

续表

	(15)		
普通话	大概有三十来岁吧	普通话	大概有三十来岁吧
通渭	看样子三十来岁。	山丹	大概有三十多岁了。
静宁	大概有三十来岁。	张掖	大概有三十来岁。
秦安	大概有三十来岁吗?	高台	大概有三十来岁吧。
清水	①大概有三十几岁了。②大概有三十来岁吧。	酒泉	大概有三十来岁吧。
天水	大概(音母)有三十多岁了。	玉门	有三十来岁。
陇西	大概三十几吧。	安西	大概有三十多岁。
武山	大概有三十来岁吧。	敦煌	大概有三十来岁吧。
徽成	怕大莫(音母)有三十来岁。	临洮	大概有三十几岁吧。
西礼	三十几岁了。	岷县	大概有三十来岁吧。
武都	大概有三十来岁吧。	临潭	①大概有三十几岁。②大概有三十来岁。
文县	①可能有三十来岁了。②大概有三十来岁吧。	临夏	大概有三十年来岁。
平凉	大概三十多岁了。	和政	大概有三十来岁吧。
泾川	大概有三十来岁吧。	东乡	大概有三十来岁吧。
镇原	大概有三十多岁了吧。	德乌鲁	大概是三十几了吧。
宁县	怕有三十多了。	龙迭	大概有三十来岁。

	(16)		
普通话	这个东西有多重呢?	普通话	这个东西有多重呢?
兰州	这个东西有多重?	庆阳	这个东西有多重?
白银	这个东西有多么重?	环县	这个东西有多重?
榆中	这个东西有多重呢?	天祝	①这个东西有多么重?②这个东西有多少斤重?
靖远	这个东西有多重呢?	武威	这个东西有多重?
定西	这个东西有多少重呢?	民勤	这个东西有多重呢?
会宁	这有多重?	永昌	这个东西有多重啊?
通渭	这个东西有多重呢?	山丹	这个东西有多重?

续表

	(16)		
普通话	这个东西有多重呢?	普通话	这个东西有多重呢?
静宁	这个东西有多重?	张掖	这个东西有多重?
秦安	这个东西有多重?	高台	这个东西有多重?
清水	①这个东西有多重哩? ②这个东西多重?	酒泉	这个东西有多重呢?
天水	这(音孤)个东西有多重?	玉门	这个东西有多重?
陇西	这个东西有多重呢?	安西	这个东西有多重?
武山	这个物件有多重呢?	敦煌	这个东西有多重?
徽成	这个东西有多重呢?	临洮	这个东西有多重?
西礼	这(音再)有多重?	岷县	这个东西有多重?
武都	这个东西有多重呢?	临潭	这个东西阿么(音母)重?
文县	①这个东西有多少斤重? ②这个东西有多重呢?	临夏	这个东西有多重?
平凉	这个东西有多重?	和政	这个东西有多重?
泾川	这个东西有多重呢?	东乡	这个东西有多重呢?
镇原	这个东西有多重?	德乌鲁	这个东西阿么(音门)重?
宁县	咻(远指)个东西有多重?	龙迭	这个(音开)东西有多重呢?

	(17)		
普通话	有五十斤重呢。	普通话	有五十斤重呢。
兰州	有五十斤重。	庆阳	有五十斤。
白银	有五十斤重。	环县	有五十来斤重。
榆中	有五十斤重呢。	天祝	有五十斤重。
靖远	有五十斤重呢。	武威	有五十斤重。
定西	有五十斤重呢。	民勤	有五十斤重呢。
会宁	有五十斤。	永昌	有五十斤。
通渭	有五十斤重呢。	山丹	有五十斤重。
静宁	要五十斤重呢。	张掖	有五十斤重。
秦安	有五十斤重呢。	高台	有五十斤。

续表

	(17)		
普通话	有五十斤重呢。	普通话	有五十斤重呢。
清水	有五十斤重呢。	酒泉	有五十斤重呢。
天水	有五十斤。	玉门	这个东西有五十斤重。
陇西	有五十斤重呢。	安西	有五十斤重。
武山	有五十斤重呢。	敦煌	有五十斤重。
徽成	有五十斤重呢。	临洮	有五十斤重。
西礼	有五十斤。	岷县	有五十斤重。
武都	有五十斤重（呢）。	临潭	有五十斤重。
文县	①我看有五十斤。②有五十斤重呢。	临夏	有五十斤重。
平凉	有五十斤重。	和政	有五十斤重吧。
泾川	有五十斤重呢。	东乡	有五十斤重吧。
镇原	有五十斤重（呢）。	德乌鲁	有五十斤。
宁县	有五十斤重。	龙迭	有五十斤重呢。

	(18)		
普通话	拿得动吗？	普通话	拿得动吗？
兰州	①能动吗？②拿动拿不动？	庆阳	拿得动吗？
白银	拿得动吗？	环县	能拿动吗？
榆中	拿动拿不动？	天祝	能拿动吗？
靖远	拿动不？	武威	拿得动吗？
定西	能拿动吗？	民勤	拿得动吗？
会宁	①能撼拿动吗？②能拿动吗？	永昌	拿得动吗？
通渭	拿得动吗？	山丹	拿动吗？
静宁	能拿起吗？	张掖	能拿动吗？
秦安	能拿动吗？	高台	拿动吗？
清水	①能拿动吗？②能撼（音哈）动不？	酒泉	拿得动吗？
天水	能撼（音哈）动吗？	玉门	拿得动吗？

续表

		（18）		
普通话	拿得动吗？		普通话	拿得动吗？
陇西	拿得动吗？		安西	拿得动？
武山	①能拿动吗？②能拿动吗（音漫）？		敦煌	拿得动吗？
徽成	撼（音哈）得起吗？		临洮	拿动吗？
西礼	撼（音哈）得动吗？		岷县	拿动吗？
武都	拿得动吗？		临潭	拿得哪（nia）？
文县	①拿得起吗？②撼得起吗？		临夏	拿动拿不动？
平凉	①能拿动吗？②拿得动吗？		和政	①拿动下（音哈）呢？（汉）②拿动下（音哈）榜？（回）
泾川	能拿动吗？		东乡	拿得动吗？
镇原	能撼（音哈）起吗？		德乌鲁	拿动啦？
宁县	能拿动啊没？		龙迭	拿得动吗？

	（19）
普通话	我拿得动，他拿不动。
兰州	我能拿动，他拿不动。
白银	我能拿动，他拿不动。
榆中	我拿得动，他拿不动。
靖远	①我拿（音拉）得起，他拿（音拉）不起。②我拿动呢，他拿不动。
定西	我能拿动，他拿不动。
会宁	我能撼动，他撼不动。
通渭	我能撼起，他撼不起。
静宁	我能拿起，他拿不起。
秦安	我拿得动，他拿不动。
清水	①我能拿动，他拿不动。②我能撼（音哈）动，他撼（音哈）不动。
天水	我能撼（音哈）动，他撼（音哈）不动。
陇西	我拿得动，他拿不动。
武山	我能拿动，他拿不动。

续表

	(19)
普通话	我**拿**得动，他**拿**不动。
徽成	我撼（音哈）得起，他撼（音哈）不起。
西礼	我能行，他撼（音哈）不动。
武都	我拿得动，他拿不动。
文县	①我拿得动，他拿不动。②我撼（音哈）得起，他撼（音哈）不起。
平凉	我能拿动，他没事。
泾川	我拿得动，他拿不动。
镇原	①我能拿动，他拿不动。②我能撼（音哈）动，他没事。
宁县	我能拿动呢，他拿不动。
庆阳	我能拿动，他拿不动。
环县	我能拿动，他拿不动。
天祝	我能拿动，他拿不动。
武威	我拿得动，他拿不动。
民勤	我能拿动，他拿不动。
永昌	我能拿动，他拿不动。
山丹	我拿动，他拿不动。
张掖	我能拿动，他拿不动。
高台	我拿动了，他拿不动。
酒泉	我拿得动，他拿不动。
玉门	我能拿动，他拿不动。
安西	我能拿动，他拿不动。
敦煌	我拿得动，他拿不动。
临洮	我拿得动，他拿不动。
岷县	我拿动，他拿不动。
临潭	我拿动呢，他拿不动。
临夏	我拿动呢，他拿不动。
和政	我拿动呢，他拿不动。
东乡	我拿得动，他拿不动。

	(19)
普通话	我**拿得动**，他拿**不动**。
德乌鲁	我拿动呢，他拿不动。
龙迭	我拿动呢，他拿不动。

	(20)
普通话	真不轻，重得连我都拿不动了。
兰州	实话不轻，连我都拿不动。
白银	真不轻，重得连我都拿不动了。
榆中	真不轻，重的连我都拿不动了。
靖远	重得很，我都拿不动。
定西	重得很，连我都拿不动。
会宁	这实在重，连我都撼不动。
通渭	真不轻，压得连我都扛不动了。
静宁	重得很，我也拿不起。
秦安	真不轻，重的连我都拿不动了。
清水	①重得很，我啊也拿不动。②重得很，我都撼（音哈）不动。
天水	重得很，我都撼（音哈）不动。
陇西	真不轻，重得我都拿不动了。
武山	太重了，重的连我都拿不动了。
徽成	真不轻，重的连我都撼（音哈）不动。
西礼	太重了，我都撼（音哈）不动。
武都	真不轻，重的连我都拿不动了。
文县	真不轻，重的连我都拿不动了。
平凉	重得很，我都拿不动。
泾川	真不轻，重的连我都拿不动了。
镇原	实话不轻，重的我也拿不动。
宁县	重得很，我都拿不动。
庆阳	重得很，我都拿不起。

续表

	(20)
普通话	真不轻，重得连我都拿不动了。
环县	重得很，重的我都拿不动了。
天祝	这么重个东西，重的人拿动吗？
武威	重啊，我都拿不动。
民勤	真不轻，重的连我都拿不动了。
永昌	真不轻，我都拿不动了。
山丹	这个很重，重的我都拿不动了。
张掖	重的连我都拿不动了。
高台	真不轻，我都拿不动。
酒泉	真不轻，重的连我都拿不动了。
玉门	这个东西这么重，我也拿不动了。
安西	重得很，连我都拿不动。
敦煌	重得很，我都拿不动。
临洮	重得很，连我都拿不动了。
岷县	真不轻，重的我拿不起。
临潭	重得很，连我都拿不起。
临夏	重得很，连我都拿不动。
和政	真不轻，重着连我都拿不动了。
东乡	真不轻，重得连我都拿不动了。
德乌鲁	重得很，连我都拿不动。
龙迭	真不轻，重的连我都拿不起。

	(21)
普通话	你说得很好，你还会说点儿什么呢？
兰州	你说得好，你还会说啥？
白银	你说得真好，你还会说些啥？
榆中	你说得很好，你还会说什么？
靖远	你说得好得很，你还会说些啥？

续表

	（21）
普通话	你说得很好，你还会说点儿什么呢？
定西	你说得很好，你再会说啥？
会宁	你说得好得很，你还会个啥（sa）？
通渭	你说的好得很，你还会说些儿啥（sa）？
静宁	你说得很好，你还给能说些什么？
秦安	你说得很好，你还会说点儿什么呢？
清水	①你说得好得很，你还会说些啥？②你说得很好，再会说的啥？
天水	你说得好，你还会说个啥？
陇西	你说得很好，你还会说点儿什么呢？
武山	①你说得好得很，你还会说点什么？②你说得很好，你还说点什的（音社刀）来？
徽成	你说得好得很，你还会说点啥？
西礼	你说（音雪）的好，你还会说（音雪）些啥哩？
武都	你说得很好，你还会说点儿什么呢？
文县	①你说得很好，还会说点儿什么？②你说得很好，你还会说啥呢？
平凉	你说的好得很，你还会说啥？
泾川	你说得好听很，你还会说些啥？
镇原	①你说得很好，你还会说点儿什么呢（或吗）？②你说得很好，你还会说些什么？
宁县	你说得好，你还会说（些）啥？
庆阳	你说得好听很，你还会说些啥？
环县	你说得很好，你还会说些什么？
天祝	你说的话好，你还能说个啥呢？
武威	你说得好，你还会说些什么？
民勤	你说得很好，你还会说点什么呢？
永昌	你说得很好，你还会说什么呢？
山丹	你说得很好，你还会说什么呢？
张掖	你说得很好，你还会说些啥？
高台	你说得很好，你还会说个啥？

续表

	(21)
普通话	你说得很好,你还会说点儿什么呢?
酒泉	你说得很好,你还会说些什么呢?
玉门	你说得好,你还会说些啥?
安西	你说得好,你还会说啥?
敦煌	你说得很好,你还会说些啥?
临洮	你说得很好,你还会说些儿啥?
岷县	你说得很好,你再会说啥?
临潭	你说得好得很,你再会说个啥?
临夏	你会说得很,还会说什么呢?
和政	你说得很好,你还会说些什么呢?
东乡	你说得很好,你还会说点儿什么呢?
德乌鲁	你说得好,你还说些什么?
龙迭	你说得很好,你还会说点儿什么。

	(22)		
普通话	我嘴笨,我说不过他。	普通话	我嘴笨,我说不过他。
兰州	我的嘴笨,我说不过他。	庆阳	我嘴笨,我说不过他。
白银	我嘴笨,我说不过他。	环县	我嘴笨,我说不过他。
榆中	我嘴拙,我说不过人家。	天祝	我嘴惰(音驼),我说不上。
靖远	我嘴笨,我说不过他。	武威	我嘴笨,说不过他。
定西	我嘴笨,我说不过口(nia)。	民勤	我嘴笨,说不过他。
会宁	我笨(音闷)得很,我说不过他。	永昌	我嘴笨,我说不过他。
通渭	我嘴拙,我说不过他。	山丹	我嘴笨,说不过他。
静宁	人家嘴快,我说不过人家。	张掖	我嘴笨,我说不过他。
秦安	我嘴迟,我说不过他。	高台	我嘴码子不利,说不过他。
清水	我嘴笨,我说不过他。	酒泉	我嘴笨,我说不过他。
天水	我嘴笨得很,说不过他。	玉门	我不会说话,我说不过他。
陇西	我嘴笨,我说不过他。	安西	我嘴拙,我说不过他。

续表

普通话	（22）我嘴笨，我说不过他。	普通话	我嘴笨，我说不过他。
武山	我嘴笨，我说不过他。	敦煌	我的嘴拙，说不过他。
徽成	我嘴笨，我说不过他。	临洮	我嘴笨，我说不过他。
西礼	我嘴笨，我说不过他。	岷县	我嘴笨，我说不过他。
武都	我嘴笨，我说不过他。	临潭	我嘴重，我说不过他。
文县	①我嘴笨，我说不过他。②我嘴巴子不行，说不过他。	临夏	①我嘴笨得很，我他说不过。②我嘴笨得很，我说不过他。
平凉	你能得很，我说不过你。	和政	我嘴笨，我他啊说不过。
泾川	我嘴笨，我说不过他。	东乡	我嘴笨，我说不过他。
镇原	我嘴笨，我说不过他。	德乌鲁	我嘴笨，我他说不过。
宁县	我嘴笨得很，我说不过他。	龙迭	我笨得很，我说不过他。

普通话	（23）说了一遍，又说了一遍。	普通话	说了一遍，又说了一遍。
兰州	说了一遍，又延了一遍。	庆阳	说了一遍，可说了一遍。
白银	说了一遍，又说了一遍。	环县	说了一遍，可说了一遍。
榆中	说了一遍，又说一遍。	天祝	说了一次，又一次。
靖远	说了一遍，还说了一遍。	武威	说了一遍，又还说了一遍。
定西	说了一遍，又说了一遍。	民勤	说了一遍，又说了一遍。
会宁	说了一遍，可说了一遍。	永昌	说了一遍，又说了一遍。
通渭	说了一划（音参），又说了一划。	山丹	①说了一回，又说了一回。②说了一遍，又说一遍。
静宁	说了一遍，可说了一遍。	张掖	说了一遍，又说了一遍。
秦安	说了一遍，又说了一遍。	高台	说了一遍，又一遍的烦烦绪绪的。
清水	①说了一遍，可说了一遍。②说了一遍，又说了一遍。	酒泉	说了一遍，又说了一遍。
天水	说了一遍，可说了一遍。	玉门	说了一遍，又说了一遍。
陇西	说了一遍，又说了一遍。	安西	说了一遍，又说了一遍。
武山	说了一遍，又说了一遍。	敦煌	说了一遍，又重了一遍。
徽成	说了一遍，又说了一遍。	临洮	说了一遍，又一遍。

续表

	(23)		
普通话	说了一遍，又说了一遍。	普通话	说了一遍，又说了一遍。
西礼	说了一遍，又说了一遍。	岷县	说了一遍，又说了一遍。
武都	说了一遍，还要说一遍。	临潭	说了一遍，可说了一遍。
文县	说了一遍，又说了一遍。	临夏	①说了一次，可说了一次。 ②说了一划，可说了一划。
平凉	说了一遍，可说一遍。	和政	说了一遍，可说了一遍。
泾川	说了一遍，又说了一遍。	东乡	说了一次，又说了一次。
镇原	说了一遍，又说了一遍。	德乌鲁	说了一遍，可说了一遍。
宁县	说了一遍，还说了一遍。	龙迭	说了一遍，又说一遍。

	(24)		
普通话	请你再说一遍！	普通话	请你再说一遍！
兰州	①请你再说一遍！ ②请你重说一遍！	庆阳	请你再说一遍！
白银	请你再说一遍！	环县	请你可说一遍！
榆中	你给我们再说一遍！	天祝	给人再说一遍。
靖远	请你再说一遍！	武威	请你再说一遍！
定西	请你从说一遍！	民勤	请你再说一遍！
会宁	请你再说一遍！	永昌	你再说一遍好吗！
通渭	央及你再说一划！	山丹	你再说一遍！
静宁	请你再说一遍！	张掖	请你再说一遍！
秦安	请你再说一遍！	高台	你再说一下！
清水	请你再说一遍！	酒泉	请你再说一遍！
天水	请你再说一遍！	玉门	你再说一遍！
陇西	请你再说一遍！	安西	你再说一遍！
武山	请你再说一遍！	敦煌	你再说一遍！
徽成	请你再说一遍！	临洮	你再说一遍！
西礼	请你再说一遍！	岷县	请你再说一遍！
武都	请你再说一遍！	临潭	你再说一挂！

续表

	（24）		
普通话	请你再说一遍！	普通话	请你再说一遍！
文县	①请你再说一遍！ ②请你重说一遍！	临夏	请你再说一划！
平凉	你再说嘎子！	和政	请你再说一遍！
泾川	请你再说一遍！	东乡	请你再说一遍！
镇原	请你再说一遍！	德乌鲁	你再说一遍！
宁县	你再说一遍！	龙迭	请你再说一遍！

	（25）		
普通话	不早了，快去吧！	普通话	不早了，快去吧！
兰州	不早了，快些去！	庆阳	不早了，快去！
白银	不早了，快去吧！	环县	不早了，快去吧！
榆中	迟了，赶快去！	天祝	不早了，快去吧！
靖远	不早了，赶紧去！	武威	不早了，快去吧！
定西	迟了，赶紧抢（又音恰，是"去呀"的合音）！	民勤	不早了，快去吧！
会宁		永昌	①不早了，快去吧！ ②迟了，快走吧！
通渭	时候大了，一下去！	山丹	不早了，快去吧！
静宁	不早了，你赶快去！	张掖	不早了，快去吧！
秦安	不早了，快去吧！	高台	迟了，快去（音喀）吧！
清水	①不早了，快去！ ②不早了，赶紧去！	酒泉	不早了，快去吧！
天水	不早了，快去！	玉门	不早了，赶紧去！
陇西	不早了，快去吧！	山西	不早了，赶紧去！
武山	不早了，快去吧！	敦煌	不早了，快去吧！
徽成	不早了，赶紧去！	临洮	迟了，赶快去！
西礼	不早了，快回去！	岷县	不早了，快去！
武都	不早了，快去吧！	临潭	迟了，快去！
文县	不早了，快去吧！	临夏	不早了，快去！

	(25)		
普通话	不早了，快去吧！	普通话	不早了，快去吧！
平凉	都这会拉快去！	和政	不早了，快去吧！
泾川	不早了，快回去！	东乡	不早了，快去吧！
镇原	不早了，来紧去吧！	德乌鲁	不早了，快些去！
宁县	不早了，快急了去！	龙迭	不早了，快点去！

	(26)
普通话	现在还很早呢，等一会儿再去吧。
兰州	还早着呢，等一会再去。
白银	现在还早得很，等一会去。
榆中	现在还早着呢，停一会儿再去。
靖远	现还早着呢，再等一会去。
定西	现在还早着呢，等一会儿再去吧。
会宁	咱还早着呢，一会儿抢（又音恰，是"去呀"的合音）。
通渭	现在还早着呢，等一会儿再去吧。
静宁	还早着呢，等一会儿了再去。
秦安	现在还很早来，等一会儿再去吧。
清水	①现在还早呢，等半会再去。②还早着呢，迟一会（儿）。
天水	还早着呢，等一会再去。
陇西	现在还很早呢，等一会儿再去吧。
武山	现在还早呢，等一会再去吧。
徽成	现在还早得很，等一阵再去。
西礼	现在还很早，等一会再去。
武都	现在还早呢，等一会儿再去吧。
文县	①现在还很早，过一些时候了再去。②现在还早得很，等一会再去。
平凉	还早着呢，等嘎子再去吧。
泾川	现在还早呢，等一会儿回去。
镇原	①恁个（音银根）早着呢，等一功再去吧。②现在还很早呢，等一会儿再去吧。

续表

\(26\)	
普通话	现在还很早呢，等一会儿再去吧。
宁县	恁个（音银根）还早着呢，幸嘎子再去。
庆阳	恁个（音一根）还早着呢，停嘎再去。
环县	现在还早着呢，等一阵子再去吧。
天祝	这会子还早子来（哩），一会会再去吧。
武威	现在还早得很呢，再等一等了去吧。
民勤	现在还早呢，等一会再去吧。
永昌	①现在还早呢，再等一等了去吧。②现在还早呢，等一会再走吧。
山丹	现在还很早呢，一会儿再去吧。
张掖	现在还早的呢，等一等再去吧。
高台	还早的哩，迟迟咧去吧。
酒泉	现在还很早呢，等一会儿再去吧。
玉门	这一会子还早呢，再等一等了去。
安西	现在还早的呢，等一会去。
敦煌	现在还早着呢，等一会儿再走。
临洮	现在还早着呢，等一会再去吧。
岷县	现在还很早呢，等一会儿再去。
临潭	[ai]子还早得很，停一会了再去。
临夏	现在还早着呢，停一会再去。
和政	现在还早着呢，等一会儿再去吧。
东乡	现在还很早呢，等一会儿再去吧。
德乌鲁	还早，等一下了再去。
龙迭	现在早着呢，等一会儿再去。

\(27\)			
普通话	吃了饭再去好吧?	普通话	吃了饭再去好吧?
兰州	吃了饭再去，好不好?	庆阳	吃了饭再去，对哩不?
白银	吃了饭再去行吗?	环县	吃了饭再去能行吗?

续表

	(27)		
普通话	吃了饭再去好吧?	普通话	吃了饭再去好吧?
榆中	吃了饭再去吧?	天祝	饭吃罢了去吧?
靖远	吃罢饭再去成不成?	武威	吃了饭去吧?
定西	吃了饭再去。	民勤	吃了饭再去好吧?
会宁	吃饭再抢（又音恰，是"去呀"的合音）对吧?	永昌	饭吃了再去吧?
通渭	吃了饭再去好吧?	山丹	吃了饭再去吧?
静宁	饭吃罢去, 对吗?	张掖	吃了饭再去好吧?
秦安	吃了饭再去好吧?	高台	饭吃了去（音咯）行不行?
清水	①饭吃了再去能行不? ②吃了饭再去好不好?	酒泉	吃了饭再去好吧?
天水	吃了饭再去。	玉门	吃过饭去行不行?
陇西	吃了饭再去好吧?	安西	你吃罢饭再去。
武山	吃了饭再去好吧?	敦煌	吃了饭再去成不成?
徽成	吃了饭再去能成吗?	临洮	吃了饭再去好吧?
西礼	吃了饭你再去?	岷县	抢了饭再去好吧?
武都	吃了饭再去好吧?	临潭	饭吃了再去吧?
文县	①吃了饭后再去好吗? ②饭吃了再去。	临夏	吃了饭再去成不成?
平凉	饭吃了再去, 啊?	和政	饭阿吃了再去呢嘛（音门）?
泾川	吃了饭再去好吧?	东乡	吃了饭再去好吗?
镇原	①吃毕饭再去。 ②吃了饭再去好吗?	德乌鲁	饭吃了再去?
宁县		龙迭	吃了饭再去好吧?

	(28)		
普通话	慢慢儿地吃啊! 不要急!	普通话	慢慢儿地吃啊! 不要急!
兰州	慢慢地吃不了急!	庆阳	慢慢儿地吃啊! 不了急了!
白银	慢慢地吃! 不要急!	环县	慢慢地吃啊! 不要急!
榆中	慢慢儿地吃啊! 不要急!	天祝	慢慢吃, 不了（音落）急!

续表

普通话	（28）慢慢儿地吃啊！不要急！	普通话	慢慢儿地吃啊！不要急！
靖远	慢慢儿地吃啊！不要急！	武威	慢慢儿吃吧！不了急！
定西	消消缓缓地吃！候急！	民勤	慢慢地吃，不要急！
会宁	慢慢个吃！候应急！	永昌	慢慢吃吧！不要急！
通渭	慢慢地吃吵！不要急！	山丹	慢慢地吃，不要急！
静宁	慢些吃！不要急！	张掖	慢慢地吃！不要急！
秦安	慢慢儿地吃啊！不要急！	高台	慢慢吃，急得怎（音杂）？
清水	①慢慢儿地吃啊！不要急！ ②慢一点吃，不要慌	酒泉	慢慢儿地吃啊！不要急！
天水	慢慢吃候（音霍）了急呀！	玉门	你慢慢地吃，不了（音落）急！
陇西	慢慢啊地吃啊！不要急！	安西	慢些吃，不了（音落）急！
武山	慢慢地吃啊！不要急！	敦煌	慢慢吃，不要急！
徽成	慢慢儿地吃啊！不要急！	临洮	慢慢地吃，不要急！
西礼	慢慢儿地吃啊！不要急！	岷县	慢慢儿地吃，不要急！
武都	慢慢地吃吧！不要急！	临潭	慢慢儿吃，嫑（音包）急！
文县	①慢慢地吃，不要急！ ②慢慢儿地吃啊！不要急！	临夏	慢慢地嫑急！
平凉	慢些吃，嫑（音包）急咧！	和政	慢慢个吃啊！嫑（音包）急！
泾川	慢慢吃不要急了！	东乡	慢慢地吃，不要急！
镇原	①慢慢吃！再不急！ ②慢慢地吃不要急！	德乌鲁	慢些吃，嫑（音包）急！
宁县	慢慢儿吃，再不急了！	龙迭	慢慢儿地吃啊！不要急！

普通话	（29）坐着吃比站着吃好些。	普通话	坐着吃比站着吃好些。
兰州	坐着吃比站着吃好。	庆阳	坐下吃比站下吃好。
白银	坐着吃比站着吃好些。	环县	坐着吃比站着吃好些。
榆中	坐着吃比站着吃好些。	天祝	坐下吃比站下吃好些。
靖远	坐下吃比站下吃好。	武威	坐着吃比站着吃好些。
定西	就下吃比站着吃好些。	民勤	坐着吃比站着吃好些。

续表

	（29）		
普通话	坐着吃比站着吃好些。	普通话	坐着吃比站着吃好些。
会宁	坐下吃赶站下吃好。	永昌	坐着吃比站着吃好些。
通渭	坐下吃比站着吃好些。	山丹	坐着吃比站着吃好。
静宁	坐下吃比站下吃好。	张掖	坐下吃比站下吃好。
秦安	坐着吃比站着吃好些。	高台	坐得吃比站得吃好。
清水	①坐下吃比站下吃好。②坐下吃比站下吃去好。	酒泉	坐着吃比站着吃好些。
天水	坐下吃比站下吃好些。	玉门	坐着吃比站着吃好。
陇西	坐着吃比站着吃好些。	安西	坐的吃比站的吃好。
武山	①坐着吃比站着吃好些。②坐着吃比站着吃好一点。	敦煌	坐着吃比站着吃好些。
徽成	坐着吃比站着吃好些。	临洮	坐下吃比站下吃好些。
西礼	坐着吃比站着吃好些。	岷县	坐下吃比站下吃好。
武都	坐着吃比站着吃好些。	临潭	坐下吃比站下吃好点。
文县	①坐着吃比站着吃好些。②坐下吃比站着（音到）吃好些。	临夏	坐下（哈）了吃比站下（哈）了吃好。
平凉	坐下吃比站下吃好。	和政	坐下了吃比站下着吃好些。
泾川	坐着吃比站着吃好些。	东乡	坐着吃比站着吃好些。
镇原	坐上吃比站上吃好。	德乌鲁	坐下了吃嘛比站下了吃得好。
宁县	坐下吃比立下吃好。	龙迭	坐着吃比站着吃好些。

	（30）
普通话	他吃了饭了，你吃了饭没有呢？
兰州	他吃了饭了，你吃了没有？
白银	他饭吃过了，你吃了没？
榆中	他吃下饭了，你吃下了没？
靖远	他吃过饭了，你吃了没有？
定西	他吃饭了，你吃饭了没？
会宁	他把饭吃了，你吃了吗？
通渭	他饭吃了了，你饭吃了没有？

	(30)
普通话	他吃了饭了，你吃了饭没有呢？
静宁	他把饭吃了，你吃了吗没有？
秦安	他吃了饭了，你吃了饭没有呢？
清水	①他吃了，你吃了没有？②他吃过了，你吃了没？
天水	他吃了，你吃了没？
陇西	他饭吃罢了，你吃了吗？
武山	①他吃了饭了，你吃了饭没有呢？②他吃了饭了，你吃了饭了吗（音漫）？
徽成	他吃了饭了，你吃了饭没有呢？
西礼	他吃了饭了，你吃了饭没有呢？
武都	他吃了饭了，你吃了饭没有呢？
文县	①他吃了饭了，你吃了没有？②他饭吃了，你吃了没有？
平凉	他吃了，你吃了没？
泾川	他吃了饭，你吃了没有？
镇原	他吃了饭了，你吃了饭没有呢？
宁县	他把饭吃了，你吃了没？
庆阳	他吃了，你吃了没？
环县	他吃了饭了，你吃了饭没有？
天祝	他吃了饭了，你吃了没有？
武威	他吃了饭了，你吃了饭没有？
民勤	他吃过饭了，你吃过了没有？
永昌	他吃过饭了，你吃过没有？
山丹	他吃了，你吃了没有？
张掖	他吃了饭了，你吃饭了没有？
高台	他饭吃了，你吃了（音咧）吗？
酒泉	他吃了（音咧）饭了，你吃了饭没有？
玉门	他吃了饭了，你吃饭了没得？
安西	他吃了饭了，你吃了没有？
敦煌	他吃了饭了，你吃了没有？

（30）

普通话	他吃了饭了，你吃了饭没有呢？
临洮	①他吃下了，你吃了没有？②他吃了饭了，你吃了饭没有呢？
岷县	他吃过饭了，你吃了饭没有呢？
临潭	他喝了，你喝了没有？
临夏	他饭吃了，你饭吃了没有？
和政	他饭啊吃了，你饭啊吃了没有？
东乡	他吃了饭了，你吃了饭没有呢？
德乌鲁	他饭吃了，你饭吃了没有？
龙迭	他饭吃上了，你吃了没有？

（31）

普通话	他去过上海，我没有去过。	普通话	他去过上海，我没有去过。
兰州	他到上海去过，我没有去过。	庆阳	他去过上海，我没有去过。
白银	他去过上海，我没有去过。	环县	他去过上海，我没有去过。
榆中	他去过上海，我没有去过。	天祝	他去过上海，我没有去过。
靖远	他去过上海，我没有去过。	武威	他去过上海，我没有去过。
定西	他走过上海，我没走过。	民勤	他到上海去过，我就没到过。
会宁	他到上海去过，我没有去过。	永昌	他去过上海，我没有去过。
通渭	他走过上海，我没去过。	山丹	他去过上海，我没有去过。
静宁	他走过上海，我没有。	张掖	他去过上海，我没有去过。
秦安	他走过上海，我没有走过。	高台	他上海去（音喀）过，我没去（音喀）过。
清水	他到过上海，我没去过。	酒泉	他去过上海，我没有去过。
天水	咻去过上海，奥（音熬）没去过。	玉门	他去过上海，我没有走过上海。
陇西	他去过上海，我没有去过。	安西	他走过上海，我没走过。
武山	他去过上海，我没有去过。	敦煌	他到过上海，我还没走过。
徽成	他去过上海，我没有去过。	临洮	他去过上海，我没有去过。
西礼	他走过上海，我没有去过。	岷县	他去过上海，我没有去过。
武都	他去过上海，我没有去过。	临潭	他到上海去过，我没有去过。

续表

普通话	（31）	普通话	他去过上海，我没有去过。
	他去过上海，我没有去过。		
文县	①他到上海去过，我没有去过。②他走过上海，我没有走过。	临夏	他上海去过，我没去过。
平凉	他走过上海，我没走过。	和政	他到过上海，我没有到过。
泾川	他走过上海，我没有去过。	东乡	他去过上海，我没有去过。
镇原	他走过上海，我没有去（或"走"）过。	德乌鲁	他上海去过，我没有去过。
宁县	他到上海去过，我没去过。	龙迭	他去过上海，我没去过。

普通话	（32）	普通话	来闻闻这花香不香？
	来闻闻这花香不香？		
兰州	你闻一下，这个花儿香不香？	庆阳	来闻嘎子看这花香哩不？
白银	来闻闻这朵花儿香不香？	环县	来闻一下这朵花香不香？
榆中	来闻闻这朵花香不香？	天祝	你来闻闻这朵花香不香？
靖远	来闻一闻这朵花香不香？	武威	来闻闻这朵花香不香？
定西	来闻一下这朵花香不香？	民勤	来闻闻这朵花香不香？
会宁	来（音拿）闻一下这朵花儿香吧？	永昌	①你闻闻这朵花香不香？②这朵花你闻闻香不香？
通渭	来闻这朵花香不香？	山丹	来闻闻这朵花香不香？
静宁	来闻一下这朵花香吗？	张掖	来闻一闻这朵花香不香？
秦安	来闻闻这朵花香不香？	高台	你闻闻这个花香呀不（音也波）？
清水	来闻闻这朵花香不香？	酒泉	来闻闻这朵花香不香？
天水	来闻给下这朵看香不香？	玉门	闻一下这朵花香不香？
陇西	你闻一下这朵花儿香吗？	安西	你闻这朵花香不香？
武山	来闻闻这朵花香不香？	敦煌	你闻这朵花儿香不香？
徽成	来闻闻这朵花香不香？	临洮	来闻闻这朵花香不香？
西礼	来闻这朵花香不香？	岷县	来闻闻这朵花香不香？
武都	来闻这朵花香不香？	临潭	①你闻一挂看这个花香价？②来闻闻这朵花香着啦？
文县	来闻这朵花看香不香？	临夏	你闻一下（音哈）这个花香不香？

续表

	(32)		
普通话	来闻闻这花香不香?	普通话	来闻闻这花香不香?
平凉	来闻嘎这个花香吗?	和政	来闻一下这朵花香不香?
泾川	①你来闻嘎子，看这个花香吗? ②来闻闻这朵花香不香?	东乡	来闻闻这朵花香不香?
镇原	①来闻闻这朵花香不香? ②来闻嘎子看这花香不香?	德乌鲁	你来闻一下这个花香啦不香?
宁县	你来闻这花看香哩呀不?	龙迭	来闻闻这朵花香不香?

	(33)		
普通话	给我一本书!	普通话	给我一本书!
兰州	给我给一本书!	庆阳	给我一本儿书!
白银	给我一本书!	环县	给我一本子书!
榆中	给我一本书!	天祝	给给我一本子书!
靖远	给我把书给一本!	武威	给我一本书!
定西	给(音过)我一本书!	民勤	给我一本书!
会宁	给我撼(阴平)着一本书来(音拿)!	永昌	给我一本书!
通渭	给(音过)我一本!	山丹	书给我一本!
静宁	给我给一本书!	张掖	给我一本书!
秦安	给我一本书!	高台	那书给我一本!
清水	给我给上一本书!	酒泉	给我一本书!
天水	给我一本书!	玉门	给我给上一本子书!
陇西	给我一本书!	安西	给我一本书!
武山	给我一本书!	敦煌	给我一本书!
徽成	给我一本书!	临洮	给我一本书!
西礼	给我一本书!	岷县	给我一本书!
武都	给我一本书!	临潭	给我给上一本书!
文县	给我一本书!	临夏	给我给一本书!
平凉	给我给一本书哟(音哂)!	和政	我啊书给一本!
泾川	给我一本书!	东乡	给我一本书!

续表

普通话	给我一本书！	普通话	给我一本书！
	（33）		
镇原	给我一本书！	德乌鲁	给我给一本！
宁县	给我上一本书！	龙迭	给我给一本！

普通话	我实在没有书嘢！	普通话	我实在没有书嘢！
	（34）		
兰州	我实话没有书！	庆阳	我实话没有书嘢！
白银	我真没有书嘢！	环县	①我实在没有书嘢！②我着实没有书嘢！
榆中	我实话没有书！	天祝	我多少没有个书！
靖远	我确实没有书！	武威	我实在没有书嘢！
定西	我实在没有书嘢！	民勤	我实在没有书嘢！
会宁	我真个（音只赶）没有书！	永昌	我真的没有书！
通渭	我实在没有书嘢！	山丹	我到底没有书！
静宁	我真个没有书啊！	张掖	我啥书都没有了！
秦安	我实在没有书嘢！	高台	①我真的没有书！②我实在没有书！
清水	我真个没有书！	酒泉	我实在没有书么！
天水	我真果没有书嘢（音木）！	玉门	实话我没有书！
陇西	我实在没有书嘢！	安西	①我实在没有书嘢！②我多少没有书！
武山	我实在没有书嘢！	敦煌	我实在没有书嘢！
徽成	我实在没有书嘢！	临洮	我实在没有书嘢！
西礼	我实在没有书！	岷县	我真个没有书！
武都	我实在没有书！	临潭	我实话没有书！
文县	我到底没有书！	临夏	我实话没有书！
平凉	我没有书嘢（音木），给你给啥呢吵（音晒）！	和政	我实在没有书！
泾川	①我实个没有书！②我实在没有书嘢！	东乡	

续表

	(34)		
普通话	我实在没有书嘞！	普通话	我实在没有书嘞！
镇原	①我实在没有书！ ②我实话没有书嘞！	德乌鲁	我实话没有书！
宁县	①我实话没有书！ ②我实在没有的（承上，不再提"书"）！	龙迭	我实在没有书嘞！

	(35)		
普通话	你告诉他。	普通话	你告诉他。
兰州	你给他说。	庆阳	你给他说一下。
白银	你给他说一下。	环县	你给他说一下。
榆中	你说给他。	天祝	你连他说去。
靖远	你给他说。	武威	你说给他。
定西	你告诉他。	民勤	你告诉给他。
会宁	你给（音过）他说给（音过）下。	永昌	你跟他说说。
通渭	你告诉他。	山丹	你说给他说。
静宁	你说给他。	张掖	你说给说。
秦安	你给他说。	高台	你说给他。
清水	你说给他。	酒泉	你告诉他。
天水	你给他说给。	玉门	你说给他说。
陇西	你给（音过）他说一下。	安西	①你告诉他。②你说给他。
武山	你告诉他。	敦煌	你给他说。
徽成	你给他说。	临洮	你给他说。
西礼	你给他说。	岷县	你给他说一下。
武都	你告诉他。	临潭	你给他说给。
文县	你给他说。	临夏	你他说的。
平凉	你给他说嘎。	和政	你他啊说的。
泾川	①你给他说嘎子。②你给他说。	东乡	你说给他。
镇原	①你对他说。②你给他说。	德乌鲁	你他说的。

	（35）		
普通话	你告诉他。	普通话	你告诉他。
宁县	你给他说嘎子。	龙迭	你给他说。

	（36）		
普通话	好好儿的走！不要跑！	普通话	好好儿的走！不要跑！
兰州	慢慢的走！不了跑了！	庆阳	好好儿的走，不了跑了！
白银	好好的走！不准跑！	环县	好好儿走，不要跑了！
榆中	慢慢的走！不要跑！	天祝	好好走，不要跑！
靖远	好好儿的走！不要跑！	武威	慢慢儿走，不要跑！
定西	好好个走！不要跑！	民勤	好好儿的走，不要跑！
会宁	好好个走！	永昌	慢慢走，不要跑！
通渭	好好个走！不要跑！	山丹	好好儿的走，不要跑！
静宁	好好儿的走，不要跑！	张掖	好好儿的走，不要跑！
秦安	好好儿的走，不要跑！	高台	好好走，不要跑！
清水	好好走，不要跑了！	酒泉	好好儿的走！不要跑！
天水	慢慢走，不了跑！	玉门	好好走，不了跑！
陇西	好好儿走，不要跑！	安西	①好好儿的走，不要跑！ ②好好的走，不了（音落）胡跑！
徽成	好好儿的走，不要跑！	敦煌	好好儿的走，不要跑！
武山	好好儿的走，不要跑！	临洮	好好儿个走！
西礼	慢慢走，不要跑！	岷县	好好儿的走，不要跑！
武都	好好儿的走，不要跑（有时用"不许"）！	临潭	好好儿走，夒跑！
文县	好好的走，不要跑（或别跑）！	临夏	你好好走，不要跑！
平凉	好好儿的走，不要（音包）跑！	和政	好好的走！夒跑！
泾川	好好走，不要跑！	东乡	好好的走，不要跑！
镇原	好好走，不要跑！	德乌鲁	好好的走，夒（音包）跑！
宁县	你好好儿走，不敢跑！	龙迭	好好儿走夒（音包）跑！

	(37)
普通话	小心跌下去爬也爬不上来！
兰州	小心跌下去，爬都爬不上来！
白银	小心跌下去上都上不来！
榆中	小心跌下去，扒都扒不上来！
靖远	小心跌下去了着，爬都爬不上去！
定西	防着跌下去，就上不来了！
会宁	小心跌着下去，爬都爬不上来！
通渭	小心跌下去，爬也爬不上来！
静宁	小心跌下来不得上来！
秦安	小心跌下去爬也爬不上来！
清水	小心看跌着下去就爬不上来了！
天水	小心着跌下去爬不上来了！
陇西	小心跌下去爬不上来！
武山	小心跌下去爬也爬不上来！
徽成	小心跌下去爬也爬不上来！
西礼	小心绊下去就爬不上来了！
武都	小心跌下去爬不上来！
文县	小心跌下去爬也爬不上来！
平凉	小心滚下去，爬都爬不上去！
泾川	小心跌下去，爬也爬不上来！
镇原	①小心跌倒，然不起了！②小心栽下去，爬都爬不起来！
宁县	小心跌下去了，你就不得上来！
庆阳	小心栽下去，爬都爬不起来！
环县	小心栽下去，不得上来了着！
天祝	你防着些不要跌下去，跌下去爬不上来！
武威	小心跌下去可爬不上来！
民勤	小心跌下去也爬不上来！
永昌	小心掉（攒）下去，上也上不来！
山丹	小心拐下去爬也爬不起来！

续表

	（37）
普通话	小心跌下去爬也爬不上来！
张掖	小心，跌下去爬都爬不上来！
高台	不要跌下给了，爬也爬不上来！
酒泉	小心跌下去爬也爬不上来！
玉门	防着些你不要跌下去啦了，跌下去趴也趴不上来！
安西	操心跌下去爬（音拔）也爬（音拔）不上来！
敦煌	小心跌下去爬也爬不上来！
临洮	小心跌下去爬也爬不上来！
岷县	小心跌下去扒不上来！
临潭	小心叫跌着下去再爬不着（音致）上来！
临夏	小心绊下（音哈）去，上不来下（音哈）。
和政	小心扒着下（音哈）去爬也爬不上来！
东乡	
德乌鲁	小心跌着（音者）下去上不来下！
龙迭	小心拌下去爬也爬不起来！

	（38）		
普通话	医生叫你多睡一睡。	普通话	医生叫你多睡一睡。
兰州	先生叫你多睡一会。	庆阳	医生叫（音照）你多睡一阵阵儿。
白银	医生叫你多睡一会。	环县	医生叫你多睡一会。
榆中	先生叫你多睡一会。	天祝	大夫叫你多睡一刻。
靖远	医生叫你多睡一会呢。	武威	医生说的叫你多睡一睡哩。
定西	医生叫你多睡一睡。	民勤	医生叫你多睡一睡。
会宁	先生叫你多睡一会。	永昌	先生叫你多睡睡。
通渭	医生叫你多睡一睡。	山丹	医生叫你多睡一会儿。
静宁	医生叫你多睡一觉。	张掖	先生叫你多睡一睡。
秦安	医生叫你多睡一睡。	高台	医生教（音跌）你多睡一睡。
清水	先生叫你多睡一会儿。	酒泉	医生叫你多睡一睡。

续表

	(38)		
普通话	医生叫你多睡一睡。	普通话	医生叫你多睡一睡。
天水	先生叫你多睡一会。	玉门	医生叫你多睡一睡。
陇西	医生叫你多睡一下。	安西	医生叫你多睡一睡。
武山	医生叫你多睡一睡。	敦煌	医生叫你多睡一睡。
徽成	先生叫你多睡一阵。	临洮	医生叫你多缓一缓。
西礼	先生着你多睡一阵。	岷县	先生叫你多睡一会。
武都	①医生叫你多睡一睡。②医生叫你多睡一会。	临潭	医生叫你多睡一会呢。
文县	先生叫（音到）你多睡一下。	临夏	医生叫你多睡一会。
平凉	医生叫你多睡嘎呢。	和政	医生叫你多睡一会。
泾川	①良医叫你多睡一阵子。②医生叫你多睡一睡。	东乡	医生叫你多睡一睡。
镇原	①医生叫你多睡一哈儿。②医生叫你多睡一阵儿。	德乌鲁	医生说你多睡一会。
宁县	大夫叫（音到）你多睡嘎子哩。	龙迭	

	(39)		
普通话	吸烟或者喝茶都不行。	普通话	吸烟或者喝茶都不行。
兰州	抽烟喝茶都不行。	庆阳	吃烟喝茶都没事。
白银	抽烟或者喝茶都不行。	环县	吸烟或者喝茶都不准。
榆中	吸烟或者喝茶都不行。	天祝	吃烟喝茶都不行。
靖远	吸烟或者喝茶都不行。	武威	抽烟或者喝茶都不行。
定西	吸烟或者喝茶都不行。	民勤	吸烟或者喝茶都不行。
会宁	吃烟连喝茶我都没事。	永昌	吃烟喝茶都不行。
通渭	吸烟或者喝茶都不行。	山丹	吃烟和喝茶都不行。
静宁	吃烟或喝茶都不行。	张掖	吸烟或是喝茶都不行。
秦安	吸烟或者喝茶都不行。	高台	吃烟喝茶都不行。
清水	吸烟喝茶都不能行。	酒泉	吸烟和喝茶都不行。
天水	吃烟喝茶都不行。	玉门	吃烟喝茶都不行。
陇西	吸烟或者喝茶都不行。	安西	抽烟或者喝茶都不行。

续表

	(39)		
普通话	吸烟或者喝茶都不行。	普通话	吸烟或者喝茶都不行。
武山	吸烟或者喝茶都不行。	敦煌	吸烟或者喝茶都不行。
徽成	吸烟或者喝茶都不行。	临洮	吃烟或者喝茶都不成。
西礼	吸烟喝茶都不行。	岷县	吸烟或者喝茶都不成。
武都	吸烟或者喝茶都不行。	临潭	吃烟喝茶都不成。
文县	吸烟或喝茶都不成。	临夏	吃烟或者喝茶都不成。
平凉	吃烟喝茶都没相。	和政	吸烟或者喝茶都不成。
泾川	吸烟或者喝茶都不行。	东乡	吸烟或者喝茶都不成。
镇原	吸烟或者喝茶都不行。	德乌鲁	吸烟喝茶是都不成。
宁县	吸烟喝茶都没相。	龙迭	吃烟喝茶都不成。

	(40)	
普通话	烟也好，茶也好，我都不喜欢。	
兰州	烟也罢，茶也罢，我都不爱。	
白银	烟也好，茶也好，我都不喜欢。	
榆中	烟茶那些东西，我都不染。	
靖远	烟也好，茶也好，我都不喜欢。	
定西	烟也好，茶也好，我都不爱。	
会宁	烟来，茶来，我都不爱。	
通渭	吃烟，喝茶，我都不喜欢。	
静宁	烟和茶，我都不喜欢。	
秦安	烟也好，茶也好，我都不喜欢。	
清水	烟也罢，茶也罢，我都不好呦一套。	
天水	烟也好，茶也好，我都不爱。	
陇西	烟也好，茶也好，我都不喜欢。	
武山	烟也好，茶也好，我都不喜欢。	
徽成	烟也好，茶也好，我都不高兴。	
西礼	不爱吸烟喝茶。	

续表

	(40)
普通话	烟也好，茶也好，我都不喜欢。
武都	烟也好，茶也好，我都不喜欢。
文县	烟也好，茶也好，我都不喜欢。
平凉	烟也好，茶也好，我都不眼热。
泾川	①烟啊吧，茶啊吧，我都不喜欢。②烟也好，茶也好，们都不喜欢。
镇原	①烟也好，茶也好，我都不眼热。②烟好，茶好，我都不爱。
宁县	①烟茶我都不爱（音耐）。②烟也好，茶也好，我都不爱。
庆阳	烟也好，茶也好，我都不眼热。
环县	烟也好，茶也好，我都不爱。
天祝	烟也好，茶也好，我都不爱。
武威	烟和茶，我都不喜欢。
民勤	烟也好，茶也好，我都不喜欢。
永昌	吃烟，喝茶，我都不喜欢。
山丹	烟也好，茶也好，我都不吃。
张掖	烟也好，茶也好，我都不爱。
高台	烟也好，茶也好，我都不惯。
酒泉	烟也罢，茶也罢，我都不喜欢。
玉门	烟也好，茶也好，我都不爱。
安西	烟也好，茶也好，我都不喜欢。
敦煌	烟也好，茶也好，我都不喜欢。
临洮	烟呀好，茶呀好，我都不要。
岷县	烟和茶，我都不喜欢。
临潭	烟也罢，茶也罢，我都不爱。
临夏	①烟也好，茶也好，我都不爱。②烟也好，茶也好，我都不喜欢。
和政	烟也好，茶也好，我都不喜欢。
东乡	
德乌鲁	烟了，茶了，我都不爱。
龙迭	烟也好，茶也好，我都不爱它。

	(41)
普通话	不管你去不去，反正我是要去的。
兰州	我不管你去不去，反正我要去呢。
白银	不管你去不去，反正我要去。
榆中	管你去不去，反正我要去。
靖远	不管你去不去，反正我是要去呢。
定西	不管你去不去，反正我要去的。
会宁	反正你去不去，我是一定要去。
通渭	你去不去，我要去呢。
静宁	你去也（音阿）好，不去（音阿）好，斜顺我要去呢。
秦安	不管你去不去，反正我是要去的。
清水	管你去不去，反正我要去哩。
天水	管你去不去，反正我去哩。
陇西	不管你去不去，反正我是要去的。
武山	不管你去不去，反正我是要去的。
徽成	不管你去不去，反正我是要过的。
西礼	看你去不去，我去价。
武都	不管你去不去，反正我是要去的。
文县	看你去不去，我是要去的。
平凉	管你去不去，我反正去呢。
泾川	不管你去不去，反正我要去。
镇原	①不管你去不去，我原要去呢。②管你去不去，反正我是要去的。
宁县	不管你去不去，我总（音左）要去呢。
庆阳	管你去哩不去，我总（音咋）去呀。
环县	不管你去不去，反正我去价。
天祝	不管你去不去，反正我去的。
武威	不管你去不去，反正我是要去的。
民勤	不管你去不去，反正我是要去的。
永昌	①不管你去不去，反正我要去。②不管你去不去，我是要去的。
山丹	不管你去不去，我是要去的。

续表

	(41)
普通话	**不管**你去不去，**反正**我是要去的。
张掖	不管你去不去，反正我要去。
高台	管你去（音客）不去（音客），反正我要去（音客）。
酒泉	不管你去不去，反正我是要去的。
玉门	不管你去不去，我非要去。
安西	不管你去不去，我要非去。
敦煌	不管你去不去，反正我要去。
临洮	不管你去不去，反正我要去。
岷县	看你去不去，反正我要去。
临潭	看你去不去，反正我要去呢。
临夏	不管你去拉不去，我要去呢。
和政	你去不去，我是准定要去。
东乡	
德乌鲁	你去啦不去，我一定要去呢。
龙迭	不管你去不去，反正我是要去的。

	(42)
普通话	我非去不可。
兰州	我非去不可。
白银	我非去不可。
榆中	我非去不可。
靖远	我非去不可。
定西	我非去不可。
会宁	我非去不行。
通渭	我非去不可。
静宁	我非去不行。
秦安	我非去不可。
清水	我一定要去哩。

续表

	(42)
普通话	我非去不可。
天水	我非去不可。
陇西	我非去不成。
武山	我非去不可。
徽成	我非去不可。
西礼	我偏去价。
武都	我非去不可。
文县	我非去不可。
平凉	①我怎（音杂，阴平）么（音门）都去呢。②我怎（音杂，阴平）么（音门）都去。
泾川	①我非去不可。②我一定要去。
镇原	我一定要去。
宁县	①我非去不可。②我怎（音杂，阴平）么都要去哩。
庆阳	我总（音昨）去呀。
环县	①我非去不可。②我非去不行。
天祝	我非要去。
武威	我非去不行。
民勤	我非去不可。
永昌	我一定要去。
山丹	我非去不行。
张掖	我非去不可。
高台	我非去（音客）不可。
酒泉	我偏去不可。
玉门	我非去不可。
安西	我非去不可。
敦煌	我非去不可。
临洮	我非去不可。
岷县	我非去不可。
临潭	①我一定要去。②我非去不成。

续表

(42)	
普通话	我非去不可。
临夏	①我非去不成。②我一定要去。
和政	①我非去不可。②我一定要去。
东乡	
德乌鲁	我一定去呢。
龙迭	我非去不可。

(43)				
普通话	你是哪一年来的?		普通话	你是哪一年来的?
兰州	你是哪一年来的?		庆阳	你啥（"是哪"的合音）一年来的?
白银	你是哪一年来的?		环县	你是哪一年来的?
榆中	你是哪一年来的?		天祝	你是多会来的?
靖远	你是多会来的?		武威	你是哪一年来的?
定西	你是哪一年来的?		民勤	你是哪一年来的?
会宁	你是阿一年来的?		永昌	你是啥时候来这里的?
通渭	你是阿一年来的?		山丹	你是哪年来的?
静宁	你是啥一年来的?		张掖	你是哪年来的?
秦安	你是哪一年来的?		高台	你是哪一年来的?
清水	你是阿一年来的?		酒泉	你是哪一年来的?
天水	你是阿一年来的?		玉门	你是哪一年来的?
陇西	你是阿一年来的?		安西	你是哪一年来的?
武山	你是阿一年来的?		敦煌	你是哪一年来的?
徽成	你是哪一年来的?		临洮	你是阿一年来的?
西礼	你是阿一年来的?		岷县	你是哪一年来的?
武都	你是哪一年来的?		临潭	你是阿一年来下的?
文县	你是阿年来的?		临夏	你是哪一年来的?
平凉	你是哪一年来的?		和政	你是阿一年来的?
泾川	你是哪一年来的?		东乡	

续表

	（43）		
普通话	你是哪一年来的?	普通话	你是哪一年来的?
镇原	①你是几时来的? ②你是啥时来的?	德乌鲁	你是阿会来的?
宁县	你是哪一年来的?	龙迭	你是哪一年来的?

	（44）		
普通话	我是前年到的北京。	普通话	我是前年到的北京。
兰州	我是前年个到北京的。	庆阳	我是前年到北京的。
白银	我是前年去过北京。	环县	我前年到北京的。
榆中	我是前年到北京的。	天祝	我是前年到北京的。
靖远	我是前年到北京的。	武威	我是前年到北京的。
定西	我是前年到北京的。	民勤	我是前年到北京的。
会宁	我是前年到北京的。	永昌	我是前年来北京的。
通渭	①我前年走过北京。 ②我前年到北京的。	山丹	我是前年去到北京。
静宁	我是前年到北京的。	张掖	我是前年到北京的。
秦安	我是前年到北京的。	高台	我是前年个到北京的。
清水	我前年到北京去过。	酒泉	我是前年到的北京。
天水	我是前年到北京的。	玉门	我是前年到北京的。
陇西	我是前年到的北京。	安西	我是前年到北京。
武山	我是前年到北京的。	敦煌	我前年到过北京。
徽成	我是前年到北京的。	临洮	我是前年到北京的。
西礼	我是前年到北京的。	岷县	我是前年到北京的。
武都	①我是前年到北京。 ②我是前年去的北京。	临潭	前年个到北京的。
文县	我是前年到北京的。	临夏	我是到北京来的。
平凉	①我是前年到北京的。 ②我是前年到的北京。	和政	我是前年到北京的。
泾川	①我前年走北京去过。 ②我是前年到北京的。	东乡	

续表

(44)			
普通话	我是前年到的北京。	普通话	我是前年到的北京。
镇原	①我是前年到的北京。 ②我是前年到北京的。	德乌鲁	我是前年北京来的。
宁县	我前年到北京的。	龙迭	我是前年到北京的。

(45)			
普通话	今天开会谁的主席?	普通话	今天开会谁的主席?
兰州	今天开会谁的主席?	庆阳	今儿开会谁个主席?
白银	今天开会谁当主席?	环县	今天开会谁个是主席?
榆中	今天开会谁是主席?	天祝	今个开会哪个主席?
靖远	今天开会谁是主席?	武威	今天开会谁是主席?
定西	今天开会谁是主席?	民勤	今天开会谁的主席?
会宁	今天开会谁当主席着呢?	永昌	今天开会谁当主席?
通渭	今天开会谁当主席?	山丹	今个开会谁是主席?
静宁	今天开会谁当主席呢?	张掖	今天开会谁的主席?
秦安	今天开会谁的主席?	高台	今天开会是谁的主席?
清水	今天开会谁当主席着哩?	酒泉	今天开会谁的主席?
天水	今天开会谁的(音朵)主席?	玉门	今天开会谁的主席?
陇西	今天开会谁是主席?	安西	今天开会谁的主席?
武山	今天开会阿谁(音斯)是主席?	敦煌	今天开会谁掌握的?
徽成	今天开会谁的主席?	临洮	今天开会谁的主席?
西礼	今天个会谁当主席价?	岷县	今天开会谁是主席?
武都	①今天开会谁的主席? ②今天开会谁当主席?	临潭	今儿个开会谁是主席?
文县	①今天开会是谁的主席? ②今天开会谁的主席?	临夏	今天开会阿一个当主席?
平凉	今儿个开会谁是主席?	和政	今天开会的主席是谁?
泾川	①今天开会谁的主席? ②今天开会谁是主席?	东乡	
镇原	①今天开会谁个是主席? ②今天开会谁是主席?	德乌鲁	今天开会阿一个是主席?

续表

	（45）		
普通话	今天开会谁的主席？	普通话	今天开会谁的主席？
宁县	今儿开会谁是主席？	龙迭	今天开会阿谁（音色）是主席？

	（46）		
普通话	你得请我的客。	普通话	你得请我的客。
兰州	你得请我的客。	庆阳	你毫（还要的合音）要请我呢。
白银	你得请我的客。	环县	你得请我的客。
榆中	你得请我的客。	天祝	你把我请上。
靖远	你得请我。	武威	你得请我。
定西	你得请我做客。	民勤	你得请我的客。
会宁	①你把我请一下（音哈）。②你把我请上。	永昌	你得请我。
通渭	你可要请我。	山丹	你得请我。
静宁	你把我请下。	张掖	你得请我的客。
秦安		高台	你得请我的客。
清水	你得请我的客。	酒泉	你得请我的客。
天水	你得把家请给下。	玉门	你得请我的客。
陇西	你得请一下我。	安西	你得给我请客。
武山	你得请我的客。	敦煌	你得请我。
徽成	你得请我的客。	临洮	你得请我的客。
西礼	你请我价。	岷县	你得请我客。
武都	①你得请我的客。②你得请我作客。	临潭	你要请客呢。
文县	①你要请我的客。②你得请我的客。	临夏	你要请客呢。
平凉	你得把我请嘎。	和政	
泾川	你得请我的客。	东乡	
镇原	①你得请我的客。②你还要请我哩。	德乌鲁	你（略停）我的（略停）请的下。
宁县	你要把我请嘎子哩。	龙迭	你要请我。

	(47)		
普通话	一边走，一边说。	普通话	一边走，一边说。
兰州	①一面走，一面说。②现（音旋）去，现（音旋）说。	庆阳	现（音旋）走，现（音旋）说。
白银	一边走，一边说。	环县	现（音旋）走，现（音旋）说。
榆中	一面走，一面说。	天祝	一面说，一边走。
靖远	一边走，一面说。	武威	一面走，一面说。
定西	一面走，一面说。	民勤	一边走，一边说。
会宁	一面走，一面说。	永昌	一边走，一边说。
通渭	一边走，一边说。	山丹	一面走，一面说。
静宁	现（音旋）走，现（音旋）说。	张掖	又走又说。
秦安	一面走，一面说。	高台	一边走，一边说。
清水	一面走，一面说。	酒泉	一边走，一边说。
天水	一面走，一面说。	玉门	带走带说。
陇西	一边走，一边说。	安西	一边走，一边说。
徽成	一边走，一边说。	敦煌	一面走，一面说。
武山	现（音旋）走，现（音旋）说。	临洮	边走边说。
西礼	一面行（音恒），一面说。	岷县	一边走，一边说。
武都	一边走，一边说。	临潭	走着呢，说着呢。
文县	①一面走，一面说。②现（音旋）走，现（音旋）说。	临夏	一面走，一面说。
平凉	现（音算）走，现（音算）说。	和政	连走带说。
泾川	①现（音旋）走，现（音旋）说。②一边走，一边说。	东乡	
镇原	①一边走，一边说。②现（音旋）走，现（音旋）说。	德乌鲁	一面走，一面说。
宁县	现（音旋）走，现（音旋）说。	龙迭	一边走路，一边说话。

	(48)		
普通话	越走越远，越说越多。	普通话	越走越远，越说越多。
兰州	越走越远，越说越多。	庆阳	越走越远了，越说越多了。
白银	越走越远，越说越多。	环县	接走接远，接说接多。

续表

	(48)		
普通话	越走越远，越说越多。	普通话	越走越远，越说越多。
榆中	越走越远，越说越多。	天祝	越走越远，越说越多。
靖远	越走越远，越说越多。	武威	越走越远，越说越多。
定西	越走越远，越说越多。	民勤	越走越远，越说越多。
会宁	越走越远，越说越多。	永昌	越走越远，越说越多。
通渭	越走越远，越说越多。	山丹	越走越远，越说越多。
静宁	越走越远（了），越说越多（了）。	张掖	越走越远，越说越多。
秦安	越走越远，越说越多。	高台	越走越远，越说越多。
清水	越走越远，越说越多。	酒泉	越走越远，越说越多。
天水	越走越远，越说越多。	玉门	越走越远，越说越多。
陇西	越走越远，越说越多。	安西	越走越远，越说越多。
武山	越走越远，越说越多。	敦煌	越走越远，越说越多。
徽成	越走越远，越说越多。	临洮	越走越远，越说越多。
西礼	越走越远，越说越多。	岷县	越走越远，越说越多。
武都	越走越远，越说越多。	临潭	越走越远，越说越多。
文县	越走越远，越说越多。	临夏	越走越远了，越说越多了。
平凉	越走越远，越说越多。	和政	
泾川	越走越远，越说越多。	东乡	
镇原	①越走越远，越说越多。②越走越远了，越说越多了。	德乌鲁	越走越远，越说越多。
宁县		龙迭	旋走旋远，旋说旋多。

	(49)		
普通话	把那个东西拿给我。	普通话	把那个东西拿给我。
兰州	把那个东西给我拿着来。	庆阳	把兀个东西给我。
白银	把那个东西拿给我。	环县	把那个东西拿来我。
榆中	把那个东西拿给我。	天祝	你把那个东西给给我。
靖远	把那个东西给我。	武威	把那个东西给我。

续表

	(49)		
普通话	把那个东西拿给我。	普通话	把那个东西拿给我。
定西	把那个东西拿给我。	民勤	把那个东西拿给我。
会宁	把噘个东西撼着呐。	永昌	那个东西给我。
通渭	把那个东西拿给我。	山丹	把那个东西给我拿来。
静宁	把呦个东西拿给我。	张掖	把那个东西拿给我。
秦安	把那个东西拿给我。	高台	把那个东西给我拿来。
清水	把呦个东西拿给我。	酒泉	把那个东西拿给我。
天水	把呦个东西给我。	玉门	把那个东西拿给我。
陇西	把那个东西拿给我。	安西	把那个东西给我拿来。
武山	把那个东西送给我。	敦煌	把那个东西拿给我。
徽成	把呦个东西给我撼（音哈）来。	临洮	把兀个东西拿给我。
西礼	把呦拿来。	岷县	把那个东西拿给我。
武都	把那个东西拿给我。	临潭	把那个给一挂。
文县	把那个东西拿给我。	临夏	把兀个东西拿给我。
平凉	把那个东西拿给我来。	和政	兀个东西给我拿着来。
泾川	①把呦东西给我拿来。 ②把那个东西拿给我。	东乡	
镇原	①把那个东西撼（音哈）来。 ②把那个东西拿给我。	德乌鲁	兀个东西给我。
宁县	把那（音叶）东西给我。	龙迭	把那个（音开）东西撼（音杭）给我。

	(50)		
普通话	有些地方把太阳叫日头。	普通话	有些地方把太阳叫日头。
兰州	有些地方把太阳叫日头。	庆阳	有的地方把太阳叫日头。
白银	有的地方把太阳叫日头。	环县	有些地方把太阳叫日头。
榆中	有些地方把太阳叫日头。	天祝	有些地方把太阳叫日头。
靖远	有些地方把太阳叫阳婆。	武威	有些地方把太阳叫日头。
定西	有些地方把太阳叫日头。	民勤	有些地方把太阳叫日头。
会宁	有些地方把阳婆叫日头。	永昌	有的地方把太阳叫日头。

续表

	（50）		
普通话	有些地方把太阳叫日头。	普通话	有些地方把太阳叫日头。
通渭	有些地方把太阳叫日头。	山丹	有些地方把太阳叫日头。
静宁	有些地方把太阳叫热头儿。	张掖	有的地方把太阳叫日头。
秦安	有些地方把太阳叫日头。	高台	有的地方把太阳叫日头。
清水	有的地方把太阳叫日头。	酒泉	有些地方把太阳叫日头。
天水	有的地方把太阳叫日头。	玉门	有些地方把太阳叫日头。
陇西	有些地方把太阳叫日头。	安西	有些地方把太阳叫日头。
武山	有些地方把太阳叫日头。	敦煌	有些地方把太阳叫日头。
徽成	有些地方把太阳叫日头。	临洮	有些地方把太阳叫日头。
西礼	人家把太阳叫日头。	岷县	有些地方把太阳叫日头。
武都	有些地方把太阳叫日头。	临潭	有的地方把太阳叫热头。
文县	有些地方把太阳叫热头。	临夏	有的地方把太阳叫热头。
平凉	有的地方把太阳叫日头。	和政	有的地方把太阳叫热头着呢。
泾川	有些地方把太阳叫日头。	东乡	
镇原	①有些地方把太阳叫日头。②有的地方把太阳叫日头。	德乌鲁	有些地方把太阳叫日头。
宁县	有些地方把太阳叫日头。	龙迭	有些地方太阳叫日头。

	（51）		
普通话	你贵姓？我姓王。	普通话	你贵姓？我姓王。
兰州	您贵姓？我姓王。	庆阳	
白银	你贵姓？我姓王。	环县	您贵姓？我姓王。
榆中	你姓啥？我姓王。	天祝	你姓啥？我姓王。
靖远	你贵姓？我姓王。	武威	你贵姓？我姓王。
定西	你贵姓？我姓王。	民勤	你贵姓？我姓王。
会宁	你贵姓？我姓王。	永昌	你贵姓？我姓王。
通渭	你姓啥（sə）？我姓王。	山丹	你贵姓？我姓王。
静宁	你啥姓？我姓王。	张掖	你贵姓？我姓王。

续表

	(51)		
普通话	你贵姓？我姓王。	普通话	你贵姓？我姓王。
秦安	你贵姓？我姓王。	高台	①你贵姓？我姓王。 ②你姓啥？我姓王。
清水	你贵姓？我姓王。	酒泉	你贵姓？我姓王。
天水	你姓啥？我姓王。	玉门	你贵姓？我姓王。
陇西	你是姓啥？我姓王。	安西	你贵姓？我姓王。
武山	你贵姓？我姓王。	敦煌	你贵姓？我姓王。
徽成	你姓啥？我姓王。	临洮	你谁家？我王家。
西礼	你姓啥？我姓王。	岷县	你贵姓？我姓王。
武都	你贵姓？我姓王。	临潭	你贵姓？我姓王。
文县	你贵姓？我姓王。	临夏	①你贵姓？我姓王。（汉） ②你姓啥？我姓王。（回） ③你姓什么？我姓王。
平凉	你姓啥？我姓王。	和政	你姓啥？我姓王。
泾川	①你贵姓？我姓王。 ②你姓啥？我姓王。	东乡	
镇原	①你姓啥？姓王。 ②你贵姓？我姓王。	德乌鲁	你贵姓？我姓王。
宁县	你贵姓？我姓王。	龙迭	你贵姓？我姓王。

	(52)
普通话	你姓王，我也姓王，咱们两个人都姓王。
兰州	你姓王，我也姓王，我们两个都姓王。
白银	你姓王，我也姓王，咱们两个都姓王。
榆中	你姓王，我也姓王，咱们两个人都姓王。
靖远	你姓王，我都姓王，咱们两个人都同姓。
定西	你姓王，我也姓王，咱们两个人都姓王。
会宁	你姓王，我也（音牙）姓王，曹两个都姓王。
通渭	你姓王，我也姓王，曹俩都（音丢）姓王。
静宁	你姓王，我姓王，咱们两个人都姓王。

	（52）
普通话	你姓王，我也姓王，咱们两个人都姓王。
秦安	你姓王，我也姓王，咱们两个人都姓王。
清水	你姓王，我也姓王，曹两个都姓王。
天水	你姓王，我姓王，奥（音熬）两个都姓王。
陇西	你姓王，我也姓王，咱们两个人都姓王。
武山	你姓王，我也姓王，咱们两个人都姓王。
徽成	你姓王，我也（音啊）姓王，我俩个都姓王。
西礼	你姓王，奥（音熬）也姓王，咱两个（音格）都姓王。
武都	你姓王，我也姓王，咱我两个人都姓王。
文县	你姓王，我也姓王，我们都姓王。
平凉	你姓王，我也姓王，咱两个都姓王。
泾川	你姓王，我也姓王，咱两个都姓王。
镇原	你姓王，我也姓王，咱们两个人都姓王。（有不用"个"字的）
宁县	你姓王，我姓王，咱（音擦）两个（音歪）都姓王。
庆阳	你姓王，我也姓王，咱们两个都姓王。
环县	你姓王，我也姓王，咱两是一家子。
天祝	你姓王，我也姓王，我们两个人都姓王。
武威	你姓王，我也姓王，我们两个人都姓王。
民勤	你姓王，我也姓王，我们两个都姓王。
永昌	你姓王，我也姓王，我们都姓王。
山丹	你姓王，我也姓王，咱们两个是同姓。
张掖	你姓王，我也姓王，我们两个人都姓王。
高台	你姓王，我也姓王，我们两个人都姓王。
酒泉	你姓王，我也姓王，咱们两个人都姓王。
玉门	你姓王，我也姓王，我们两个人都姓王。
安西	你姓王，我也姓王，我们两个人都姓王。
敦煌	你姓王，我也姓王，咱们是同姓。
临洮	你王家，我也王家，咱们个都姓王。

续表

	(52)
普通话	你姓王，我也姓王，咱们两个人都姓王。
岷县	你姓王，我也姓王，我们两个人都姓王。
临潭	你姓王，我也姓王，咱们两个人都姓王，我们都姓王。
临夏	你姓王，我也姓王，我们俩个人都像哩。
和政	①你姓王，我（音ŋə）也姓王，我们两个是当家（音间）。 ②你姓王，我（音ŋə）也姓王，我们两个是一家子。
东乡	
德乌鲁	你姓王，我姓王，我们两个人都姓王。
龙迭	你姓王，我也姓王，咱们两开个都姓王。

	(53)
普通话	你先去吧，我们等一会再去。
兰州	你先走，我们等一会再来。
白银	你先去吧，我们过一会再去。
榆中	你先去吧，我们等一会再去。
靖远	①你先去，我们就来。②你先去，我们等一下（音哈）来。
定西	你先去吧，我们等一会再去。
会宁	你先去，奥（音熬）一会就来了。
通渭	你先去吧，奥（音高）俩再去。
静宁	你先去，我们再一会儿再去。
秦安	你先去吧，我们等一会再去。
清水	你先去，我们等一阵再去。
天水	你先去，奥（音熬）等一会再来。
陇西	你先去吧，我们后边来。
武山	你先去吧，我们等一会再去。
徽成	①你头里去，我等一下（音哈）就来。②你先去吧，我等一阵再去去。
西礼	你先走哨（音嗓），就来了。
武都	你先去吧，我们等一会再去。
文县	你先去吧，我们等一下再去。

续表

	（53）
普通话	你先去吧，我们等一会再去。
平凉	你先去，我们等嘎子做来了。
泾川	①你头里走，我等嘎就来了。②你先去吧，我们等一会再去。
镇原	①你先去吧，我们等一会再去。②你先去，我们一阵儿再去。
宁县	你先去，我们幸嘎子再去。
庆阳	你先去，我们一阵儿了再去。
环县	你先去，我们等一阵子再去。
天祝	你头里走，我们等一会再走。
武威	你先去吧，我们等一等再去。
民勤	你先去吧，我们等一会再去。
永昌	你先去吧，我们等一会再去。
山丹	你先去，我们等一会再去。
张掖	你先去吧，我们等一会再去。
高台	你先去（音客）吧，我们等等再去（音客）。
酒泉	你先去吧，我们等一会会（音乎）再去。
玉门	你头里走，我们等一等了再去。
安西	你先去，我们后头去。
敦煌	你先去，我们等一会再去。
临洮	你先去吧，我们等一会再去。
岷县	你先去吧，我们等一会再去。
临潭	你头价去，我们一会就来啦。
临夏	①你先去，我们缠一会再来。②你先去，我们停一会再来。
和政	你先去吧，我们暂一会儿来。
东乡	
德乌鲁	你先去，我们等一会了再去（音气）。
龙迭	你先去吧，我们停一会儿再来。

	(54)
普通话	看书的看书，看报的看报，写字的写字。
兰州	看书的看书，看报的看报，写字的写字。
白银	有的看书，有的看报，有的写字。
榆中	看书的看书，看报的看报，写字的写字。
靖远	看书的看书，看报的看报，写字的写字。
定西	看书的看书，看报的看报，写字的写字。
会宁	看书的看书，看报的看报，写字的写字。
通渭	看书的看书，看报的看报，写字的写字。
静宁	看书的看书，看报的看报，写字的写字。
秦安	看书的看书，看报的看报，写字的写字。
清水	看书的看书，看报的看报，写字的写字。
天水	看书的看书，看报的看报，写字的写字。
陇西	看书的看书，看报的看报，写字的写字。
武山	看书的看书，看报的看报，写字的写字。
徽成	看书的看书，看报的看报，写字的写字。
西礼	看书的看书，看报的看报，写字的写字。
武都	看书的看书，看报的看报，写字的写字。
文县	看书的看书，看报的看报，写字的写字。
平凉	有的看书着呢，有的看报着呢，还有的写字着呢。
泾川	①看书咻看书，看报咻看报，写字咻写字。 ②看书的看书，看报的看报，写字的写字。
镇原	看书的看书，看报的看报，写字的写字。（有加"着呢"的）
宁县	看书的在看书着呢，看报的在看报着呢，写字的在写字着呢。
庆阳	看书的看书着呢，看报的看报着呢，写字的写字着呢。
环县	看书的看书，看报的看报，写字的写字。
天祝	看书的看书，看报的看报，写字的写字。
武威	看书的看书，看报的看报，写字的写字。
民勤	看书的看书，看报的看报，写字的写字。
永昌	看书的还是看书，看报的还是看报，写字的还是写字。

	(54)
普通话	**看书的看书，看报的看报，写字的写字。**
山丹	看书的看书，看报的看报，写字的写字。
张掖	看书的看书，看报的看报，写字的写字。
高台	看书的看书，看报的看报，写字的写字。
酒泉	看书的还看书，看报的还看报，写字的还写字。
玉门	看书的看书，看报的看报，写字的写字。
安西	看书的看书，看报的看报，写字的写字。
敦煌	看书的看书，看报的看报，写字的写字。
临洮	看书的看书，看报的看报，写字的写字。
岷县	看书的看书，看报的看报，写字的写字。
临潭	看书的看书，看报的看报，写字的写字。
临夏	看书的看书，看报的看报，写字的写字。
和政	看书的看书着呢，看报的看报着呢，写字的写字着呢。
东乡	
德乌鲁	看书的看书，看报的看报，写字的写字。
龙迭	看书的看书，看报的看报，写字的写字。

	(55)		
普通话	瓶瓶子（儿） 本本子（儿）	坡坡子（儿） 桌桌子（儿）	旗旗子（儿） 虫虫子（儿）
兰州	瓶瓶子 本本儿	坡坡子 桌桌子	旗旗子 虫虫子
白银	瓶瓶子 本本子	坡坡子 桌桌子	旗旗子 虫虫子
榆中	瓶子 本本子	坡坡子 桌桌子	旗旗子 虫虫子
靖远	瓶瓶子 本本子	坡坡子 桌桌子	旗旗子 虫虫子
定西	瓶瓶子 本本子	坡坡子 桌桌子	旗旗子 虫虫子

续表

普通话	(55)		
	瓶瓶子（儿） 本本子（儿）	坡坡子（儿） 桌桌子（儿）	旗旗子（儿） 虫虫子（儿）
会宁	瓶瓶 本本儿	坡坡儿 桌子	旗旗儿 虫虫
通渭	瓶瓶（儿） 本子	坡坡子（儿） 桌子	 虫子
静宁	瓶瓶儿 本本儿	坡坡儿 桌桌儿	旗旗儿 虫虫儿
秦安	瓶瓶儿 本本儿		
清水	瓶瓶（儿） 本本（儿）	坡坡（儿） 桌子	旗旗（儿） 虫虫（儿）
天水	瓶瓶 本本	坡坡 桌桌	旗旗 虫虫
陇西	瓶儿 本本子	坡坡儿 桌桌子	旗 虫虫儿
武山	瓶瓶儿	坡坡儿 桌子	旗旗儿 虫虫子
徽成	瓶瓶子	坡坡子	旗旗子
西礼	瓶瓶儿 本本儿	 桌桌儿	旗旗儿 虫虫儿
武都	瓶瓶子、瓶子 本本子、本子	坡坡子 桌桌子、桌子	旗旗子 虫虫子
文县	瓶瓶子 本本子	坡坡子 桌桌子	旗旗子 虫虫子
平凉	瓶瓶 本本	坡坡 桌桌	旗旗 虫虫
泾川	瓶瓶子 本本子	坡坡子 桌桌子	旗旗子 虫虫子
镇原	瓶子 本本	坡坡 桌子	旗旗 虫虫（或带"子"，或只重叠）
宁县	一般带"子"，不带"儿"。 瓶瓶子 本本子	坡坡子 桌桌子	旗旗子 虫虫子
庆阳	瓶瓶（子） 本本（子）	坡坡（子） 桌桌（子）	旗旗（子） 虫虫（子）

续表

普通话	(55)		
	瓶瓶子（儿） 本本子（儿）	坡坡子（儿） 桌桌子（儿）	旗旗子（儿） 虫虫子（儿）
环县	瓶瓶子 本本子	坡坡子 桌桌子	旗旗子 虫虫子
天祝	瓶子 本子	坡坡子 桌子	旗旗子 虫虫子
武威	瓶瓶子 本本子	坡坡子 桌桌子	旗旗子 虫虫子
民勤	瓶瓶子 本本子	坡坡子 桌桌子	旗旗子 虫虫子
永昌	瓶瓶子 本本子	坡坡子 桌桌子	旗旗子 虫虫子
山丹	瓶瓶子 本本子	坡坡子 桌桌子	旗旗子 虫虫子
张掖	"儿"表示稀罕慕爱。"子"有讨厌鄙视之意。 瓶瓶子（儿）　坡坡子（儿）　旗旗子（儿） 本本子（儿）　桌桌子（儿）　虫虫子（儿）		
高台	瓶瓶子 本本子	坡坡子 桌桌子	旗旗子 虫虫子
酒泉	瓶瓶子 本本子	坡坡子 桌桌子	旗旗子 虫虫子
玉门	瓶子 本子	坡 桌子	旗 虫子
安西	瓶子 本本子	坡坡 桌子	旗 虫虫子
敦煌	瓶瓶子 本本子	坡坡子 桌桌子	旗旗子 虫虫子
临洮	瓶瓶儿 本本儿	坡坡儿 桌桌儿	旗旗儿 虫虫儿
岷县	瓶 本本子	坡坡 桌子	旗 虫子
临潭	重叠。"子""儿"都说，"儿"表喜爱，"子"例外。		
临夏	瓶瓶 本子	坡坡 桌子	 虫
和政	瓶瓶儿 本本儿	坡坡儿	旗旗

续表

普通话	(55)		
	瓶瓶子（儿）	坡坡子（儿）	旗旗子（儿）
	本本子（儿）	桌桌子（儿）	虫虫子（儿）
东乡			
德乌鲁	瓶子 本子	坡坡 桌子	旗子 虫
龙迭	瓶瓶	桌桌	

	(56)
普通话	羊（多数）吃草着呢。牛（多数）歇着呢。
兰州	羊们吃草着呢。牛们缓着呢。
白银	羊都吃草着呢。牛都缓着呢。
榆中	羊吃草着呢。牛歇下着呢。
靖远	羊儿吃草着呢。牛歇着呢。
定西	羊吃草着呢。牛歇着呢。
会宁	羊都吃草着呢。牛歇（音希）缓着呢。
通渭	羊都吃草着呢。牛都缓着呢。
静宁	羊吃草着呢。牛歇着呢。
秦安	羊吃草着来。牛缓着来。
清水	羊都吃草着哩。牛都缓着哩。
天水	羊吃草着呢。牛歇着呢。
陇西	羊吃草着呢。牛歇着呢。
武山	羊儿吃草着呢。牛歇着呢。
徽成	羊吃草呢。牛歇着呢。
西礼	羊都吃草着呢。牛歇着呢。
武都	羊吃草着呢。牛歇着呢。
文县	羊吃草着（音到）的。牛歇着（音到）的。
平凉	羊吃草着呢。牛歇着呢。
泾川	羊吃草着呢。牛歇着呢。

	(56)
普通话	羊（多数）吃草着呢。牛（多数）歇着呢。
镇原	羊都吃草着呢。牛都歇着呢。
宁县	羊都吃草着呢。牛都松着呢。
庆阳	羊吃草着呢。牛歇着呢。
环县	这些羊吃草着呢。那些牛歇着呢。
天祝	羊吃草着。牛缓着呢。
武威	羊吃草着哩。牛歇着呢。
民勤	羊儿吃草着呢。牛儿歇着呢。
永昌	羊在吃草呢。牛在歇休。
山丹	羊吃草着呢。牛都歇着呢。
张掖	羊吃草着呢。牛歇得呢。
高台	羊吃草得哩。牛缓着哩。
酒泉	羊吃草着呢。牛歇着呢。
玉门	羊吃草的呢。牛缓着呢。
安西	羊吃草呢。牛缓着呢。
敦煌	羊吃草着呢。牛缓着呢。
临洮	羊吃草着呢。牛歇着呢。
岷县	羊吃草着呢。牛缓着呢。
临潭	
临夏	羊们吃草着呢。牛们卧着呢。
和政	
东乡	
德乌鲁	羊们吃草着呢。牛们歇着呢。
龙迭	羊吃草着呢。牛歇着呢。

	(57)
普通话	猪（多数）很肥。米（多数）不干净。
兰州	猪们肥得很。米们不干净。

续表

	(57)
普通话	猪（多数）很肥。米（多数）不干净。
白银	猪都肥得很。米不干净。
榆中	猪儿肥得很。米不干净。
靖远	猪肥得很。米不干净。
定西	猪肥得很。米不干净。
会宁	猪都肥得很。米都不干净。
通渭	猪肥得很。米不干净。
静宁	猪肥得很。米不干净。
秦安	猪肥得很。米不干净。
清水	猪都肥得很。米都不干净。
天水	猪肥得很。米不干净。
陇西	猪肥得很。米不干净。
武山	猪肥得很。米不干净。
徽成	猪肥得很。米不干净。
西礼	猪肥得很。
武都	猪肥得很。米不干净。
文县	那些猪肥得很。米的不干净。
平凉	猪肥得很。米不干净。
泾川	猪肥得很。米不干净。
镇原	①猪都肥得很。米都不干净。②猪肥得很。米不干净。
宁县	猪都肥得很。米都不干净。
庆阳	猪肥得很。米不干净。
环县	这些猪肥得很。这些米不干净。
天祝	猪肥得很。米不干净。
武威	猪肥得很。米不干净。
民勤	猪肥得很。米不干净。
永昌	猪肥得很。米不净。
山丹	猪肥得很。米不干净。

续表

	（57）	
普通话	猪（多数）很肥。米（多数）不干净。	
张掖	猪肥得很。米不干净。	
高台	猪肥（或胖）得很。米不净。	
酒泉	猪肥得很。米不干净。	
玉门	猪肥（或胖）得很。米不干净。	
安西	猪肥得很。米不干净。	
敦煌	猪肥得很。米不干净。	
临洮	猪肥得很。米不干净。	
岷县	猪肥得很。米不干净。	
临潭	猪肥下的。米不干净。	
临夏	猪们都肥呢。	
和政		
东乡		
德乌鲁	猪们肥得很。米不干净。	
龙迭	猪肥得很。米不干净。	

	（58）	
普通话	肉很多。	水很浑。
兰州	肉们多得很。	水们浑得很。
白银	肉多得很。	水浑得很。
榆中	肉多得很。	水稠得很。
靖远	肉多得很。	水浑得很。
定西	肉多得很。	水浑得很。
会宁	①肉多得很。②肉多得顶。	①水稠得很。②水浑得顶。
通渭	肉多得很。	水浑得很。
静宁	肉多得很。	水浑得很。
秦安	肉多得很。	水稠得很。
清水	肉多得很。	水稠得很。

续表

	(58)	
普通话	肉很多。	水很浑。
天水	肉多得很。	水浑得很。
陇西	肉多得很。	水浑得很。
武山	肉多得很。	水稠得很。
徽成	肉多得很。	水浑得很。
西礼	肉多得很。	水浑得很。
武都	肉多得很。	水浑得很。
文县	肉多得很。	水浑得很。
平凉	肉多得很。	水浑得很。
泾川	肉多得很。	水稠得很。
镇原	①肉都多得很。②肉多得很。	①水都浑得很。②水浑得很。
宁县	肉多得很。	水都深得很。
庆阳	肉多得很。	水稠得很。
环县	肉多得很。	水浑得很。
天祝	肉多得很。	水浑得很。
武威	肉多得很。	水浑得很。
民勤	肉多得很。	水浑得很。
永昌	肉多得很。	水浑得很。
山丹	肉多得很。	水稠得很。
张掖	肉多得很。	水浑得很。
高台	①肉多得很。②肉很多。	水稠得很。
酒泉	肉多得很。	水脏得很。
玉门	肉多得很。	水稠得很。
安西	肉多得很。	水稠得很。
敦煌	肉多得很。	水浑得很。
临洮	肉多得很。	水浑得很。
岷县	肉很多。	水稠得很。
临潭	肉多得很。	水稠得很。

续表

普通话	肉很多。	水很浑。
\multicolumn{3}{c}{（58）}		
临夏	肉们多得很呱。	水们浑得很。
和政	肉多得凶。	水浑得凶。
东乡		
德乌鲁	肉们多很。	水们浑得很。
龙迭	肉多得很。	水浑得很。

普通话	车上拉的什么？	麦草。
\multicolumn{3}{c}{（59）}		
兰州	车上拉的啥？	麦草一个。
白银	车上拉的啥？	麦草。
榆中	车上拉的啥？	一捆麦草。
靖远	车上拉的啥？	一捆麦草。
定西	车上拉的啥？	麦草。
会宁	车上拉的啥？	麦草一捆。
通渭	车上拉的啥？	麦草一个。
静宁	车上拉的啥？	麦草一个。
秦安	车上拉的啥？	拉的（音得）麦草。
清水	车上拉的啥咪？	拉的是麦草。
天水	车上拉的啥？	拉的是麦草。
陇西	车上拉的啥？	麦草一个。
武山	车上拉的啥？	一车麦草。
徽成	车上拉的啥？	麦草。
西礼	车上拉的（音得）啥？	①麦草。（普）②麦草一个。
武都	车上拉的啥？	麦草一个。
文县	车上拉的啥咪？	麦草。
平凉	车上拉的啥？	拉的是麦草。
泾川	车上拉的啥？	麦草一个。

续表

	(59)	
普通话	车上拉的什么?	麦草。
镇原	车上拉的啥?	麦草。
宁县	车上拉的啥?	麦草。
庆阳	车上拉的啥?	麦草。
环县	车上拉的啥?	麦草。
天祝	车上拉的啥?	麦草一捆。
武威	车上拉的啥?	一个麦草。
民勤	车上拉的啥?	一个麦。
永昌	车上拉的啥?	①是麦草。②是一个麦草。
山丹	车上拉的啥?	一个麦草。
张掖	车上拉的啥?	麦秸一个。
高台	车上拉的啥?	拉的麦草。
酒泉	车上拉的啥?	一个麦草。
玉门	车上拉的啥?	麦草一个。
安西	车上拉的啥?	麦草一捆。
敦煌	车上拉的啥?	麦草。
临洮	车上拉的啥?	麦草。
岷县	车上拉的啥?	一捆麦草。
临潭	车上拉下(音哈)啥?	拉下麦草。
临夏	车上拉的们?	拉的麦草。
和政	车上拉的啥?	拉的麦草。
东乡		
德乌鲁	车上拉的什么?	一车麦草。
龙迭	车上拉的啥啦?	麦草。

	(60)	
普通话	你爱人生了男孩儿还是女孩儿?	女孩儿。
兰州	你爱人养了个啥?	女娃一个。

	(60)	
普通话	你爱人生了男孩儿还是女孩儿？	女孩儿。
白银	你爱人养了个啥？	姑娘一个。
榆中	你爱人养了一个啥？	女娃一个。
靖远	你爱人养了个啥？	女子。
定西	你爱人养了个啥？	女娃。
会宁	你女人养了个啥（sə）？	一个女子。
通渭	你（音niɔ）婆娘生了个啥？	生了个亲亲。
静宁	你爱人养了个儿子吗女子？	女子一个。
秦安	你爱人养了啥？	养了个女孩儿。
清水	你女人养了个啥？	女子。
天水	你爱人养了个啥？	女娃一个。
陇西	你爱人养了个啥？	女娃一个。
武山	你女人养了个什么？	女子娃。
徽成	你爱人养了个啥？	女娃一个。
西礼	你的妇人养了个儿子吗女子？	女子。
武都	你爱人养的是女的还是男的？	女的。
文县	你爱人养了个啥？	女娃。
平凉	你爱人养了个儿子吗女子？	女子。
泾川	你媳妇养了个啥？	女子一个。
镇原	你女人养了个啥？	女子（一个）。
宁县	你媳妇子（音休子）生了个啥？	女子。
庆阳	你爱人养了个啥？	女子。
环县	你爱人养了个啥？	女子（一个）。
天祝	你爱人养了个啥？	女娃子一个。
武威	你老婆养了个啥？	养下了一个女的。
民勤	你爱人养了个啥？	一个女娃。
永昌	你爱人养了个啥？	女娃儿。
山丹	你爱人生了个啥？	一个女娃。

续表

	(60)	
普通话	你爱人生了男孩儿还是女孩儿?	女孩儿。
张掖	你爱人养了个啥?	养了个丫头。
高台	①你媳妇养了个啥? ②你女人养了个啥?	养了个丫头。
酒泉	你爱人养了个啥?	丫头一个。
玉门	你爱人养了个啥?	小丫头一个。
安西	你爱人养了个啥?	丫头一个。
敦煌	你爱人养了个啥?	女娃。
临洮	你爱人养了个啥?	女娃。
岷县	你婆娘养了一个啥?	养了一个女子。
临潭	你媳妇养了个啥?	养了个丫头子。
临夏	你爱人养了个什么?	①一个女娃娃。②一个姑娘。
和政	你的媳妇养了个啥?	丫头。
东乡		
德乌鲁	你的爱人养了个什么?	一个女娃娃。
龙迭	你的爱人养了个啥?	女娃娃。

	(61)		
普通话	批评他一顿。(把他批评一顿。)	普通话	批评他一顿。(把他批评一顿。)
兰州	把他批评一顿。	庆阳	把他批评一顿。
白银	把他批评一顿。	环县	把他批评一顿。
榆中	把他批评一顿。	天祝	把他批评一顿。
靖远	把他批评一顿。	武威	批评他一顿。
定西	把他批评一顿。	民勤	把他批评一顿。
会宁	把他讲了一顿。	永昌	①批评一顿。②把他批评一顿。
通渭	把他批评一顿。	山丹	批评他一顿。
静宁	把他批评一顿。	张掖	把他批评一顿。
秦安	把他批评一顿。	高台	①说他一顿。②把他说一顿。
清水	把他批评一顿。	酒泉	把他批评一顿。

续表

	(61)		
普通话	批评他一顿。（把他批评一顿。）	普通话	批评他一顿。（把他批评一顿。）
天水	把他批评一顿。	玉门	把他批评一顿。
陇西	把他批评一顿。	安西	①批评他一顿。 ②把他批评一顿。
武山	把他批评一顿。	敦煌	把他批评一顿。
徽成	批评他一顿。	临洮	把他批评一顿。
西礼	批评他一顿。	岷县	把他批评一顿。
武都	①批评他一顿。②把他批评一顿。	临潭	把他批评一顿。
文县	把他批评一顿。	临夏	把他批评一顿。
平凉	把他批评一顿。	和政	把他批评一顿。
泾川	把他批评一顿。	东乡	
镇原	①把他批评了一顿。 ②把它训了一顿。	德乌鲁	批评他一顿。把他批评一顿。
宁县	把他批评一顿。	龙迭	①把他批评一顿。（多） ②批评他一顿。（少）

	(62)		
普通话	你管不管你的孩子？ （你把你的孩子管哩不管？）	普通话	你管不管你的孩子？ （你把你的孩子管哩不管？）
兰州	你把你的娃娃管哩不管？	庆阳	你把你的娃娃管不哩管？
白银	你把你的娃娃管哩不管？	环县	你把你的娃娃管不哩管？
榆中	你把你的娃娃管哩不管？	天祝	你管不管你娃娃不管？
靖远	你把你的娃娃管呢不管？	武威	你管不管你的娃娃？
定西	你把你的娃娃管哩不管？	民勤	你管不管你的孩子？
会宁	你把你的娃娃管吧？	永昌	你管不管你的娃娃？
通渭	你把你的娃娃管哩不管？	山丹	①你管不管你的孩子？ ②你把你的娃娃管住些。
静宁	你把你娃娃管吗不管？	张掖	你把你的娃娃管哩不管？
秦安	你把你的娃娃管不管？	高台	你管不管你的娃子？
清水	你把你的娃娃管哩不管？	酒泉	你管不管你的孩子？

续表

普通话	(62) 你管不管你的孩子？（你把你的孩子管哩不管？）	普通话	你管不管你的孩子？（你把你的孩子管哩不管？）
天水	你把你的娃娃管哩不管？	玉门	你管不管你的娃娃？
陇西	你把你的娃娃管哩不管？	安西	你管不管你的娃娃？
武山	你把你的娃娃管哩不管？	敦煌	你管不管你的娃娃？
徽成	你把你的娃娃管哩不管？	临洮	你把你的娃管哪不管？
西礼	你把你的娃娃管哩不管？	岷县	你管不管你的孩子？
武都	①你管不管你的孩子？②你把你的娃娃管哩不管？	临潭	把你的娃娃管呢（nia）不管？
文县	你把你的娃娃管哩不管？	临夏	①你把你的娃娃管哩不管？②你的娃娃不管吗？
平凉	把你娃娃管吗不管？	和政	你把你的娃娃管哩不管？
泾川	你把你的娃娃营哩不营？	东乡	
镇原	①你管不管你的孩子？（广）②你把你的娃娃管哩不管？	德乌鲁	你（略停）你的尕娃管啦不？
宁县	你把你的娃娃管嘎子？	龙迭	你管不管你的孩子？

普通话	(63) 话都让你说完了。（把话都让你说完了。）	普通话	话都让你说完了。（把话都让你说完了。）
兰州	把话都叫你说尽了。	庆阳	把话都叫你说尽了。
白银	把话都叫你说尽了。	环县	①把话都叫你说尽了。②把话都叫你说光了。
榆中	把话都叫你说完了。	天祝	话都叫你一个人说完了。
靖远	把话都叫你说完了。	武威	把话都叫你说尽了。
定西	话都叫你说尽了。	民勤	把话都叫你说尽了。
会宁	话都叫（音导）你说了了。	永昌	①把话都说完了。②把话都说绝了。
通渭	把话都叫你说尽了。	山丹	把话都叫你说尽了。
静宁	把话都叫你说了了。	张掖	把话都叫你说尽了。
秦安	把话都叫你说尽了。	高台	话叫你说完了。

续表

	(63)		
普通话	话都让你说完了。 （把话都让你说完了。）	普通话	话都让你说完了。 （把话都让你说完了。）
清水	把话都叫你说光了。	酒泉	话都让你说完了。
天水	把话都叫你说完了。	玉门	话都叫你说完了。
陇西	把话都叫你说尽了。	安西	你把话都说完了。
武山	话都叫你说完了。	敦煌	把话都叫你说尽了。
徽成	把话都叫说尽了。	临洮	把话都叫你说完了。
西礼	把话都叫说尽了。	岷县	话叫你说完了。
武都	①话都让你说完了。 ②把话都叫你说尽了。	临潭	把话都叫你说尽了。
文县	把话都叫你说尽了。	临夏	你把话说完了。
平凉	你把话都说完了。	和政	把话都叫你说尽了。
泾川	把话都叫你说尽了。	东乡	
镇原	①把话都叫你说尽了。（广） ②把话都叫你说完了。	德乌鲁	①话你一搭说完了。 ②话一搭你说进了。
宁县	你把话都说完了	龙迭	把话都要你说尽了。

	(64)		
普通话	看人们高兴的！ （把人们高兴的！）	普通话	看人们高兴的！ （把人们高兴的！）
兰州	把人们高兴的！	庆阳	把人们高兴的！
白银	把人们高兴的！	环县	看把人高兴的！
榆中	把人们高兴的！	天祝	看那们多高兴的！
靖远	把人们高兴的！	武威	①看，人都高兴的！ ②把人高兴的！
定西	把人们高兴的！	民勤	把人家高兴的！
会宁	看伢（nia）高兴的！	永昌	①看人都高兴的！ ②把人都高兴坏了！
通渭	把人们高兴的！	山丹	①看人们多高兴的！ ②把人们高兴极了！
静宁	把人们高兴的！	张掖	把人们高兴的！

续表

	(64)		
普通话	看人们高兴的！ （把人们高兴的！）	普通话	看人们高兴的！ （把人们高兴的！）
秦安	把人家高兴的！	高台	①看那们高兴的！ ②把人们高兴的！ ③把那们高兴的！
清水	把人都高兴的！	酒泉	看人们高兴的！
天水	把人们高兴的！	玉门	看人高兴的！
陇西	把人们高兴的！	安西	看大家高兴的！
武山	把人高兴的！	敦煌	把人们高兴的！
徽成	看人们高兴的！	临洮	把人们高兴的！
西礼	把人家高兴的！	岷县	①看人们高兴的！ ②把人们高兴的！
武都	①看人们高兴的！ ②把人们高兴的！	临潭	看把人们（zɔ）的！
文县	把人们高兴的！	临夏	①把人们乐的！ ②把人们乐成那样了！
平凉	把人高兴的！	和政	把人们高兴的！
泾川	把人们高兴的！	东乡	
镇原	①人们高兴的！（广） ②看人们高兴的！	德乌鲁	看各个高兴的！
宁县	把人高兴的！	龙迭	看人们高兴的！

	(65)		
普通话	看你厉害的！（把你歪的！）	普通话	看你厉害的！（把你歪的！）
兰州	①你凶得很哪！（普） ②把你歪的！	庆阳	把你歪的！
白银	把你给凶的！	环县	①看你厉害的！ ②看你歪的咋价（做什么）！
榆中	看你厉害的！	天祝	看你那么歪！
靖远	把你歪的！	武威	看！你就厉害的！
定西	把你歪的！	民勤	看你厉害的！
会宁	看把你狠的！	永昌	看你多厉害！

续表

	（65）		
普通话	看你厉害的！（把你歪的！）	普通话	看你厉害的！（把你歪的！）
通渭	把你歪的！	山丹	看你厉害的！
静宁	把你歪的！	张掖	把你歪的！
秦安	看你厉害的！	高台	
清水	把你狠的！	酒泉	看你厉害的！
天水	看把你厉害的！	玉门	看你厉害得很！
陇西	把你歪的！	安西	看你厉害得很！
武山	把你歪的！	敦煌	看你厉害的！
徽成	①看你厉害的！②看你倔的！	临洮	把你凶的！
西礼	①看你毒（音头）的！②看你厉害的！	岷县	看你厉害的！
武都	看你厉害的！	临潭	看你凶得很！
文县	①把你歪的！②看你厉害的！	临夏	把你歪的！
平凉	把你歪的！	和政	①看你兀个凶下（哈）的！②看你兀个掉下（哈）的！
泾川	①把你歪的！②看你狰的！	东乡	
镇原	看你厉害的！	德乌鲁	看厉害得很！
宁县	看你歪的！	龙迭	把你凶的！

	（66）		
普通话	我们有什么呢？都是党领导得好！（把我们有啥呢？都是党领导得好！）		
兰州	把我们有啥呢？都是党领导得好！		
白银	我们有什么呢？都是党领导得好！		
榆中	把我们有啥呢？都是党领导得好！		
靖远	把我们有啥呢？都是党领导得好！		
定西	把我们有啥呢？都是党领导得好！		
会宁	我们有啥呢？都是党领导得好！		
通渭	把我们有啥呢？都是党领导得好！		
静宁	把我们有啥呢？都是党领导得好！		

续表

	(66)
普通话	我们有什么呢？都是党领导得好！（把我们有啥呢？都是党领导得好！）
秦安	把我们有啥呢？都是党领导得好！
清水	把我们有啥哩？都是党领导得好！
天水	把我们有啥呢？都是党领导得好！
陇西	我们有什么呢？都是党领导得好！
武山	我们有什么呢？都是党领导得好！
徽成	把我自己有啥呢？都是党领导得好！
西礼	把我们有啥呢？都是党领导得好！
武都	①我们有什么呢？都是党领导得好！②把我们有啥呢？都是党领导得好！
文县	把我们有啥呢？都是党领导得好！
平凉	我们还有啥呢？都是党领导得好！
泾川	把我们有啥呢？都是党领导得好！
镇原	我们有啥呢？都是党领导得好！
宁县	我们有啥哩？念（读阴平，相当于"人家"）党领导得好嘞！
庆阳	我们有什么呢？都是党领导得好！
环县	我们有啥呢？都是党领导得好！
天祝	我们有啥呢？都是党领导得好！
武威	①把我们有啥呢？都是党领导得好！②我们有什么呢？都是党领导得好！
民勤	把我们有啥呢？都是党领导得好！
永昌	我们有什么呢？都是党领导得好！
山丹	①我们有什么呢？都是党领导得好！②把我们有啥呢？都是党领导得好！
张掖	我们算啥呢？都是党领导得好！
高台	我们有啥呢？都是党领导得好！
酒泉	把我们有啥呢？都是党领导得好！
玉门	我们有啥？都是党领导得好！
安西	我们没有什么？都是党领导得好！
敦煌	把我们有啥呢？都是党领导得好！
临洮	把我们有啥呢？都是党领导得好！

续表

(66)	
普通话	我们有什么呢？都是党领导得好！（把我们有啥呢？都是党领导得好！）
岷县	我们有什么呢？都是党领导得好！
临潭	把我们有啥呢？都是党领导得好！
临夏	我们有啥呢？都是党领导得好！
和政	把我们有啥呢？都是党领导得好！
东乡	
德乌鲁	我们有啥呢？都是党领导得好！
龙迭	把我们有啥呢？都是党领导得好！

(67)			
普通话	她就唱了一段。（她就给唱一段。）	普通话	她就唱了一段。（她就给唱一段。）
兰州	她就给唱了一段。	庆阳	她就给唱一段。
白银	她就给唱了一段。	环县	她就给唱一段。
榆中	她就唱了一段。	天祝	她唱了一段。
靖远	她就唱给了一段。	武威	她就唱了一段。
定西	她就唱了一段。	民勤	她就给唱了一段。
会宁	她就唱了一段。	永昌	她就唱了一段。
通渭	①她就唱了一段。②她就给唱了一段。	山丹	她就唱了一段。
静宁	她就唱了一段。	张掖	她就唱了一截截儿。
秦安	她就唱了一段。	高台	她唱一截截。
清水	她就唱了一段。	酒泉	她就唱了一段。
天水	她就唱了一段。	玉门	她就唱了一段。
陇西	她就唱了一段。	安西	她就唱了一段。
武山	她就唱了一段。	敦煌	她就唱了一段。
徽成	她就唱了一段。	临洮	她就唱了一段。
西礼	她就唱了一段。	岷县	她就唱了一段。
武都	她就唱了一段。	临潭	她就给唱了一段。

续表

		(67)	
普通话	她就唱了一段。 （她就给唱一段。）	普通话	她就唱了一段。 （她就给唱一段。）
文县	她就唱了一段。	临夏	①她就唱了一段。 ②她就唱的了一段。
平凉	她就唱了一段。	和政	她就唱给了一段。
泾川	①她就唱了一段。 ②她就唱给了一段。	东乡	
镇原	她就唱了一段。	德乌鲁	她就唱的了一段。
宁县	那（音年）唱了一段儿。	龙迭	她就唱了一段。

		(68)	
普通话	给他了。（给给他了。）	普通话	给他了。（给给他了。）
兰州	给给他了。	庆阳	给给他了。
白银	给给他了。	环县	给给他了。
榆中	给给他了。	天祝	给给他了。
靖远	给给他了。	武威	①给给他了。（多）②给他了。
定西	给他了。	民勤	给给他了。
会宁	给（音过）他接过了。	永昌	①给他了。②给给他了。
通渭	①给他了。②给给他了。	山丹	①给他了。②给给他了。
静宁	给给他了。	张掖	
秦安	给他了。	高台	给他了。
清水	给给他了。	酒泉	给给他了。
天水	给给他了。	玉门	
陇西	给（又音过）他了。	安西	给他了。
武山	给他了。	敦煌	给他了。
徽成	给他了。	临洮	给他了。
西礼	给他了。	岷县	给他了。
武都	①给给他了。（广）②给他了。	临潭	给给他了。

续表

	(68)		
普通话	给他了。（给给他了。）	普通话	给他了。（给给他了。）
文县	①给给他了。（广）②给他了。	临夏	①给给他了。 ②他给的了。 ③他给给了。
平凉	①给给他了。 ②给他给给了（liɔ）。	和政	给给他了。
泾川	给给他了。	东乡	
镇原	①给给他了。（广）②给他了。	德乌鲁	①给的了。②kʻatiɔ。
宁县	①给他了。②给给他了。	龙迭	给给他了。

	(69)		
普通话	被他拿走了。（教他拿走了。）	普通话	被他拿走了。（教他拿走了。）
兰州	教他拿走了。	庆阳	教（音照）他走了。
白银	教他拿走了。	环县	教他走了。
榆中	教他拿走了。	天祝	他拿走掉了。
靖远	教他拿走了。	武威	①教他走了。②被他拿走了。
定西	教他拿走了。	民勤	教他拿走了。
会宁	教（音导）他撼（音含）着去了。	永昌	教他拿走了。
通渭	教他拿走了。	山丹	教他拿走了。
静宁	教他拿走了。	张掖	教他拿走了。
秦安	教他拿走了。	高台	他拿咧去了。
清水	教他拿走了。	酒泉	教他拿走了。
天水	教他拿走了。	玉门	①给给他拿走了。 ②让他拿走掉了。
陇西	他拿走了。	安西	①被他拿走了。②给他拿走了。
武山	教他拿走了。	敦煌	教他拿走了。
徽成	教他拿走了。	临洮	教他拿走了。
西礼	教人们拿走了。	岷县	教他拿走了。
武都	①教他拿走了。（广） ②教他拿了。	临潭	教他拿去了。

续表

	(69)		
普通话	被他拿走了。(教他拿走了。)	普通话	被他拿走了。(教他拿走了。)
文县	①教他拿走了。(广) ②被他拿走了。	临夏	教他拿走了。
平凉	教他拿走了。	和政	教他拿走了。
泾川	教他拿走了。	东乡	
镇原	①教(音照)他拿走了。 ②教他撼(音哈)走了。	德乌鲁	他拿走了。
宁县	他拿走了。	龙迭	教(音照)他拿走了。

	(70)		
普通话	被书记批评了一顿。(教书记批评了一顿。)	普通话	被书记批评了一顿。(教书记批评了一顿。)
兰州	教书记批评了一顿。	庆阳	教书记批评了一顿。
白银	教书记批评了一顿。	环县	教书记批评了一顿。
榆中	教书记批评了一顿。	天祝	书记把他批评了一顿。
靖远	教书记批评了一顿。	武威	教书记批评了一顿。
定西	教书记批评了一顿。	民勤	教书记批评了一顿。
会宁	教(音导)书记批评了一顿。	永昌	教书记批评了一顿。
通渭	教书记批评了一顿。	山丹	教书记批评了一顿。
静宁	教书记批评了一顿。	张掖	教书记批评了一顿。
秦安	教书记批评了一顿。	高台	教书记批评了一顿。
清水	教书记批评了一顿。	酒泉	教书记批评了一顿。
天水	教书记批评了一顿。	玉门	教书记批评了一顿。
陇西	教书记批评了一顿。	安西	教书记批评了一顿。
武山	教书记批评了一顿。	敦煌	教书记批评了一顿。
徽成	教书记批评了一顿。	临洮	教书记批评了一顿。
西礼	教书记批评了一顿。	岷县	教书记批评了一顿。
武都	①被书记批评了一顿。(广) ②教书记批评了一顿。	临潭	教书记批评了一顿。
文县	①教书记批评了一顿。(广) ②被书记批评了一顿。	临夏	教书记批评了一顿。

续表

普通话	（70）	普通话	
	被书记批评了一顿。 （教书记批评了一顿。）		被书记批评了一顿。 （教书记批评了一顿。）
平凉	教书记批评了一顿。	和政	教书记批评了一顿。
泾川	教书记批评了一顿。	东乡	
镇原	①让书记训了一顿。 ②教书记批评了一顿。	德乌鲁	书记批评了一顿。
宁县	教书记批评了一顿。	龙迭	着（音照）书记批评了一顿。

普通话	（71）	普通话	
	今天天气很冷。 （今儿个天气冷得很。）		今天天气很冷。 （今儿个天气冷得很。）
兰州	今个天气冷得很。	庆阳	今儿天气冻得很。
白银	今天天气冷得很。	环县	今儿天气冷得很。
榆中	今天天气冷得很。	天祝	今个冷得很。
靖远	今儿个天气冷得很。	武威	今个天气冷得很。
定西	今儿个天气冷得很。	民勤	今个天气冷得很。
会宁	今儿天气冷得很。	永昌	今天冷得很。
通渭	今儿个天气冷得很。	山丹	今天天气很冷。
静宁	今天天气很冷。	张掖	今个天气冷得很。
秦安	今儿天气冷得很。	高台	今个冻得很。
清水	今儿个天气冷得很。	酒泉	今天天气很冷。
天水	今儿个天气冷得很。	玉门	今个天气很冷。
陇西	今儿个天气冷得很。	安西	今个天气很冷。
武山	①今天天气冷得很。 ②今个子天气冷得很。	敦煌	今儿个天气冷得很。
徽成	今儿个天气冷得很。	临洮	今个天冻得很。
西礼	今儿天气冷得很。	岷县	今天天气很冷。
武都	①今天天气冷得很。（广） ②今儿天气冷得很。	临潭	今儿个冻得很。
文县	今天天气冷得很。	临夏	今天天气冷得很。

续表

普通话	（71）		
普通话	今天天气很冷。 （今儿个天气冷得很。）	普通话	今天天气很冷。 （今儿个天气冷得很。）
平凉	①今儿个天气冷的碜死价。 ②今天天气冷得很。	和政	今个儿天气冷得很。
泾川	今儿个天气冷得很。	东乡	
镇原	①今天天气很冷。（广） ②今儿天冻得很。	德乌鲁	今天天气冷得很。
宁县	今儿天气冷得很。	龙迭	今儿天天气冷得很。

普通话	（72）		
普通话	那个小孩儿很爱吃糖。 （那个娃娃爱吃糖得很。）	普通话	那个小孩儿很爱吃糖。 （那个娃娃爱吃糖得很。）
兰州	那个娃娃爱吃糖得很。	庆阳	那个娃娃爱吃糖得很。
白银	那个娃娃爱吃糖得很。	环县	那个娃娃爱吃糖得很。
榆中	那个娃娃爱吃糖得很。	天祝	那个娃娃爱吃糖得很。
靖远	那个娃娃爱吃糖得很。	武威	那个娃娃爱吃糖得很。
定西	那个娃娃爱吃糖得很。	民勤	那个娃娃爱吃糖得很。
会宁	噘个碎娃娃爱吃糖得很。	永昌	那个娃娃最爱吃糖。
通渭	那个娃娃很爱吃糖。	山丹	那个娃娃爱吃糖得很。
静宁	那个娃娃爱吃糖得很。	张掖	那个娃娃爱吃糖得很。
秦安	那个娃娃爱吃糖得很。	高台	那个娃娃光爱吃糖。
清水	咻娃娃爱吃糖得很。	酒泉	那个娃娃爱吃糖得很。
天水	那个娃娃爱吃糖得很。	玉门	那个娃娃爱吃糖。
陇西	那个娃娃爱吃糖得很。	安西	那个娃娃好吃糖。
武山	那个娃娃爱吃糖得很。	敦煌	那个娃娃爱吃糖得很。
徽成	咻娃娃爱吃糖得很。	临洮	兀个娃娃爱吃糖得很。
西礼	那个娃娃爱吃糖得很。	岷县	①那个小孩儿很爱吃糖。 ②那个娃娃爱吃糖得很。
武都	①那个小孩儿很爱吃糖。（广） ②那个娃娃爱吃糖得很。	临潭	那个娃娃爱吃糖得很。
文县	①那个娃娃爱吃糖得很。（广） ②那个小孩子很爱吃糖。	临夏	那个尕娃爱吃糖得很。

续表

普通话	（72）那个小孩儿很爱吃糖。（那个娃娃爱吃糖得很。）	普通话	那个小孩儿很爱吃糖。（那个娃娃爱吃糖得很。）
平凉	那个娃娃爱吃糖得很。	和政	那个娃娃爱吃糖得很。
泾川	那个娃娃爱吃糖得很。	东乡	
镇原	①那个娃娃爱吃糖得很。②那个小孩儿很爱吃糖。	德乌鲁	兀个娃娃糖爱吃。
宁县	兀一（叶音）娃娃爱吃糖得很。	龙迭	那个娃娃爱吃糖得很。

普通话	（73）你来吗？（你来不来？）	普通话	你来吗？（你来不来？）
兰州	你来不来？	庆阳	你来哩不？
白银	你来不来？	环县	①你来吗？②你来不来？
榆中	你来不来？	天祝	你来不来了？
靖远	你来不来？	武威	你来不来？
定西	①你来吗？②你来不来？	民勤	你来不来？
会宁	你来不（吧）？	永昌	你来不来？
通渭	你来不来？	山丹	①你来吗？②你来不来？
静宁	①你来吗？②你来不来？	张掖	你来不来？
秦安	你来不来？	高台	你来呀不？
清水	你来不来？	酒泉	
天水	你来不来？	玉门	你来不来？
陇西	你来吗？	安西	你来不来？
武山	你来吗？	敦煌	你来不来？
徽成	你来不来？	临洮	你来哪不来？
西礼	你来艾不来？	岷县	你来吗？
武都		临潭	你来呢（nia）？
文县	①你来不来？（广）②你来吗？	临夏	你来啦不来？
平凉	你来呢吗？	和政	你来啦不来？
泾川	你来不来？	东乡	①你来啦不来？②你来啦不？

续表

	(73)		
普通话	你**来**吗？（你**来不来**？）	普通话	你**来**吗？（你**来不来**？）
镇原	①你来不来？（广）②你来哩不？③你来吗？	德乌鲁	你来啦不？
宁县	你来呀不？	龙迭	你来吗不来？

	(74)		
普通话	你**看**吗？（你**看不看**？）	普通话	你**看**吗？（你**看不看**？）
兰州	你看不看？	庆阳	你看哩不？
白银	你看不看？	环县	①你看吗？②你看不看？
榆中	你看不看？	天祝	你看不看？
靖远	你看不看？	武威	①你看不看？②你看吗？
定西	①你看吗？②你看不看？	民勤	你看不看？
会宁	你看不？	永昌	①你看吗？②你看不看？
通渭	①你看不看？②你看吗？	山丹	①你看吗？②你看不看？
静宁	①你看吗？②你看不看？	张掖	你看不看？
秦安	你看不看？	高台	你呆不呆？
清水	你看不看？	酒泉	你看不看？
天水	你看不看？	玉门	你看不看？
陇西	你看吗？	安西	你看不看？
武山	你看不看？	敦煌	你看不看？
徽成	你看不看？	临洮	你看哪不看？
西礼	你看艾不看？	岷县	你看吗？
武都	①你看吗？②你看不看？（广）	临潭	你看呢（nia）？
文县	①你看不看？（广）②你看吗？	临夏	①你看啦不看？②你看啦不？
平凉	你看呢吗？	和政	①你看啦不看？②你看呢不看？
泾川	你看不看？	东乡	①你看啦不看？②你看啦不？
镇原	①你看不看？（广）②你看哩不？③你看吗？	德乌鲁	你看啦不？
宁县	你看呀不？	龙迭	你看呢不看？

普通话	你要吗?（你要不要?）	普通话	你要吗?（你要不要?）
兰州	你要不要?	庆阳	你要哩不?
白银	你要不要?	环县	①你要吗? ②你要不要?
榆中	你要不要?	天祝	你要不要?
靖远	你要不要?	武威	①你要不要? ②你要吗?
定西	①你要吗? ②你要不要?	民勤	你要不要?
会宁	你要不?	永昌	①你要吗? ②你要不要?
通渭	①你要不要? ②你要吗?	山丹	①你要吗? ②你要不要?
静宁	①你要吗? ②你要不要?	张掖	你要不要?
秦安	你要不要?	高台	你要不要?
清水	你要不要?	酒泉	你要不要?
天水	你要不要?	玉门	你要不要?
陇西	你要吗?	安西	你要不要?
武山	你要不要?	敦煌	你要不要?
徽成	你要不要?	临洮	你要哪不要?
西礼	你要哟不要?	岷县	你要吗?
武都	①你要吗? ②你要不要?	临潭	你要呢（nia）?
文县	①你要不要?（广）②你要吗?	临夏	①你要啦不要? ②你要啦不?
平凉	你要呢吗?	和政	①你要呢不要? ②你要啦不要?
泾川	你要不要?	东乡	①你要啦不要? ②你要啦不?
镇原	①你要不要?（广）②你要哩不? ③你要吗?	德乌鲁	你要啦不?
宁县	你要呀不?	龙迭	你要呢不要?

（75）

附录 百十年来甘肃方言研究论著目录

首次发表时间	学科	论著名	作者	出版项
1933	语音	唐五代西北方音（国立中央研究院历史语言研究所单刊）	罗常培	商务印书馆（2012年据科学出版社1961年版排印）
1940	语音	中国音韵学研究	〔瑞典〕高本汉著，赵元任、罗常培、李方桂合译	商务印书馆（1994年缩印第1版，1995年3月第1次印刷）
1943	语音	兰州人口语中常见之"合音"	杨国柱	《新西北》6卷8期111—112页
1946	语音	兰州市方音字谱	卢铨书	西北师范学院国语科毕业论文（稿本，兰州同济祥印刷所制）
1958	综合	灵台方音与北京语音的对应关系	杜也平	《方言与普通话集刊》（第五本）111—112页
1958	综合	甘肃人怎样学习普通话	至晓、春戌	甘肃人民出版社
1960	语音	甘肃音略	赵浚	《西北师大学报（社会科学版）》第5期96—100页
1960	语音	兰州方言略说	黄伯荣等	《甘肃师范大学学报（人文版）》第1期71—122页
1960	综合	甘肃方言概况	甘肃师范大学中文系方言调查室	兰州铅印
1963	综合	唐五代西北方言一项参考材料——天城梵书金刚经对音残卷	张清常	《内蒙古大学学报（社会科学版）》第2期129—143页
1963	综合	兰州方言	兰大中文系语言研究小组	《兰州大学学报》第2期81—141页
1964	语音	兰州方言（续）	兰大中文系语言研究小组	《兰州大学学报》第00期75—145页
1964	综合	甘肃方言里ən、ŋe不分的问题	赵浚	《兰州大学学报》第2期72—80页

续表

首次发表时间	学科	论著名	作者	出版项
1980	语音	兰州音系略说	高葆泰	《方言》第4期
	词汇	兰州话中保存的上古词语	张文轩	《兰州学刊》第1期
	综合	兰州人学习普通话的正音问题	高葆泰	《宁夏大学学报》第3期
1981	语音	舌尖后音在兰州方言中的分化	张文轩	《兰州大学学报（社科版）》第1期
1982	语音	敦煌词中的方音释例	孙其芳	《社会科学》第3期
	语音	宁夏方音跟陕、甘、青方音的比较	高葆泰	《宁夏大学学报（社科版）》第4期
	语音	兰州方言中的古入声字	张文轩	《兰州学刊》第4期58页
	语法	敦煌词中的方言释例——敦煌词校勘丛谈之二	孙其芳	《社会科学》第4期
	综合	临夏话中的"名+哈"结构	马树钧	《中国语文》第1期
1983	语音	兰州音变略说	高葆泰	《宁夏大学学报（社会科学版）》第3期
	综合	兰州语音跟北京语音的对应规律（上）	高葆泰	《甘肃社会科学》第4期
	综合	兰州语音跟北京语音的对应规律（下）	高葆泰	《甘肃社会科学》第5期
	综合	兰州方言与普通话的语音差异	王毓兰	《甘肃社会科学》第4期
	综合	唐五代西北方音与敦煌文献研究	龙晦	《西南师范学院学报（人文社会科学版）》第3期
	综合	新兰州话简论	刘伶	《兰州大学学报（人文社会科学版）》第3期
1984	词汇	兰州方言的叠音名词	高葆泰	《宁夏大学学报（社科版）》第4期
	词汇	兰州方言里的谚语——兰州熟语简介（一）	张文轩	《兰州大学学报（社会科学版）》第1期

续表

首次发表时间	学科	论著名	作者	出版项
1984	词汇	兰州方言里的叠字	何天祥	《兰州大学学报（社会科学版）》第1期
		通渭方言所保留的《诗经》词语	元鸿仁	《西北民族大学学报（哲学社会科学版）》第1期
		通渭方言中古词语探源	元鸿仁	《兰州学刊》第6期
	语法	兰州方言里的叠字	何天祥	《兰州大学学报（社科版）》第1期
		临夏方言语法初探	马企平	《兰州学刊》第1期
	综合	汉语河州话与阿尔泰语言	马树钧	《民族语文》第2期
		天水地区方言声母误读及辨正	彭 红	《天水师专学报》第2期
1985	语音	敦煌音系记略	张盛裕	《方言》第2期
		兰州方言音系	高葆泰	甘肃人民出版社
	词汇	陇南方言本字考	雒江生	《西北师大学报》第1期
		兰州方言的语汇特点	王毓兰	《兰州学刊》第2期
	综合	试谈河州话的产生基础	马 伟	《青海民族研究》第4期
		甘肃境内唐汪话记略	阿·伊布拉黑麦	《民族语文》第6期
1986	语音	甘肃敦煌方音与《广韵》音系	刘 伶	〔日本〕《亚非言语与文化》（季刊）
		甘肃张掖方言声母tʂ tʂʻ ʂ z̩ 与k kʻ f v的分合	刘 伶	〔日本〕《亚非言语与文化》（季刊）
	词汇	陇南方言本字续考	雒江生	《天水师专学报》第1期
		兰州方言中的成语——兰州熟语简介（二）	张文轩	《兰州大学学报（社科版）》第4期
		兰州方言里的第三人称代词	何天祥	《兰州大学学报（社科版）》第2期
	语法	兰州方言"给"字句考	泉敏弘	〔东京〕《中国语学》233期
		兰州方言里的"给给"	刘公望	《中国语文》第3期

续表

首次发表时间	学科	论著名	作者	出版项
1986	综合	陕甘宁青四省区汉语方言的分区	张盛裕、张成材	《方言》第2期
		天水方言韵母读音及辨正	彭红	《天水师专学报》第3期
1987	语音	略论敦煌方音的形成	刘伶	《兰州大学学报》第2期
	语法	兰州方言给予句中的"给"——兼谈句子给予义的表述	李炜	《兰州大学学报（社科版）》第3期
		兰州方言里的"上"与"下"	何天祥	《兰州大学学报（社科版）》第4期
1988	语音	河州话的语音特点	马树钧	《西北民族学院学报（社科版）》第4期
		兰州方言中"下"的两种读音	张文轩	〔美国〕《中国语言学报》第16卷第2期
	词汇	陇右方言	李鼎超	兰州大学出版社
		陇右方言发微	李恭	兰州大学出版社
	语法	河州话代词说略	马树钧	《中央民族大学学报（哲社版）》第1期
		兰州方言的两种"一个"句	李炜	《宁夏大学学报（社科版）》第2期
		临夏方言的叠音名词和叠音形容词	张文轩	《兰州大学学报》第3期
		关于《兰州方言的"给给"》	乔全生	《中国语文》第5期
	综合	敦煌方言志	刘伶	兰州大学出版社
		兰州方言与英语语音比较浅析	申文安	《西北民族大学学报（哲学社会科学版）》第4期
1989	词汇	兰州方言新名词举隅	张文轩	《兰州学刊》第4期
		陇右方言词语特点浅说	元鸿仁	《文史知识》第9期
		敦煌变文释词商兑	陈治文	《语言研究》第1期
		敦煌变文释词	郭在贻、黄征、张涌泉	《语言研究》第1期
	语法	临夏话中一种特殊的"名（代）—动"句式	王森	《中国语文天地》第6期

续表

首次发表时间	学科	论著名	作者	出版项
1990	语法	甘肃临夏方言的疑问句	谢晓安、张淑敏	《兰州大学学报》第3期
1991	语法	临夏方言中的"们"	王森	《合作民族师专学报》第1期
	语法	临夏方言"是"字的用法	王森	《方言》第3期
	语法	汉语河州话与藏语的句子结构比较	仁增旺姆	《民族语文》第1期
	综合	兰州方言比较谈	宋法仁	《兰州教育学院学报》第2期
1992	语音	甘肃省武都方言同音字汇	时建国	《方言》第1期
	语音	天水方言的声调问题	赵健	《天水师专学报（哲社版）》第1期
	词汇	"恶卧"，杜诗中所引的天水方言	孙士信	《天水师专学报（哲社版）》第1期
	综合	甘肃汉语方言的特点——关于夏河（拉卜楞）话的语言接触	〔日本〕中岛幹起	〔日本〕《中国境内语言暨语言学》第1期
1993	语音	永登话的语音特点	张文轩	《兰州学刊》第2期
	语音	敦煌俗音考辨	黄征	《浙江社会科学》第4期
	语音	天水方言发音的特点	李广明	《天水师专学报（综合版）》第Z1期
	词汇	甘肃永登薛家湾人的"隐语"	一虚	《丝绸之路》第1期
	词汇	陇山源名考	薛方昱	《敦煌学辑刊》第1期
	语法	甘肃临夏话作补语的"下"	王森	《中国语文》第5期
	语法	甘肃临夏方言的两种语序	王森	《方言》第3期
	语法	甘肃临夏一带方言的后置词"哈""啦"	李炜	《中国语文》第6期
	语法	甘青汉语选择问句的特点	宋金兰	《民族语文》第1期
	综合	河西走廊的汉语方言	张盛裕	《方言》第4期
	综合	陇上方言趣谈	赵燕翼	《丝绸之路》第1期

续表

首次发表时间	学科	论著名	作者	出版项
1994	词汇	兰州话中歇后语	张文轩	《国文天地》第10卷第2期
		《金瓶梅词话》中所见兰州方言词语	王 森	《语言研究》第2期
	语法	甘肃汉语方言词法初探	一 虚	《西北师大学报（社科版）》第6期
		兰州方言语气助词"一个"的分布及来源考	刘公望	民族出版社《汉语助词论》
	综合	浅谈河州话	胡文华	《兰州教育学院学报（社科版）》第1期
		洮州方言与普通话语音的差别	卢玉明	《西北民族学院学报（哲学社会科学版）》第2期
1995	语音	甘肃文县话音系	莫 超	《兰州师专学报（社科版）》第1期
		临夏方言的儿化音变	王 森	《语言研究》第1期
	词汇	趣谈陇东方言民俗词	雒 鹏	《丝绸之路》第6期
		用陇东话确释"早"及其系列词	刘瑞明	《庆阳师专学报（社会科学版）》第3期
	综合	文县方音辨正	王佰歧、莫 超	《兰州师专学报（社科版）》第1期
1996	语音	天水方言发音的特点（续）	李广明	《天水师范学院学报（社科版）》第3期
	词汇	兰州方言词汇保存古语举例	刘成德	《甘肃教育学院学报（社科版）》第1期
		兰州方言的形容词	王小敏	《兰州大学学报（社科卷）》第24卷
	语法	兰州话词语组合上的特点	张淑敏	《甘肃教育学院学报（社科版）》第1期
		甘肃临夏汉语方言语法中的安多藏语现象	谢晓安、华 侃、张淑敏	《中国语文》第4期
	综合	临夏方言	兰州大学中文系临夏方言调查研究组	兰州大学出版社
1997	语音	兰州话音档	王 森、赵小刚	上海教育出版社
		天水方言中的尖团音问题	赵 健	《天水师范学院学报（社科版）》第1期

续表

首次发表时间	学科	论著名	作者	出版项
1997	语音	榆中方言声母考证	杨永发	《兰州师专学报（社科版）》第1期
		甘谷语中的辅音音节、复辅音及复辅音节、"元音+辅音+元音"综合音节	马建东	《天水师范学院学报（社科版）》第4期
	语法	甘肃方言几类实词中存在的一些语法现象	雒鹏年	《西北师大学报（哲学社会科学版）》第1期
		兰州话量词的用法	张淑敏	《中国语文》第2期
	综合	西北方言调查研究论著索引	魏　燕	《宁夏大学学报（哲社版）》第4期
1998	语音	敦煌方言的声调	曹志耘	《语文研究》第1期
		陇东地区方言声母	雒鹏年、刘　俊	《兰州大学学报·语言学专集》第26卷
		甘肃文县方言语音特点初探	刘兰平	《兰州大学学报·语言学专集》第26卷
		甘肃高台方言音略	高　霞	《兰州大学学报·语言学专集》第26卷
		榆中方言声调考录	杨永发	《长白学刊》第6期
		榆中方言的韵母	杨永发	《现代教学与科研文集》第8期
	词汇	甘肃靖远方言里的一些难字考释	雒　鹏	《西北师大学报（社科版）》第6期
		《陇右方言探源》词例补释（1）	元鸿仁	《社科纵横》第6期
		甘肃方言词研究意义例说	刘瑞明	《兰州大学学报·语言学专集》第26卷
	语法	甘肃成县话的正反问	莫　超	《兰州大学学报·语言学专集》第26卷
	综合	兰州方言研究概述	张淑敏	《甘肃社会科学》第2期
		礼县方言与普通话对比辨正	石意会	《甘肃教育学院学报（社会科学版）》第2期
1999	语音	兰州话中的吸气音	张淑敏	《中国语文》第4期
		一种只有两个声调的汉语方言——兰州红古话的声韵调	雒　鹏	《西北师大学报（社科版）》第6期

续表

首次发表时间	学科	论著名	作者	出版项
1999	词汇	从天水方言看禅录中"憽懪""狼藉"词义——兼论汉语词"梵汉双源"现象	李广明	《唐都学刊》第1期
	语法	兰州话"着"[tʂə]字研究	张淑敏	《社科纵横》第6期
	综合	兰州话、河州话两种混合语及其关系：兼谈西北的阿尔泰化	李 炜	北京语言文化大学出版社《双语双方言与现代中国》
2000	语音	天水方言中的舌叶音	李广明	《天水师范学报（社科版）》第1期
		陇东方言音略	雒 鹏	《西北师范大学学报（社科版）》第4期
		高台方言语音简论	高 霞	《天水师专学报》第3期
		武威方言及其"秃嘴子话"的语音特点	张文轩	《兰州大学学报（社会科学版）》第5期
	词汇	陇东方言词话	范文炯	庆阳图片社内部出版物
		古浪方言寻根	赵燕翼	《丝绸之路》第6期
	综合	西北地区汉语方言之纵向考察	彭清深、张祖煦	《西北民族大学学报（社科版）》第4期
2001	语音	甘肃汉语方言声韵调及特点	雒 鹏	《西北师大学报（社科版）》第2期
		甘肃话中的吸气音	王 森	《中国语文》第2期
	词汇	"兀的""阿的"元曲天水方言考	李广明	《天水师范学院学报》第3期
	语法	天水方言的"子"尾	王廷贤	《天水师范学院学报（社科版）》第3期
		甘肃少数民族地区方言与普通话的异同	巩巧梅	《甘肃高师学报（社科版）》第3期
	综合	张掖诸县（市）志《方言》章指疵——兼论方志方言章撰修有关问题	何茂活	《河西学院学报（文理综合版）》第3期
2002	语音	甘肃靖远方言两字组变调	雒 鹏	《西北师大学报（社科版）》第5期
		"张掖方言无上声"辩	何茂活	《河西学院学报》第1期

续表

首次发表时间	学科	论著名	作者	出版项
2002	综合	兰州方言的艺术奇葩——张保和兰州快板的语言特点	张文轩	《甘肃社会科学》第1期
		甘肃永登方言中的少数民族语言现象	脱傲	《北京理工大学学报（社科版）》第3期
		河西宝卷所反映的西北方言浅说	雷汉卿	《汉语史研究集刊》第5辑
2003	语音	甘肃靖远方言儿化变调	雒鹏	《西北师大学报（社科版）》第5期
		敦煌变文的语音系统	杨同军	西北师范大学硕士论文
		兰银官话语音研究	张燕来	北京语言大学博士论文
		天水方言声母特点	马建东	《天水师范学报（社科版）》第4期
		天水方言音系	马建东	甘肃人民出版社
		甘肃文县中寨话的[ɻ]和[ʋ]	莫超	《西北师大学报（社科版）》第6期
	词汇	天水方言古词考证	雒江生	《天水行政学院学报》第5期
		陇东方言语汇例释	吴怀仁、苟芳琴	《陇东学院学报（社会科学版）》第2期
	语法	兰州话的"V给"句——兼及甘宁青新方言里的相关句式	王森、王毅	《中国语文》第5期
		"洮岷花儿"语法撷谈	莫超	《甘肃高师学报（社科版）》第4期
		天水话里的"给"字句	王廷贤	《天水行政学院学报》第5期
	综合	甘肃方言的基本语音特点及其对大学生英语学习的影响	杨德祥	《兰州铁道学院学报（社会科学版）》第5期
2004	语音	永登方言语音分析	脱傲	《北京理工大学学报（社科版）》第1期
		天水方言中的尖团音问题	赵跟喜、赵健	《社科纵横》第3期

续表

首次发表时间	学科	论著名	作者	出版项
2004	语音	论西北方言和晋语重轻式语音词的调位中和模式	邢向东	《南开语言学刊》第1期
		甘肃会宁方音特点及辨证	张军民、王晓勇	《甘肃高师学报（社科版）》第3期
	词汇	陇东方言本字考释	吴怀仁	《陇东学院学报（社会科学版）》第2期
		鹯阴方言纂诂	关兴益	内部出版，甘新出012字总第121号（2002）042号
	语法	白龙江流域汉语方言中的介词	莫 超	《甘肃高师学报（社科版）》第3期
		白龙江流域汉语方言语法比较研究	莫 超	中国社会科学出版社
		白龙江流域汉语方言语法研究	莫 超	南京师范大学博士论文
		也谈兰州及周边方言的"们3"	莫 超	《语言科学》第6期
		甘宁青方言"着"字新探	王 毅、王晓煜、王 森	中国社会科学出版社《西北方言与民俗研究论丛》
		河州话语法——语言接触的结果	雒 鹏	《西北师范大学学报（社科版）》第4期
		谈陇东方言中"得来""得"的用法	吴怀仁	《河西学院学报》第1期
	综合	兰州方言区小学生英语发音错误分析	李红波	西北师范大学硕士论文
		兰州方言的最早文献	张文轩	《兰州大学学报（社科版）》第3期
		兰州方言志	赵 浚、张文轩	兰州大学出版社
		天水方言	王廷贤、马建东、雒江生	甘肃文化出版社
		元曲与甘肃方言	莫 超	甘肃教育出版社《中国古代小说戏剧丛刊》（第二辑）
2005	语音	三声调方言定西话的语音特点	张文轩、邓文靖	《语言研究》第2期

续表

首次发表时间	学科	论著名	作者	出版项
2005	语音	甘肃碧口话的特点及归属	张成材	《语文研究》第4期
		民勤方言音系说略	黄大祥	《甘肃高师学报（社科版）》第6期
	词汇	临潭话的古语词	敏春芳	《甘肃高师学报（社科版）》第5期
		靖远方言词语考略	张建军、刘海清	《甘肃高师学报（社科版）》第6期
		敦煌文献词语方言考	黑维强	《西北民族大学学报（哲学社会科学版）》第2期
		甘肃山丹方言中的同字形同源词	何茂活	《语文学刊》第9期
		山丹方言古语词例释	何茂活	《甘肃高师学报》第4期
	语法	也谈兰州及周边方言中的"们３"	莫超	《语言科学》第4期
		白龙江流域汉语方言语法与关中话和西南官话的比较	莫超	高等教育出版社《语言研究论集》
		"动宾短语+开/起"西北方言补例	莫超	《中国语文》第2期
		谈陇东方言中"就"的特殊用法	吴怀仁、侯海燕	《陇东学院学报（社会科学版）》第1期
		虚词"咧"在张掖方言中的意义	高天霞	《河西学院学报》第6期
	综合	"海侵"与"海退"：河陇上古汉语方言地理变迁	李智君	《厦门大学学报（哲学社会科学版）》第6期
		兰银官话的分区（稿）	周磊	《方言》第3期
		西北方言词语在近代俗语词考释中的价值略论——以《金瓶梅词话》、《醒世姻缘传》和《聊斋俚曲集》为例	雷汉卿	《西北民族研究》第3期
		甘肃方言特点举要	张成材、莫超	《甘肃高师学报》第3期

续表

首次发表时间	学科	论著名	作者	出版项
2005	综合	兰州方言的历史演变（一）——由《方言》所见西汉方言词汇	张文轩	《甘肃高师学报（社科版）》第4期
2006	语音	甘肃徽县汉语方言的声韵调及其特点	李娟霞、王 莉	《甘肃高师学报》第6期
		康县方言的声韵调	王世全	《甘肃高师学报》第4期
		高本汉所记兰州声韵系统检讨	张文轩	《西北师大学报（社会科学版）》第1期
		陇南市成县方言声韵调及其特点	魏 琳	《甘肃高师学报》第6期
		陇南市两当县方言声韵调及其特点	郭进明	《甘肃高师学报》第1期
		兰银官话鼻尾韵的演化	张燕来	《语言科学》第5期
		河西方志方言章误用"方言同音字"类举	何茂活	《甘肃联合大学学报（社会科学版）》第4期
	词汇	陇东方言语词考五则	连登岗	《青海师专学报（教育科学）》第2期
		甘肃方言第三人称代词	雒 鹏	《西北师大学报（社会科学版）》第1期
		从语言接触看东乡语和临夏话的语序变化	包萨仁	《西北第二民族学院学报（哲学社会科学版）》第2期
	语法	试论通渭榜罗方言中的代词	程 广	《晋中学院学报》第4期
		榆中方言的词类特点	杨永发	《现代语文》第10期
		临夏方言中特殊"是"字句分析	郭延兵	《甘肃广播电视大学学报》第4期
	综合	永登方言的少数民族语言痕迹与文化现象	脱 傲	《甘肃联合大学学报（社会科学版）》第6期
		白龙江流域汉语方言的形成	莫 超	《甘肃高师学报》第4期
		陇东方言与普通话水平测试训练教程（甘肃方言与普通话水平测试训练教程丛书）	雒 鹏、阎玉宁、徐志堂	兰州大学出版社

续表

首次发表时间	学科	论著名	作者	出版项
2006	综合	陇中方言与普通话水平测试训练教程（甘肃方言与普通话水平测试训练教程丛书）	雒鹏、周玉秀、苟芳琴	兰州大学出版社
		陇右方言与普通话水平测试训练教程（甘肃方言与普通话水平测试训练教程丛书）	雒鹏、许萍、郭进明	兰州大学出版社
		陇南方言与普通话水平测试训练教程（甘肃方言与普通话水平测试训练教程丛书）	郭进明、雒鹏、王世全、莫超	兰州大学出版社
		兰州方言与普通话水平测试训练教程（甘肃方言与普通话水平测试训练教程丛书）	雒鹏、莫超、李敬国、苏宪萍	兰州大学出版社
		河西方言与普通话水平测试训练教程（甘肃方言与普通话水平测试训练教程丛书）	黄大祥、雒鹏、王伟俊	兰州大学出版社
		洮岷方言与普通话水平测试训练教程（甘肃方言与普通话水平测试训练教程丛书）	雒鹏、马亚宏、周蓉	兰州大学出版社
		河州方言与普通话水平测试训练教程（甘肃方言与普通话水平测试训练教程丛书）	党志才、刘仁锋、雒鹏	兰州大学出版社
2007	语音	兰州方言语音生成方法研究	甘振业	西北师范大学
		凉州方言同音字汇	黄大祥	《甘肃高师学报》第3期
		陇南市礼县方言声韵调及其特点	白莉	《甘肃高师学报》第3期
		河州话的声调重音	陈其光	民族出版社《论语说文集》
		文县方言的语音系统	岳国文	《甘肃高师学报》第4期
	语法	兰州方言里"给1+NP+给2+给3"结构	刘静	《消费导刊》第12期

续表

首次发表时间	学科	论著名	作者	出版项
2007	语法	河州方言语法特点说略	张建军	《甘肃广播电视大学学报》第2期
		甘肃临夏话的虚词"着"	张建军	《甘肃高师学报》第6期
		天水方言指示代词略述	张惠强	《甘肃高师学报》第1期
		甘肃临夏方言的程度表示法	莫超	《西北成人教育学报》第4期
		天水方言中的助词"下[xa⁵¹]"	黄冬丽	《天水师范学院学报》第4期
		河西方言里的助词"价"	何剑丽	《河西学院学报》第6期
		陇东方言中"松"的构词特点	庞家伟	《陇东学院学报（社会科学版）》第1期
		陇东方言中的虚词"来来""嚘"	吴怀仁	《宁夏大学学报（人文社会科学版）》第5期
		秦陇方言中"尿"的构词特点	吴怀仁	《青海师专学报（教育科学）》第1期
	综合	从河西方志看方言入志的科学性和规范性问题	何茂活	《中国地方志》第10期
		山丹方言志	何茂活	甘肃人民出版社
		甘肃汉语方言研究现状和分区	雒鹏	《甘肃高师学报》第4期
		甘肃方言特点举要（二）	张成材	《甘肃高师学报》第1期
		甘肃汉语方言研究综述	曹志坚	《兰州交通大学学报》第2期
		甘肃文县方言和普通话的对应关系	岳国文	《现代语文》第10期
		甘肃成县方言的语音辨正	魏琳	《现代语文（语言研究版）》第11期
		庆阳方言声调调查及其与普通话声调辨正	王冬花	《科技资讯》第14期
2008	语音	临夏方言单字调声学实验与统计分析	艾金勇、杨阳蕊、于洪志	《科技信息（科学教研）》第17期
		三声调方言天水话的两字组连读变调	张文轩、邓文靖	《南京师范大学文学院学报》第4期

续表

首次发表时间	学科	论著名	作者	出版项
2008	语音	三声调方言临洮话的语音系统	张文轩、邓文靖	《甘肃高师学报》第6期
		临泽方言音系记略	何剑丽	《甘肃高师学报》第4期
	词汇	甘肃方言本字考例释	雒 鹏	《西北师大学报（社会科学版）》第1期
		敦煌方言释义	李 磊	中国文联出版社
	语法	浅谈甘肃天水方言中的疑问句	洪小斌	《现代语文（语言研究版）》第8期
		张掖方言的程度表示法	高天霞	《语文学刊》第16期
		"着"字在陇南方言中的变体及其用法	祁宏涛	《甘肃高师学报》第3期
		陇东方言中"来"的特殊用法	吴怀仁、庞家伟	《陇东学院学报》第1期
		陇东方言中的体貌助词"来"	吴怀仁	《陇东学院学报》第6期
		陇东方言中的虚词"来来""嚎"	吴怀仁	《宁夏大学学报（人文社会科学版）》第5期
		论陇东方言叠音的语法特征及修辞功能	徐治堂	《陇东学院学报》第6期
		小议兰州话里的特有动词及其特点	于 燕	《甘肃高师学报》第4期
	综合	《兰州方言词典》引论	张文轩、莫 超	《方言》第2期
		敦煌文献中的陇右方言	安忠义	《敦煌研究》第3期
		甘肃省的中原官话	雒 鹏	《方言》第1期
		悠扬的乡韵——甘肃方言民俗	雒 鹏、李 玲	兰州大学出版社
		《秦音》及清代方志中的甘肃方言	莫 超	《河西学院学报》第3期
		河州汉语方言成因探析	张建军	《甘肃社会科学》第2期
		临夏州中心地区方言与普通话的比较研究	高 璐、李应兴、于洪志	《西北民族大学学报（哲学社会科学版）》第5期

续表

首次发表时间	学科	论著名	作者	出版项
2008	综合	《兰州市志·方言志》序跋	张文轩	《甘肃高师学报》第1期
2009	语音	河州方言语音研究	张建军	陕西师范大学博士论文
		甘肃礼县方言的语音辨证	白 莉	《现代语文》第9期
		庄浪方言与普通话发音的主要差异	郑让红	《农业科技与信息》第12期
		甘肃礼县方言声韵调及其特点	王建弢	《天水师范学院学报》第6期
		甘谷话中的[tɕ]与[l]——古见母、来母或同组系列文章之一	马建东	《天水师范学院学报》第6期
		甘肃民乐方言音系记略	钱秀琴	《河西学院学报》第1期
		凉州方言声韵调及其与中古音和北京话的对应关系	李贵生	《河西学院学报》第1期
		甘肃张掖方言同音字汇	黄大祥	《方言》第4期
		临夏方言中心区双音节连读变调的实验研究	胡妍茹、陈 晨、陈小莹、于洪志、金雅声	《西北民族大学学报（自然科学版）》第4期
		洮河流域汉语方言的语音特点	莫 超、朱富林	《方言》第3期
		中亚回族陕西话与甘肃话语音的比较	林 涛	《咸阳师范学院学报》第3期
		甘肃民勤方言音系	吴开华	《方言》第1期
		东乡汉语方言音调探微	郭 蕾、杨阳蕊、廖艳莎	《科技信息》第23期
		西北地区三声调方言分布特点透析	邓文靖	《兰州大学学报（社会科学版）》第3期
		三声调方言康乐话的两字组连读变调	邓文靖	《甘肃高师学报》第1期
	词汇	甘肃民乐方言的"子"尾词	钱秀琴	《学理论》第6期
		兰州方言常用词汇	王立仁	《兰州日报》3月27日

续表

首次发表时间	学科	论著名	作者	出版项
2009	词汇	陇南北部方言称谓词考释举隅	蒲向明	《西华大学学报（哲学社会科学版）》第1期
		陇南方言"儿"尾词和"子"尾词特征初探	王世全	《甘肃高师学报》第3期
		甘肃省礼县燕河流域AA式名词概述	李映忠	《陇东学院学报》第1期
	语法	镇原方言中的代词	何艳萍	《甘肃高师学报》第4期
		天水等地方言的强调标记"一个"浅析	张惠强、任坚	《甘肃广播电视大学学报》第2期
		平凉方言中的第三人称代词□ia	梁彤	《赤峰学院学报（汉文哲学社会科学版）》第1期
		敦煌变文中的语气词在武威方言中的体现	杨晓琴	《甘肃高师学报》第1期
		论甘州方言的疑问句	高天霞	《河西学院学报》第3期
		甘肃汉语方言语法特点综述	莫超	《西北成人教育学报》第2期
	综合	甘南藏语与周边汉语方言的接触类型	张建军	《西北师大学报（社会科学版）》第2期
		藏语和河州汉语方言的接触史及接触类型	张建军	《西藏研究》第2期
		挖掘方言资源克绍姬汉传统——《山丹方言志》评介	吴浩军	《中国地方志》第5期
		语言走廊：河陇近代语言地理研究	李智君	《厦门大学学报（哲学社会科学版）》第4期
		兰州方言词典	张文轩、莫超	中国社会科学出版社
		一个面向言语工程的兰州方言语料库	杨鸿武、梁青青、郭威彤、李锦珑、陈龙	《西北师大学报（自然科学版）》第6期
		临夏回族方言"八坊话"解读	王平、马力明	《青海民族学院学报（社会科学版）》第1期
		陇东方言名词重叠式的构形、语法和语义特征	谭治琪	《现代语文（语言研究版）》第21期

续表

首次发表时间	学科	论著名	作者	出版项
2010	语音	礼县方言的舌叶音声母分析——兼与马建东先生商榷	王建弢	《天水师范学院学报》第4期
		兰州方言的声学特征分析和语音合成的研究	梁青青	西北师范大学硕士论文
		利用五度字调模型实现普通话到兰州方言的转换	梁青青、杨鸿武、郭威彤、裴 东、甘振业	《声学技术》第6期
		庆阳市西峰区方言声调实验研究	安亚彬	西北民族大学硕士论文
		甘谷方言与《说文解字》同声字说明的问题：古音见母、来母或同纽系列文章之二	马建东	《天水师范学院学报》第1期
		甘谷话中[tɕ]以及其他几个声母的拟音（兼与王建弢同志商榷）——古舌见母、来母或同纽系列文章之三	马建东	《天水师范学院学报》第3期
		靖远方言声韵特点及辨正	张军民	《教育教学论坛》第21期
		甘肃西峰方言两字组变调	彭明权	《陇东学院学报》第3期
		甘肃临夏方言回腔语音格局研究	柳 春	西北民族大学硕士论文
		甘肃临夏话单字音声调的声学研究	柳 春、于洪志、武光利	《科学经济社会》第2期
		灵台方言与普通话的差异及纠正	李伯恩	《新课程（教育学术）》第3期
		甘肃临夏方言元音声学特征研究	柳 春、于洪志、李永宏	《甘肃社会科学》第2期
		张掖方言中的声母浅析	刘应芳	《青年文学家》第18期
	词汇	陇东方言常用词本字考释	谭治琪	《甘肃高师学报》第4期
		通渭方言本字考	苏建军	《甘肃高师学报》第1期

续表

首次发表时间	学科	论著名	作者	出版项
2010	词汇	靖远方言中的"称谓词+的"	张爱莉	《新余高专学报》第5期
		略论庄浪方言词	梁永斌	《丝绸之路》第20期
		陇南回族语言词汇特征	马瑛	《文教资料》第28期
		平凉方言之"浪走"	秦玉龙	《平凉日报》5月8日
		平凉方言之"叶子麻"	秦玉龙	《平凉日报》5月22日
		天水方言对古汉语词汇的继承举隅	马晗敏	《甘肃广播电视大学学报》第4期
		《兰州方言志》名词理趣探微	李映忠	《牡丹江师范学院学报（哲学社会科学版）》第4期
		甘肃方言"父亲"称谓考	雒鹏、马宏	《西北成人教育学报》第4期
		陕甘方言难词比证——以陕西扶风和甘肃山丹方言为例	何茂活	《咸阳师范学院学报》第3期
	语法	东乡族汉语中"些""有""啦哒/哒啦""阿哈"的用法及来源	莫超	《甘肃高师学报》第6期
		甘肃宁县方言的语法特点	罗堃	《华中师范大学研究生学报》第3期
		甘肃合水太白镇方言中的"太没有X"结构	陈立中	《语言科学》第1期
		甘肃省礼县燕河流域子尾用法概述	李映忠	《陇东学院学报》第4期
		《兰州方言字典》中ABB结构的调查与分析	李建霞	《和田师范专科学校学报》第4期
		甘肃省礼县燕河流域"子"尾的一种特殊用法	李映忠	《语文学刊·高教版》第1期
		天水方言"着"的语法化等级浅析	张惠强、黄冬丽	《甘肃广播电视大学学报》第2期

续表

首次发表时间	学科	论著名	作者	出版项
2010	语法	试探析静宁方言中的"很"	马永鹏	《鸡西大学学报》第6期
		庆阳方言中的助词"上"	张倩	《太原大学教育学院学报》第S1期
		镇原方言语法研究	何艳萍	西北师范大学硕士论文
	综合	方言与古俗——以甘肃省古浪县路家台村为例	谢正荣	《宝鸡文理学院学报（社会科学版）》第3期
		甘肃方言区师范类大专生普通话语感的培养方法探究	王渤	《黑河学刊》第6期
		甘肃徽县方言的语音辨正	李娟霞	《甘肃高师学报》第6期
		兰州地区方言对声乐演唱的影响	于守海	《甘肃科技》第21期
		兰州方言对大学生英语发音的影响	马燕	西北民族大学硕士论文
		兰州鼓子的方言民俗与生态环境略探	张彦丽、闫新艳	《西北民族研究》第3期
		浅析甘肃方言与普通话的差异	王万孝	《教师》第9期
		浅析金昌方言与普通话在声调上的异同	袁亮	《教师》第18期
		浅谈"京兰腔"在青年群体中的变化	张可	《文学界（理论界）》第9期
		语言接触与方言及其文化迁移——读莫超教授的《白龙江流域汉语方言语法研究》有感	贾晞儒	《甘肃高师学报》第1期
2011	语音	兰州方言的文白异读	张文轩	《西北师大学报（社会科学版）》第5期
		甘肃方言里上古音的遗存	雒鹏	《西北师大学报（社会科学版）》第5期
		甘肃靖远方言音系	雒鹏	《甘肃高师学报》第3期
		永登方言声韵调及特点	龙选英	《鸡西大学学报》第10期

续表

首次发表时间	学科	论著名	作者	出版项
2011	语音	浅析兰银官话语音的主要特点——以河西走廊为例	宋 佳	《北方文学（下半月）》第12期
		张掖方言语音研究	王晓斌	西北大学硕士论文
		甘肃会宁疑日两母的演变及韵母ei、uei的来源初探	张彦莉	《现代语文（语言研究版）》第4期
		甘肃镇原方言语音特点	范丽荣	《现代语文（语言研究版）》第12期
		古平声和古入声在甘肃会宁方言中的演变	张建民	《甘肃高师学报》第3期
		中古知庄章组声母在镇原方言中的读音流变	范丽荣	《甘肃高师学报》第3期
		甘肃西和方言的语音辨正	邱晓岚	《甘肃高师学报》第4期
		甘肃甘谷方言声韵调及其特点	王可峰	《甘肃高师学报》第6期
		等韵学研究成果对甘谷礼县话中几个声母拟音的影响（再与王建弢同志商榷）：古音见母、来母或同组系列文章之四	马建东	《天水师范学院学报》第1期
		甘肃礼县方言同音字汇	王建弢	《天水师范学院学报》第4期
		甘肃康乐话单字调的声学研究	柳 春、于洪志	《语文学刊》第6期
		临夏回族汉语方言语音格局	金雅声、柳 春	民族出版社
		甘肃省礼县燕河流域方言同音字汇	李映忠	《陇东学院学报》第3期
		甘肃武山方言语音特点	王应龙	《宝鸡文理学院学报（社会科学版）》第6期
		兰州方言声调特点	李嘉慧	《语文学刊》第23期
		三声调方言秦安话的两字组连读变调	邓文靖	《汉字文化》第5期

续表

首次发表时间	学科	论著名	作者	出版项
2011	语音	通渭方言与普通话的对比分析研究	常军强	《中学教学参考》第6期
		平凉方言之"耍舌头"	秦玉龙	《平凉日报》6月18日
	词汇	陇右方言词语疏证	安忠义	人民出版社
		敦煌吐鲁番契约文书中"边"类表方位名词考察	陈菲菲	《语文知识》第1期
		甘肃永登地区称呼语及其演变的调查研究	郁万霞	兰州理工大学硕士论文
		民勤方言古语词汇释	黄大祥	《河西学院学报》第4期
		结合现代河西方言训释敦煌变文的几个词语	黄大祥	《方言》第4期
		敦煌文献中的河西走廊方言词语	黄大祥	《甘肃高师学报》第4期
		甘肃皋兰方言谚语文化特征分析	魏红梅、魏菊芳、王立军、张淑苗	《安徽文学（下半月）》第8期
		甘肃皋兰方言歇后语例释	魏红梅、魏菊芳	《文学教育（上）》第8期
		汉语河州话及周边地区非指人名词的复数标记"们"	徐 丹	《民族语文》第6期
		靖远县方言亲属称谓考释	雷双凤	《丝绸之路》第20期
	语法	唐汪话的格标记	徐 丹	《中国语文》第2期
		河西方言纵横谈	何茂活	甘肃人民出版社
		谈天水方言的疑问代词	王 娜	《语文学刊》第9期
		通渭方言中的几个特殊介词	苏建军	《兰州工业高等专科学校学报》第2期
		从秦安方言谈中古介词"闻"的消失	张蓝天	《长安学刊》第2期
		"A着"句式在甘南方言中的用法特点	蒋媛媛	《长春教育学院学报》第4期
		静宁方言"给"的用法	吕超荣	《大观周刊》第21期

续表

首次发表时间	学科	论著名	作者	出版项
2011	语法	甘肃宁县方言起始体标记"开"的多角度研究	罗 堃	华中师范大学硕士论文
		天水方言人称代词"冢"的语用现象探析	张惠强、任 坚	《甘肃广播电视大学学报》第4期
		甘肃天水方言中的"把"字句	王 曦	《现代语文（语言研究版）》第10期
		甘肃天水方言中的疑问句与疑问词及疑问语气词	王 曦	《现代语文（语言研究版）》第1期
		临夏方言动词的"体"	尹 雯	《甘肃高师学报》第4期
		兰州方言的人称代词	刘 杰	《语文学刊》第10期
	综合	夏河藏语中的汉借词与汉语西北方音	张建民	《中国藏学》第2期
		《陇右方言》的语言学价值	申重实、莫 超	《甘肃高师学报》第1期
		环县方言初探	谭治琪	西北师范大学硕士论文
		敦煌文献的方言学价值	王耀东、敏春芳	《西北民族大学学报（哲学社会科学版）》第2期
		透过《金瓶梅》与《红楼梦》看庄浪方言	李宝成、要学棣、李红强	《湘潮（下半月）》第10期
		陇西方言现象专题报告（地域）	王金霞	《学周刊》第14期
		陇东方言是古汉语的母体语言	要学棣、禹 琳	《青年文学家》第16期
		宁县方言与《水浒》	要学棣、李红强	《中国科教创新导刊》第5期
		言语交际视角下农民工语言使用的嬗变——以兰州市城关区及安宁区为例	曹 进、曹 文	《西北成人教育学报》第3期
		英语和兰州方言的音位对比	马 燕	《甘肃科技纵横》第6期

续表

首次发表时间	学科	论著名	作者	出版项
2012	语音	兰州话单字音声调格局的统计分析	张冠宇	《现代语文（语言研究版）》第3期
		甘肃洮州方言音系及其特点分析——河洮岷地区方言文化研究之二	王可峰	《陇东学院学报》第2期
		甘肃陇南西和方言的声韵调及特点	邱晓岚	《语文学刊》第11期
		兰州话阻塞辅音的声学研究	刘杰	西北民族大学硕士论文
		上声在凉州方言中的隐现	李贵生	《河西学院学报》第1期
		甘肃陇中方言中保留的古音举隅	苏建军	《甘肃高师学报》第3期
		甘肃环县话的音韵特点	胡振远	《甘肃联合大学学报（社会科学版）》第5期
		甘肃省礼县燕河流域方言的两字组连读变调及语音特点	李映忠	《陇东学院学报》第4期
		甘肃静宁（城川乡）方言音系	吕超荣	《甘肃高师学报》第4期
		晋陕甘宁部分方言古全浊声母的今读	项梦冰	《咸阳师范学院学报》第5期
		试论秦州方言的声韵调及特点	刘香琴	《现代语文（语言研究版）》第6期
	词汇	庆阳方言的词汇特点和词义特点	李伯虎	《长春教育学院学报》第5期
		陇东方言特征词	赵红	《语文学刊》第6期
		陇东方言特征词中的变异词和创新词	赵红	《语文学刊》第6期
		陇南方言中的颜色词及组合形式	李光英	《语文学刊》第15期
		西和礼县方言纪实	尚保定	中国藏学出版社
		庆阳方言从他亲属称谓语探析	范丽荣	《甘肃高师学报》第1期
		庆阳方言亲属称谓语研究	范丽荣	西北师范大学硕士论文

续表

首次发表时间	学科	论著名	作者	出版项
2012	词汇	聊斋俚曲俗字例——兼以甘肃河西方言为证	何茂活	《蒲松龄研究》第1期
		兰州方言词汇与民俗特点	赵延红、蒋艳丽	《林区教学》第10期
	语法	近代西北方志方言文献中的"语助词"	莫 超	《甘肃高师学报》第6期
		兰州方言中语助词"嘉"的功能探询和演化考察	谢心阳	学林出版社《现代汉语虚词研究与对外汉语教学（第五辑）》
		天水方言人称代词述略	张惠强	《甘肃高师学报》第1期
		天水方言疑问代词述略	张惠强	《天水师范学院学报》第4期
		永登方言"把"字句研究	龙选英	西北师范大学硕士论文
		甘肃洮州方言中的语气词——河洮岷地区方言文化研究之一	王可峰	《现代语文（语言研究版）》第6期
		天水方言语法研究	米 娜	兰州大学硕士论文
		甘肃省礼县燕河流域方言的重叠式（上）	王齐虎	《陇东学院学报》第6期
		靖远汉语方言的介词关系分析	李得军	《青年文学家》第20期
		宁县方言起始体标记"开"的比较研究	罗 堃	《甘肃广播电视大学学报》第1期
		静宁方言"把"字句研究	赵艳娜	《丝绸之路》第10期
		兰州方言语气词"吵""家"的用法	张燕子	《文学界（理论版）》第7期
		甘肃永登方言中的程度表示法	甘宪荣	《甘肃高师学报》第4期
		浅析秦安方言的助词"哩"	吴银霞	《鸡西大学学报》第11期
		甘肃省礼县燕河流域方言"的"字词语及"V+人"式词语汇释	王天霞、李映忠	《陇东学院学报》第6期

续表

首次发表时间	学科	论著名	作者	出版项
2012	综合	也谈民俗学与方言学的结盟——以甘肃武威"凉州贤孝"为例	李贵生	《宝鸡文理学院学报（社会科学版）》第3期
		陇南民俗文化故事歌后语方言卷	张昉	甘肃文化出版社
		甘谷方言	王效琦	飞天文化出版社
		定西地区方言研究现状	韩莉、王嵘	《甘肃高师学报》第4期
		从文化和认知视角看西北藏区汉语方言——以甘肃省甘南藏族自治州临潭县方言为例	牛军、王鹿鸣	《西藏民族学院学报（哲学社会科学版）》第6期
		东乡语与兰州方言实施请求的语用对比研究	兰莉鹏	兰州大学硕士论文
		方言和普通话之间过渡语的特点分析及其对策	苟芳琴	《陇东学院学报》第2期
		陇中花儿：陇西山歌中方言土语的情感表达	汪海峰	《社科纵横（社会科学版）》第11期
		关陇方言与秦人性格研究：关陇区域方言差异与演变探析	赵玲	《咸阳师范学院学报》第1期
		李恭《陇右方言发微》探析	申重实、莫超	《甘肃高师学报》第1期
		甘肃方言对英语语音的影响	张周瑞	《甘肃联合大学学报（社会科学版）》第2期
		兰州话韵母对英语元音发音的影响	马燕、魏华	《甘肃科技纵横》第6期
		天水方言与英语语音的对比及对英语教学的启示	蔡兰珍、田梅芳	《天水师范学院学报》第5期
		临潭话词汇语法研究	刘小丽	兰州大学硕士论文
		语言接触引发的语言变化：河州话特殊语法研究	杜冰心	兰州大学硕士论文

续表

首次发表时间	学科	论著名	作者	出版项
2013	语音	秦安方言语音研究	吴银霞	西北师范大学硕士论文
		甘肃环县方言同音字汇	谭治琪、赵红	《陇东学院学报》第6期
		甘肃静宁（城川）方言语音研究	吕超荣	陕西师范大学硕士论文
		甘肃临夏方言回腔元音格局研究	柳春、于洪志、李永宏	《甘肃高师学报》第6期
		中古知系声母在今陇东方言中的读音及演变特点	谭治琪、刘伶	《甘肃高师学报》第6期
		凉州普通话语音实验研究	杨志喆	云南师范大学硕士论文
		从轻重音现象看河州方言与阿尔泰语的关系	莫超、张建军	华东师范大学出版社《西北语言与文化研究（第一辑）》
		甘肃省礼县燕河流域方言单音节常用词汇释	李映忠	《陇东学院学报》第4期
		兰州方言在英语语音学习中的负迁移及应对策略	王丽萍	《青年文学家》第35期
		三声调方言静宁话的两字组连读变调	邓文靖	《汉字文化》第6期
		河桥话与兰州城区话的语音异同	张文轩	华东师范大学出版社《西北语言与文化研究（第一辑）》
	词汇	古语词在西北次方言区武威方言中的遗存释例	赵颖	《贵州师范学院学报》第10期
		方言的兴衰与普通话的认同之现状反思——以天水方言词汇为例	任丽花	华东师范大学出版社《西北语言与文化研究（第一辑）》
		张家川回族话中的阿拉伯语、波斯语借词和特殊汉语词	马玉凤	华东师范大学出版社《西北语言与文化研究（第一辑）》
		天祝方言词汇研究	杨扬	兰州大学硕士论文

续表

首次发表时间	学科	论著名	作者	出版项
2013	词汇	敦煌变文中的甘肃方言词语	张柳	《丝绸之路》第24期
		甘肃省礼县燕河流域方言的重叠式（下）	王齐虎	《陇东学院学报》第2期
		靖远方言词语考释	魏丽娅	西北师范大学硕士论文
		浅析灵台方言词汇的特点及运用中应注意的问题	王永强	《吉林教育》第34期
		清水方言古语词考释	曹兴隆	《北方文学》第8期
		试论临潭方言词与古代词语的渊源关系（一）	刘小丽	《甘肃高师学报》第4期
		甘肃省礼县燕河流域方言重叠式及"子"尾词语补遗	罗雪萍、李映忠	《陇东学院学报》第2期
		甘谷方言亲属称谓考释	孙雪英	《陇东学院学报》第2期
	语法	庆阳话中的"把"字句	徐治堂	《陇东学院学报》第6期
		保安族汉语方言格范畴研究	张竞婷	兰州大学硕士论文
		甘肃唐汪话的语序	徐丹	《方言》第3期
		兰州方言代词	张巍	《丝绸之路》第22期
		秦安方言代词	张蕊蕊、王静、张永霞	《丝绸之路》第22期
		天祝古浪方言代词	苏晓琰、马秀娟、宋积成	《丝绸之路》第22期
		西和方言代词	申文芳、秦银鸽、张永霞	《丝绸之路》第22期
		永登方言副词、助词研究	甘宪荣	西北师范大学硕士论文
		甘肃方言人称代词初探	雒鹏、邵云英、张艺玮	《丝绸之路》第22期
		庆阳方言语气词"吵"的语法语用考察	张海铭	《现代语文（语言研究版）》第12期

续表

首次发表时间	学科	论著名	作者	出版项
2013	语法	甘肃方言疑问代词初探	王姬、王继霞、于欢	《丝绸之路》第22期
		陕甘宁青至民国时期方志方言文献中的疑问代词	尹雯	华东师范大学出版社《西北语言与文化研究（第一辑）》
		甘青河湟方言名词的格范畴	张安生	《中国语文》第4期
		兰州方言"V给3"结构性质讨论	贾莹	华东师范大学出版社《西北语言与文化研究（第一辑）》
		甘肃方言指示代词初探	王娟之、张文娟、马秀娟	《丝绸之路》第22期
		甘肃兰银官话方言代词	宗燕、杨生善、于欢	《丝绸之路》第22期
		甘肃镇原方言中的人称代词研究	路奋儒	《丝绸之路》第20期
		甘肃中原官话代词	张永霞、申文芳、张蕊蕊	《丝绸之路》第22期
		靖远方言介词初探	李得军	西北师范大学硕士论文
		西北方言指代词兼第三身代词现象的再探讨	汪化云	《语言科学》第1期
		民勤方言里的语气词"啷"及其形成	黄大祥	《甘肃高师学报》第3期
	综合	凉州贤孝唱词的语言特色	钱秀琴	《牡丹江大学学报》第1期
		甘肃境内的西南官话——兼论方言形成与区域经济文化的交流	莫超	《社会科学战线》第4期
		晚清至民国期间甘肃方言专著四种	莫超	《图书与情报》第4期
		论河州花儿的方言词语及修辞特征	王小敏、张侃	《青海师范大学学报（哲学社会科学版）》第1期
		古代西北方言的下位变体	高田时雄、史淑琴	《敦煌研究》第2期

续表

首次发表时间	学科	论著名	作者	出版项
2013	综合	浅谈甘肃省通渭方言在语言要素的几个特点	丁文魁	《文学界（理论版）》第1期
		东乡语与兰州方言恭维言语行为的语用策略对比研究	钟 航	兰州大学硕士论文
		东乡语与兰州方言致谢言语行为的语用对比研究	李玉婷	兰州大学硕士论文
		东乡语与兰州方言实施道歉之语用对比研究	刘丽姝	兰州大学硕士论文
		不同社会情境下的语言选择及其影响因素——以普通话和张掖方言为例	侯建芳	《河西学院学报》第3期
		甘肃方言和甘肃文化	雒 鹏、黄海英、包 妍	《丝绸之路》第22期
		《渭源县志·方言》语音词汇部分刊误	韩 莉、王 嵘	《语文天地（高教·理论）》第1期
		酒泉方言研究	孙占鳌、刘生平	兰州大学出版社
		甘肃省河西地区方言对英语语音习得的负迁移作用	韩 燕	《河西学院学报》第1期
		甘肃境内的西南官话研究	莫 超、尹 雯	《语言科学》第6期
		甘肃洮州方言成因探析	王可峰	《西北民族大学学报（哲学社会科学版）》第5期
		长篇小说《金城关》方言运用的艺术技巧	霍忠义	《长安大学学报（社会科学版）》第3期
		陇西方言与普通话之异同	吴碧霞	《北方文学》第6期
		二十年来甘肃方言语音研究综述	张 黎、刘 伶	《宝鸡文理学院学报（社会科学版）》第5期
		地方方言与民族声乐演唱的巧妙结合——以甘肃省洮岷花儿为例	林 怡	《北方音乐》第2期

续表

首次发表时间	学科	论著名	作者	出版项
2013	综合	也谈"京兰腔"	周洋	《语文学刊（高等教育版）》第11期
2014	语音	陇中南方言语音调查研究	朱富林	陕西师范大学博士论文
		二声调红古话的连读变调	莫超、朱富林	《甘肃高师学报》第1期
		定西方言的语音特点	孙立新	《甘肃高师学报》第6期
		陇东方言的声调系统	孙立新	《陇东学院学报》第6期
		兰州话的"上声"	衣莉	《第十一届中国语音学学术会议（PCC2014）论文集》
		中古端、精、见组字在河州方言齐齿呼韵母前的演变	张建军	华东师范大学出版社《西北语言与文化研究（第二辑）》
		甘肃漳县方言城关话语音特点	付康	华东师范大学出版社《西北语言与文化研究（第二辑）》
		张掖市区方言的语音特点	蒲晶晶	华东师范大学出版社《西北语言与文化研究（第二辑）》
		甘肃临洮康家崖方言的一些语音特点	朱富林、莫超	《方言》第2期
		甘肃临洮县康家崖村方言音系	朱富林、莫超	华东师范大学出版社《西北语言与文化研究（第二辑）》
		甘肃康家崖方言与三甲集方言的声调比较	莫超、朱富林	华东师范大学出版社《西北语言与文化研究（第二辑）》
		甘肃甘谷话单字调的声学分析	黄海英	《语文学刊》第9期
		甘肃甘谷话双字调声学实验研究	黄海英	《文教资料》第34期
		甘肃方言永登话声调实验研究	车瑞	西北民族大学硕士论文
		甘肃清水方言语音调查研究	曹兴隆	河北大学硕士论文
		兰州方言语音研究	宋佳	天津师范大学硕士论文

续表

首次发表时间	学科	论著名	作者	出版项
2014	语音	从"宕昌县"的"tàn"音进入《现代汉语词典》说起	莫　超	《甘肃高师学报》第6期
		甘谷话"租粗苏""竹出书如"系列音读与上古汉语——古音见母、来母或同组系列文章之五	马建东	《天水师范学院学报》第1期
		兰州方言n、l浅析	李玉瑾	《城市地理》第18期
		陇东方言的连读变调	李丹青	《品牌》第9期
		民勤话究竟是几调方言?——民勤话单字调内部差异的调查分析	冉启斌、贾　媛	《南开语言学刊》第1期
	词汇	天水市区方言词汇研究	任　星	西北师范大学硕士论文
		西和方言词语汇释	黄立志	中国文史出版社
		"不敢"一词在西北方言中的祈使用法探源	赵久湘、杨雅丽	《长江师范学院学报》第2期
		《红楼梦》语言与陇东方言有高度吻合现象（二）	刘晓霞、要学棣	《品牌》第10期
		兰州方言叠字词研究	蔡雯丽	《广东技术师范学院学报》第5期
		以平凉话为代表的甘肃方言本字考	孙依晨	《北方文学（下半月）》第2期
		临夏人的"尕"	王新有	《乡镇论坛》第36期
		秦陇方言中的动词词缀"打+嘎子"	吴怀仁	《宁夏大学学报（人文社会科学版）》第6期
		甘肃陇西方言古语词例释	陈晓强	《方言》第2期
		甘肃陇西方言古语词考释十则	陈晓强	华东师范大学出版社《西北语言与文化研究（第二辑）》
		秦源地区方言特征词及其地域性文化研究综述	李映忠	《陇东学院学报》第6期

续表

首次发表时间	学科	论著名	作者	出版项
2014	词汇	试论临潭方言词与古代词语的渊源关系（二）	刘小丽	《甘肃高师学报》第3期
		张掖方言词汇的构词理据及文化内涵研究	孙月梅	《柳州师专学报》第3期
		初探《老残游记》中的张掖方言词语	赵国强	《现代交际》第5期
		从亲属称谓语的角度浅析宁县方言	郑 媛	《校园英语》第28期
	语法	甘肃宁县方言中的助词"着来"	贾泽林	《现代语文（语言研究版）》第11期
		甘肃静宁方言形容词的生动形式	吕超荣	《泸州职业技术学院学报》第3期
		环县方言的副词	赵 红	《语文学刊》第23期
		成县方言的正反问句式	李丽娟	华东师范大学出版社《西北语言与文化研究（第二辑）》
		甘肃静宁方言的指示代词	吕超荣	《泸州职业技术学院学报》第1期
		兰州方言"把XV"构式分析	贾 莹	《宁夏大学学报（人文社会科学版）》第6期
		宁县方言常用副词探析	王亚婷	《柳州职业技术学院学报》第6期
		甘肃汉语方言指示代词	雒 鹏、王娟之	华东师范大学出版社《西北语言与文化研究》（第二辑）
		甘肃汉语方言疑问代词研究	王 姬	西北师范大学硕士论文
		甘肃汉语方言指示代词研究	王娟之	西北师范大学硕士论文
		甘肃汉语方言人称代词研究	邵云英	西北师范大学硕士论文
		庆阳与关中方言人称代词和指示代词的比较研究	徐治堂	《咸阳师范学院学报》第5期
		武威（张义）方言代词述略	兰喜梅	《现代语文（学术综合）》第11期

续表

首次发表时间	学科	论著名	作者	出版项
2014	综合	论陇东方言的宗主地位	要学棣、禹 琳	《鸭绿江（下半月版）》第5期
		西北方言文献研究	莫 超	北京大学出版社
		方言整理对文献校勘的重要性研究——以甘肃方言整理对敦煌文献校勘的重要性为例	杨玉荟、马智捷	《赤峰学院学报（汉文哲学社会科学版）》第2期
		方言用字的规范化谫论——以甘肃武威凉州方言为例	李贵生	《河西学院学报》第6期
		通渭方言与文言文教学的联系	常军强	《中学教学参考》第15期
		议庆阳方言的詈语与民俗文化	郭建华	《语文学刊》第1期
		甘肃凉州贤孝唱词的地域性语言特点研究	赵 颖	《江西科技师范大学学报》第5期
		天水方言对英语辅音和元音习得的影响	陈小玲	《景德镇高专学报》第3期
		定西方言声母对英语辅音学习的迁移研究	路喜荣	《佳木斯职业学院学报》第8期
		定西方言对英语语音学习的迁移影响	路喜荣	《甘肃高师学报》第4期
		甘肃方言在英语语音学习中的负迁移现象探究	韩世霞	《陇东学院学报》第6期
		甘肃会宁方言对英语语音学习的迁移现象研究	杨彦文、王 敏	《丝绸之路》第24期
		浅析陇南方言对英语辅音发音的影响及对策	孟凡英	《西北成人教育学院学报》第5期
		浅析甘肃武威方言语音与普通话的差异	赵 颖	《语文建设》第2期
		陕甘宁民间歌谣音韵研究	王翠红	南京师范大学硕士论文
2015	语音	甘肃张掖方音与《广韵》音系比较研究	张 黎、刘 伶	《汉字文化》第2期

续表

首次发表时间	学科	论著名	作者	出版项
2015	语音	庄浪方言与普通话声调对应规律	张 洁、孙亚永	《考试周刊》第72期
		张掖方言两字组的连调模式	王晓斌	《甘肃高师学报》第1期
		甘肃会宁（桃花镇）方言音系	王继霞	《现代语文》第1期
		甘肃汉语方言区"知庄章"的研究现状	郭建华	《陇东学院学报》第4期
		甘谷话"-i-""-iu-""-y-"并存现象研究：古音见母来母或同组系列文章之六	马建东	《天水师范学院学报》第1期
		靖远方言全浊及轻音声母尖团分化研究	张 颖、杨国科	《长江丛刊》第13期
		临夏方言声调不稳定现象初探	张建军	《中国社会科学报》9月10日
		唐汪话的辅音系统	〔法国〕徐丹	〔法国〕法国高等社科院东亚语言研究所专刊《北方汉语中的语言接触：历时与共时研究》
		会宁方言语音特点	刘 伶	《甘肃高师学报》第1期
		谈甘肃省宕昌县名中"宕"字的读音	雒 鹏、李瑞红、王 丹	《丝绸之路》第16期
		漳县方言语音研究	付 康	西北师范大学硕士论文
		榆中方言语音研究	李玉瑾	天津师范大学硕士论文
		甘肃静宁（李店镇）方言语音研究	王继霞	西北师范大学硕士论文
		西和方言声调实验研究	杨艳霞	西北师范大学硕士论文
		甘肃河西走廊的几种特殊发音举要	刘 伶、张 黎	《甘肃高师学报》第6期
		甘肃金昌市永昌县永昌话语音调查	鲍伟芳	《牡丹》第20期
	词汇	凉州（张义）方言词汇研究	兰喜梅	西北师范大学硕士论文

续表

首次发表时间	学科	论著名	作者	出版项
2015	词汇	静宁方言四字格俗语研究	王双怡	陕西师范大学硕士论文
		张掖方言词汇研究	孙月梅	西北民族大学硕士论文
		兰州方言特征词研究	张凌云	西北师范大学硕士论文
		陇西方言词语研究	陈晓强、陈晓春、陈晋	甘肃人民出版社
		俗话说·酒泉方言集锦	王德贤	兰州大学出版社
	语法	甘谷方言丈夫称谓变异研究	韩建岗	《巴音郭楞职业技术学院学报》第2期
		靖远方言词汇研究	张文娟	西北师范大学硕士论文
		甘肃方言"额头"说法探究	王丹、朱世杰	《丝绸之路》第16期
		甘肃方言"阿"字头亲属称谓词初探	马林、王银、王丹	《丝绸之路》第16期
		甘肃方言从他亲属称谓词浅析	张晶晶、闫承祥、王丹	《丝绸之路》第16期
		甘肃方言"父母"称谓词探究	陈娜雯、郭海莲	《丝绸之路》第16期
		浅谈景泰方言亲属称谓词	雷作安、安保洁	《丝绸之路》第16期
		"窝"在兰州方言中的用例举隅	王亚丽、陈向阳	《语文学刊》第18期
		兰州方言中的个别词汇研究	毛丽婷	《校园英语》第21期
		兰州方言中的叠音、叠字现象	周洋	《语文学刊》第9期
		河西方言亲属称谓语之"同名异实"和"同实异名"	徐丽华	《文化学刊》第4期
		环县方言几个人物词缀及其构词特点	赵红	《语文学刊》第23期
		甘肃临潭方言中的名词词缀	刘小丽、穆冬霞	《甘肃高师学报》第3期

续表

首次发表时间	学科	论著名	作者	出版项
2015	语法	甘肃庆阳方言詈词词缀探析	孙骏超	《现代语文》第7期
		宁县方言中的古汉语词汇汇释	郭建华、王齐虎	《语文学刊》第15期
		平凉方言"V开（NP）了"结构歧义分析	赵艳娜	《甘肃高师学报》第1期
		甘肃民勤方言的语气词"莽""门"及其来源	黄大祥	《河西学院学报》第3期
		河州话代词	雒鹏	〔法国〕法国高等社科院东亚语言研究所专刊《北方汉语中的语言接触：历时与共时研究》
		临夏汉语方言的"格"与"体"	莫超、张建军	〔法国〕法国高等社科院东亚语言研究所专刊《北方汉语中的语言接触：历时与共时研究》
		东乡族汉语中"些""有""啦哒/哒啦""阿哈"的用法及来源	莫超、张建军	〔法国〕法国高等社科院东亚语言研究所专刊《北方汉语中的语言接触：历时与共时研究》
		唐汪话宾语位置探讨	〔法国〕罗端	〔法国〕法国高等社科院东亚语言研究所专刊《北方汉语中的语言接触：历时与共时研究》
		"是"字句在临夏话中的用法及其来源	敏春芳	〔法国〕法国高等社科院东亚语言研究所专刊《北方汉语中的语言接触：历时与共时研究》
		不借之借——东乡语汉语借词的构造方式	敏春芳	〔法国〕法国高等社科院东亚语言研究所专刊《北方汉语中的语言接触：历时与共时研究》
		甘谷方言人称代词考释	孙雪英、李向阳	《兰州文理学院学报（社会科学版）》第2期
		略析天水张家川方言疑问句的四种句式	马映旗	《吉林教育·教研》第23期

续表

首次发表时间	学科	论著名	作者	出版项
2015	语法	礼县方言的反复问句	王建弢	《天水师范学院学报》第1期
		甘肃陇西方言中"个"的用法	刘志刚	《兰州文理学院学报（社会科学版）》第2期
		凉州贤孝唱词语法特点选析	赵　颖	《江西科技师范大学学报》第2期
		论临夏话中的后置介词	安丽卿	《贵州民族研究》第10期
		榆中方言V+卡[k^hA]与普通话动词重叠式对比分析	李敬国、马婷婷	《甘肃广播电视大学学报》第1期
		兰州方言语气词研究	丁一欢	西北师范大学硕士论文
		庆阳方言的泛体标记"下"	曹小丽	华东师范大学硕士论文
		论西宁话和临夏话中的SOV句式	安丽卿	《辽东学院学报（社会科学版）》第2期
		甘肃成县方言重叠式研究	李丽娟	陕西师范大学硕士论文
		甘肃镇原方言的重叠式研究	曹思远	陕西师范大学硕士论文
		保安族汉语方言格标记及其演变	张竞婷	《青海民族大学学报（社会科学版）》第1期
		西北"花儿"的程式句法与方言	王军林	《兰州文理学院学报（社会科学版）》第2期
		浅析渭源方言	王响生	《经济研究导刊》第13期
		兰州方言中"都"类总括副词刍议	包金曼	《鄂州大学学报》第2期
		从语法特点看唐汪话的语言性质	莫　超、张建军	《西北师大学报（社会科学版）》第2期
	综合	《陇西方言词语研究》序言	张文轩	《甘肃高师学报》第4期
		兰州鼓子《骂鸡》中的兰州方言和民俗现象分析	雷岩岭、张彦丽	《甘肃高师学报》第6期
		礼县方言调查研究	王建弢	西南交通大学出版社

续表

首次发表时间	学科	论著名	作者	出版项
2015	综合	甘肃西北的语言接触：东乡话中汉语趋向动词结构的仿造	〔法国〕朱莉	〔法国〕法国高等社科院东亚语言研究所专刊《北方汉语中的语言接触：历时与共时研究》
		就《平凉方言趣谈》与孟宪华商榷	李丹青	《品牌》第9期
		方言的保护与传承——以甘肃天水地方语言文化研究为例	刘维国	《文教资料》第29期
		甘肃合水太白方言自然口语语料类编	陈立中、余颂辉	《南京大学》出版社
		张掖方言漫谈（一）	胡永晖	《张掖日报》11月14日
		张掖方言漫谈（二）	胡永晖	《张掖日报》11月21日
		甘肃方言调查取得重大进展	李蓝	《中国社会科学报》9月29日
		甘肃是方言宝藏的富矿区	张文轩	《中国社会科学报》11月10日
		凉州贤孝唱词语气词类析	钱秀琴、王淑珍	《齐齐哈尔大学学报（哲学社会科学版）》第1期
		简论天祝方言亲属称谓词	闫承祥、张晶晶	《丝绸之路》第16期
		甘肃省东乡族自治县河滩镇东乡族语言使用现状调查——东乡族东乡语生活状况系列调查之三	张丽、任丽花	《长治学院学报》第6期
		关中和河西走廊一带的历史概况及其对语言的影响	〔美国〕柯蔚南著，张建军、杜永仁译	《丝绸之路》第24期
		借助汉语拼音纠正兰州方言	芦伟	《学周刊》第6期
		天水方言对英语语音学习的负迁移影响及教学策略	刘紫瑄	《牡丹江教育学院学报》第3期
		定西方言对英语语音学习影响的实证研究——基于音段音位的角度	路喜荣	《甘肃高师学报》第4期

续表

首次发表时间	学科	论著名	作者	出版项
2015	综合	汉语普通话在日语语音教学中的正迁移作用——以甘肃方言背景日语学习者为对象	崔浩	《亚太教育》第12期
		方言对英语学习者语音学习的影响	李晓梅	《兰州交通大学学报》第2期
		兰州话中的语言接触痕迹	于燕、曹新茹	《兰州文理学院学报（社会科学版）》第5期
2016	语音	宁县方言的儿化韵	郭建华	《长江丛刊（理论研究）》第12期
		武威市凉州区汉语方言音系	宋珊	《兰州文理学院学报（社会科学版）》第4期
		甘肃徽县方言的语音特点	岳贵明	《大众文艺》第24期
		甘肃镇原方言的一些语音特点	芦兰花	《方言》第3期
		西北次方言的音系分析——以甘肃省平凉市方言为例	刘昕	《黑龙江生态工程职业学院学报》第2期
		乌鲁木齐芦草沟乡甘肃白银回族移民方言点方音研究	高远平	新疆大学硕士论文
		甘谷磐安等地古来泥母在韵母[y]前变读为[tɕ]的时间	安仲宝	《文学教育（下）》第4期
		静宁方言四字俗语浅析	周玲玲	《甘肃高师学报》第2期
	词汇	天水秦州方言中的"家"	杨睿	《甘肃高师学报》第4期
		浅论陇西方言中的"儿"	苟建华	《甘肃高师学报》第7期
		甘肃临潭话中的儿化现象	刘小丽、何浩	《甘肃高师学报》第8期
		环县方言本字举例考释	汪妩妩	《北方文学》第14期
	语法	甘肃陇西方言语词考释十七则	陈晓春、陈晓强	《兰州文理学院学报（社会科学版）》第4期

续表

首次发表时间	学科	论著名	作者	出版项
2016	语法	宁县方言称谓语"dada"小考	郭建华	《大众文艺》第18期
		小议兰州方言中"才"的一种特殊用法	谢心阳	《语文学刊》第2期
		甘肃庄浪方言本字及古语词例释	赵艳	《语文学刊（外语教育教学）》第8期
		甘肃汉语方言人称代词	雒鹏	《中国方言学报》第6期
		天水方言中常见古汉语词汇研究	于玲	《语文学刊》第8期
		兰州方言常用副词考察	贾莹	《语言文化研究辑刊》第1期
		天祝方言"上""下"研究	宋珊	《甘肃广播电视大学学报》第3期
		兰州方言第三人称指称形式	贾莹	《兰州文理学院学报（社会科学版）》第6期
		兰州方言的构词特点	张巍	《现代语文（学术综合版）》第10期
		甘肃民勤方言的选择性问句——兼论其"X+啊+Y"句式的来源	黄大祥	《方言》第1期
		情感助词及其语法化路径——以甘肃宁县方言情感助词"尿"为个案	罗堃	《华中学术》第2期
		天水市麦积区方言中的代词	辛阳、张巍	《甘肃高师学报》第1期
		东乡语与兰州方言拒绝言语行为的语用策略对比研究	吉晓彤	兰州大学硕士论文
		东乡语和兰州方言问候和告别言语行为的语用策略对比研究	焦梅	兰州大学硕士论文
		兰州方言中的"把"字句	包金曼	暨南大学硕士论文

续表

首次发表时间	学科	论著名	作者	出版项
2016	语法	静宁方言"劲大"的用法及其语法化	赵艳娜	陕西师范大学硕士论文
		西和方言介词研究	李毓秀	山东大学硕士论文
	综合	甘肃永登薛家湾"邵句"记略	李 蓝	《方言》第2期
		天水方言对秦汉文化的继承	张 平	《文教资料》第22期
		论天水方言与地域文化的联系	张 平	《语文学刊》第1期
		甘肃静宁方言四字格的结构与语义特点	吕超荣	《大学教育》第3期
		甘青河湟方言的差比句——类型学和接触语言学视角	张安生	《中国语文》第1期
		甘谷家畜家禽性别称谓的语言文化考察	孙雪英、李向阳	《兰州文理学院学报（社会科学版）》第6期
2017	语音	正在进行中的声调演化——兰州单字调	衣 莉、李颖异、李 晗、木觉珏	《伊犁师范学院学报（社会科学版）》第3期
		甘谷磐安方言语音研究	王 平	青海师范大学硕士论文
		甘肃泾川方言的连续变调研究	孙依晨	《陇东学院学报》第4期
		文县方言中入声字的分派	莫昱鼎	《甘肃高师学报》第7期
		河西走廊汉语方言语音研究述评	张 黎	《汉字文化》第2期
		甘肃泾川方言的连续变调研究（续）	孙依晨	《甘肃高师学报》第8期
	词汇	甘肃方言詈词中的"尿"	汪小珉、魏馨好、常晓雯	《汉字文化》第10期
		甘肃合作方言的名词重叠式	姜昕玫	《方言》第1期
		静宁方言亲属称谓及其文化特征	吕超荣	《甘肃高师学报》第1期
		浅析甘肃方言詈辞中的"二"	赵广民、陈瑞玲、荣 霞	《汉字文化》第10期
		甘肃方言中的面食文化词语	汪小珉、豆学兰	《汉字文化》第10期

续表

首次发表时间	学科	论著名	作者	出版项
2017	词汇	靖远方言拳令词语探究	李呈晓、李晓雪	《汉字文化》第10期
		甘肃方言"痒痒挠"说法探究	俄华楠、张素云	《汉字文化》第10期
		甘肃方言"理发师"称谓研究	豆学兰、汪小珉	《汉字文化》第10期
		甘肃方言"厕所"称说试解	张素云、俄华楠	《汉字文化》第10期
		甘肃方言动物类詈辞探究	俄华楠、马卓婷	《汉字文化》第10期
		甘肃陇南方言禽兽类詈辞探究	王洋、魏鑫杰、丁红霞	《汉字文化》第10期
		临夏方言第一人称代词"我"探究	张强	《丝绸之路》第6期
		武山方言词语考释五例	安仲宝	《青年文学家》第30期
		甘肃泾川方言古语词例释	杨万成	《现代语文》第4期
		以"平凉泾川话"为代表的甘肃方言本字考	孙依晨	《现代语文》第6期
		甘肃泾川方言本字考	孙依晨	《宁夏师范学院学报（社会科学）》第4期
		甘肃省陇南地区方言歇后语的特征及其分析	张丽娟	《西北成人教育学院学报》第1期
		甘肃陇西方言古语词考释十五则	陈晓春、陈晓强	《甘肃广播电视大学学报》第6期
		白银市方言地名词解读	马婷	《农村经济与科技》第6期
		甘肃武山方言词汇研究	文博	广西师范学院硕士论文
	语法	东乡语与兰州方言邀请语用策略对比研究	马彩霞	兰州大学硕士论文
		甘肃天祝县汉语方言语法研究	宋珊	兰州大学硕士论文

续表

首次发表时间	学科	论著名	作者	出版项
2017	语法	以甘肃秦安方言为例谈中古介词"闻"的消失	张蓝天	《汉字文化》第21期
		兰州方言常用介词	贾 莹	《兰州文理学院学报（社会科学版）》第5期
		兰州方言语法研究	贾 莹	兰州大学出版社
		天水方言的"子"尾词	芦兰花	《天水师范学院学报》第6期
		环县方言中的词法	赵 红、谭治琪	《哈尔滨师范大学社会科学学报》第6期
		甘肃庄浪方言人称代词研究	赵 艳	《集宁师范学院学报》第2期
		秦陇方言中的动态助词"些"	吴怀仁、徐治堂、董旭军	《陇东学院学报》第6期
	综合	尚保定《西和礼县方言纪实》述评	李映忠	《陇东学院学报》第4期
		定西方言杂谈	马友骕	西安出版社
		方言接触对留学生汉语学习影响实证研究——基于兰州高校的调查	柳 茜、李 泉	《语言文字应用》第3期
		国家"一带一路"倡议与甘肃方言调查研究	李 蓝	《中国社会科学报》2月17日
		声乐学习中的方言问题及解决对策——以甘肃部分地区为例	吴肖英	《戏剧之家》第3期
		秦安县方言对中职生学习英语语音的负迁移作用	柳一君	《吉林教育》第22期
		兰州方言语音与普通话语音对比研究	赵文博	《神州》第17期
		浅谈张掖方言区的韵母辨正	邹建国	《学周刊》第28期
		陇南方言对英语语音习得的负迁移影响探析	张文婷	《甘肃高师学报》第10期

续表

首次发表时间	学科	论著名	作者	出版项
2018	语音	甘肃宁县方言同音字汇	赵 红	《陇东学院学报》第2期
		陇西方言"儿"尾两字组连读调式	朱富林	《方言》第1期
		甘肃红古方言的单字调与连读调——兼论甘肃汉语方言的连读调	李 蓝	《语文研究》第1期
		百年兰州方音研究	达晶晶	南京师范大学硕士论文
		甘肃方言语音研究进展	周璐昕、李永宏	《现代语文》第7期
		甘肃环县车毛方言音系	赵 红	《开封教育学院学报》第3期
		甘肃临夏城区也是两声调方言	付 康	《方言》第2期
		甘肃省回族汉族方言口音的差异性研究	杨 睿	西北师范大学硕士论文
		靖远方言声调实验研究	王 丹、张 健	《陇东学院学报》第4期
		兰州回腔声调实验研究	马亚芳	西北师范大学硕士论文
		临夏方言汉腔的音位声学研究	王延龙	西北民族大学硕士论文
		陇南武都方言声韵调声学研究	杨海莲	西北民族大学硕士论文
		天水方言声调声学分析	弓会杰、李永宏	《西北民族大学学报（哲学社会科学版）》第3期
		甘肃中原官话陇中片古音遗存稽略	张惠强	《天水师范学院学报》第3期
		天水方言音位声学研究	弓会杰	西北民族大学硕士论文
		西和方言音系研究	申文芳	西北师范大学硕士论文
		张家川县（张家川镇）方言音系研究	赵雅兰	西北师范大学硕士论文

续表

首次发表时间	学科	论著名	作者	出版项
2018	词语	甘肃陇西方言古语词考释二十则	陈晓春、陈晓强	《兰州文理学院学报（社会科学版）》第6期
		陇南方言谚语语言特点探析	王建弢	《内蒙古师范大学学报（哲学社会科学版）》第2期
	语法	甘肃宁县方言里的"VO开"和"V开O"	罗 堃	《语言研究》第4期
		兰州方言趋向范畴	贾 莹	《兰州文理学院学报（社会科学版）》第1期
		凉州区方言词法研究	刘媛媛	西北师范大学硕士论文
		陇西话"儿"尾的功能及其词表	朱富林、莫 超	《甘肃高师学报》第1期
		民乐方言量词探析	钱秀琴	《兰州教育学院学报》第9期
		秦安魏店方言语气词研究	董建丽	西藏民族大学硕士论文
		唐汪话句法研究	李 婕	兰州大学硕士论文
		西北汉语方言语气词研究综述	董建丽	《现代语文》第2期
		地域文化的影响——以张掖地区的方言为例	滕惠玲	《现代经济信息》第6期
		现代文明对地方性审美经验的冲击——以甘肃陇西方言中"父亲"称谓语的变化为例	景淑梅	《宁夏师范学院学报》第3期
		武威张义镇方言人称代词	张丽萍、彭佩佩	《长江丛刊》第3期
		东乡语"建议"策略的研究及其与兰州方言策略的对比	梁潇洁	兰州大学硕士论文
		东乡语与兰州方言中实施抱怨的对比研究	魏芳秀	兰州大学硕士论文

续表

首次发表时间	学科	论著名	作者	出版项
2018	语法	甘谷方言中的特殊疑问句式"X吗不X"	王思逸	《天水师范学院学报》第4期
		甘肃陇西话的子尾词及其词表	朱富林、齐雪艳	《渭南师范学院学报》第15期
		兰州方言趋向范畴	贾 莹	《兰州文理学院学报（社会科学版）》第1期
	综合	甘青一带语言借贷的历史层次及模式	徐 丹	《民族语文》第6期
		近代西北方言文献集成	莫 超	人民出版社
		兰州方言对英语音段音位习得的影响——以兰州第四十五中学为例	冯和鹏	上海师范大学硕士论文
		陇南乞巧歌的语言特色	赵淑莲、赵菊莲	《民族艺林》第2期
		丝路重镇张掖的语言交流及方言概况	张 黎、郝 香	《汉字文化》第4期
		溯本清源通幽洞微——读《庆阳方言词典》有感	陈晓强、陈晓春	《陇东学院学报》第2期
		迁移理论视域下方言对英语语音学习的影响及对策——以甘肃陇南方言为例	唐建怀	《内蒙古电大学刊》第1期
		唐汪话研究的第一部专著——读徐丹的《唐汪话研究》	阿·伊布拉黑麦·陈元龙	《西北民族研究》第1期
		现代文明对地方性审美经验的冲击——以甘肃陇西方言中"父亲"称谓语的变化为例	景淑梅	《宁夏师范学院学报》第3期
2019	语音	甘谷方言语音特点的成因	史同琰	《文教资料》第1期
		甘肃秦安（吴川村）方言声母的特点	李 蓝	《方言》第1期

续表

首次发表时间	学科	论著名	作者	出版项
2019	语音	礼县方言音系研究	陈娇	西北大学硕士论文
		西北官话中的两声调方言	翟占国、张维佳	《民族语文》第2期
		兰州方言的pf、pfʻ	雒鹏	世界图书出版公司《西北语言与文化研究（第三辑）》
		甘肃正宁（山河镇）方言音系	张海荣	世界图书出版公司《西北语言与文化研究（第三辑）》
		镇原方言同音字汇	范丽荣	世界图书出版公司《西北语言与文化研究（第三辑）》
	词汇	《说文解字》与平凉方言本字考三则	贺岩	《漯河职业技术学院学报》第6期
		甘肃靖远方言的名词重叠式	赵绒绒	《陇东学院学报》第3期
		甘肃陇西方言古语词考释十五则	陈晓强	世界图书出版公司《西北语言与文化研究（第三辑）》
		甘肃静宁方言四字格的结构与语义特点	吕超荣	世界图书出版公司《西北语言与文化研究（第三辑）》
		兰州方言歇后语的图形化研究	丰伟丽、闫思卿	《中国民族博览》第6期
		天水方言父母称谓的共时分布及历史层次	陈顺成	《天水师范学院学报》第4期
		中古汉语词汇词义在河西方言中的发展	李贵生	《河西学院学报》第1期
	语法	甘肃天水麦积方言中的几个程度副词	杨晓林	《汉字文化》第2期
		甘肃庄浪方言程度副词研究	王娜娜	《酒城教育》第3期
		兰州方言中的"把"字句	魏鹏、海岚	《现代交际》第8期
		陇西方言的三个持续体标记"着勒""的"和"下"	张蕾蕾	《甘肃广播电视大学学报》第3期

续表

首次发表时间	学科	论著名	作者	出版项
2019	语法	情感助词及其语法化路径——甘肃静宁方言"尿"的个案	罗 堃	世界图书出版公司《西北语言与文化研究（第三辑）》
		甘肃陇西方言中否定副词"后"的多角度考察	刘桐豆	世界图书出版公司《西北语言与文化研究（第三辑）》
		民勤方言中的句尾语气词	肖雁云	《绥化学院学报》第6期
		浅析兰州方言中的词缀"头"	王小娟	《文教资料》第21期
	综合	甘肃文化建设事业中的一件大事——在"甘肃汉语方言调查研究"中期成果发布会上的发言	张文轩	世界图书出版公司《西北语言与文化研究（第三辑）》
		甘肃境内的几个河州方言岛	莫 超	世界图书出版公司《西北语言与文化研究（第三辑）》
		定西安定方言语音语法研究	曲大勇	广西师范大学硕士论文
		甘青河湟话的混合性特征及其产生途径	杨永龙	《民族语文》第2期
		兰州方言对英语语音的影响	王江渭	《读与写》第4期
		兰州方言网络传播途径探究	杨 旭	《传播与版权》第9期
		兰州鼓子的方言民俗与生态环境略探	夏 瑾	《北方音乐》第4期
		面向说话人识别的甘肃临夏少数民族方言语音库的建设	谭 萍、邢玉娟	《兰州文理学院学报（自然科学版）》第6期
		浅谈徽县方言的特点	李彩凤	《甘肃教育》第20期

后 记

20世纪50年代我国开展了一次对全国方言的普查工作，《甘肃方言概况》是对甘肃方言普查的成果，铅印成书距今已逾一个甲子。1986年我于西北师范学院中文系毕业并留系资料室工作，首次见到了《甘肃方言概况》，其外包书皮上用毛笔写有"室内孤本，请勿出借"字样，经向知情人了解，知此书限于当时的条件，印数很少，仅供内部交流或相关专业研究机构之用，没有大范围的流传。近年来，我国又开展了几次甘肃汉语方言相关的调查工作，本人有幸参与其中，深感调查之艰难和学术研究之重要，萌生了重新整理并正式出版《甘肃方言概况》的念头。2019年，恰逢学校和学院在新世纪要加速发展的机遇，又有专门的科研经费资助学术成果的出版，于是向西北师范大学文学院提交了出版申请计划并得到了支持，这是前贤成果不会湮没而能传世的善事！更是甘肃方言研究的幸事！也了却了我的一桩心事！

《甘肃方言概况》的重新整理并正式出版，首先得感谢西北师范大学文学院及领导的支持，其次要感谢兰州大学教授张文轩先生的热情赐序，还要感谢出版社及多位编辑的细致编排和校对。

方言研究成果的刊布，不论现在还是过去，方言音标的录入一直是一个老大难问题。《甘肃方言概况》中的许多音标，我们采用的是中国社科院语言研究所李蓝先生开发研制的"方正国际音标"（字型符号由方正集团字模部制作），这为客观显示方言语音的事实起到了很大的作用。这是需要特别说明并感谢的！

《甘肃方言概况》书稿的前期重新录编，由我的2019级硕士研究生张建亮全部完成。这个工作既训练了她的专业技能，也保证了交稿的时间和效率。这里也要说明和感谢。

《甘肃方言概况》的交稿和编校正值三年"新冠"疫情肆虐时期，各种环节衔接时断时续，不很畅通。后期编审出版阶段，西北师范大学文学院丁宏武教授也给予了许多联络和协助的支持，特此致谢。

《甘肃方言概况》的问世在我国20世纪的三年困难时期，重新整理出版在21世纪的三年"新冠"疫情时期，难也？易也？喜也？乐也？

雒鹏于西北师范大学文学院
2023年11月22日　小雪节